Angelika Rehm / Dieter Rehm

Von Pauken und Trompeten

Handlungsorientierte Materialien zur Instrumentenkunde

Kopiervorlagen für die 3. bis 6. Klasse

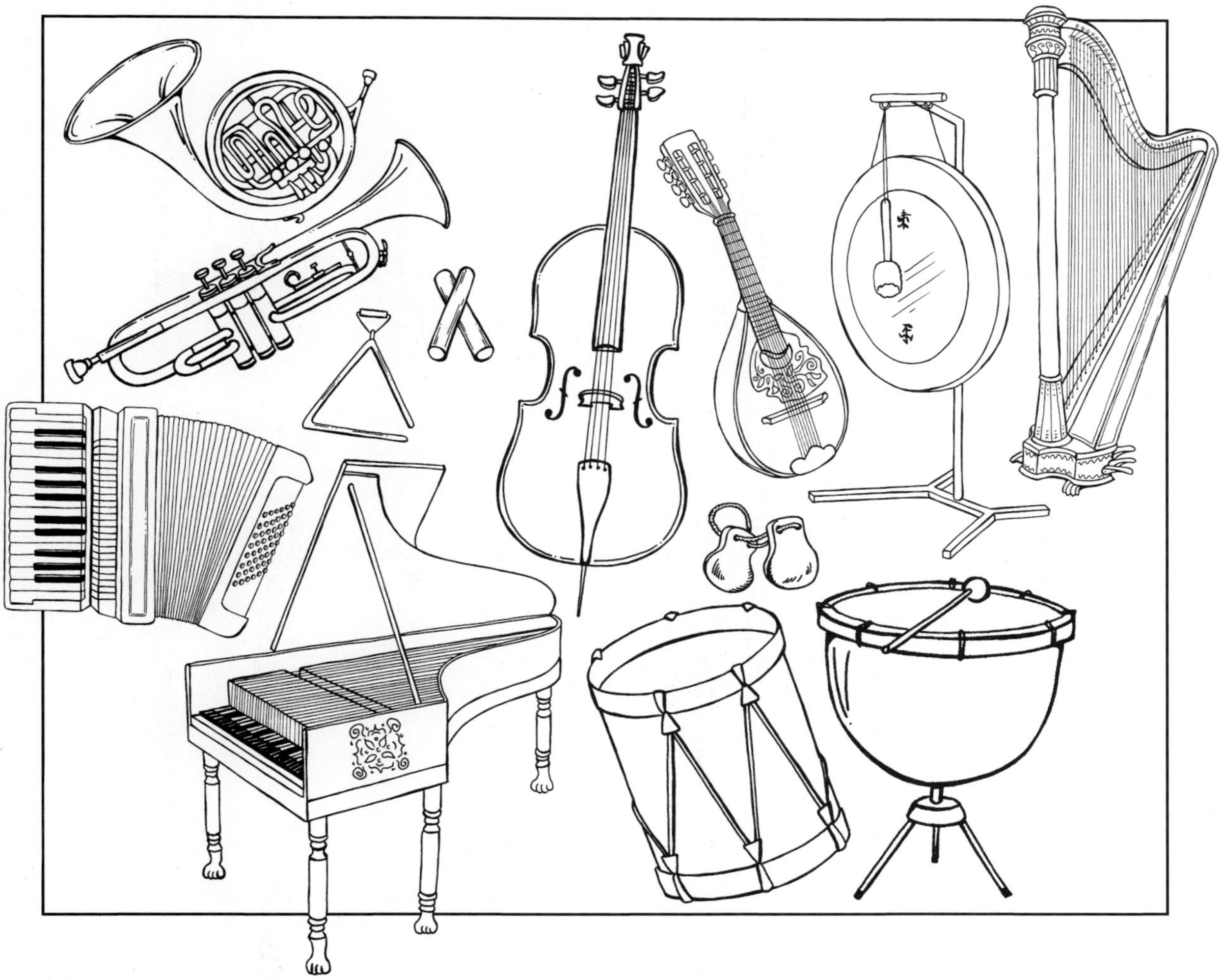

PERSEN

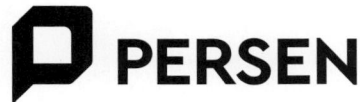

Die Autoren

Angelika Rehm ist Lehrerin an einer Grundschule.

Dieter Rehm ist freier Autor, schreibt Geschichten und Theaterstücke für Kinder.

Die Begleit-CD zu diesem Band ist erhältlich unter der ISBN 978-3-8344-3868-3.

11. Auflage 2022
© 2005 PERSEN Verlag, Hamburg

AAP Lehrerwelt GmbH
Veritaskai 3
21079 Hamburg
Telefon: +49 (0) 40325083-040
E-Mail: info@lehrerwelt.de
Geschäftsführung: Christian Glaser
USt-ID: DE 173 77 61 42
Register: AG Hamburg HRB/126335
Alle Rechte vorbehalten.

Das Werk als Ganzes sowie in seinen Teilen unterliegt dem deutschen Urheberrecht. Die Erwerbenden einer Einzellizenz des Werkes sind berechtigt, das Werk als Ganzes oder in seinen Teilen für den eigenen Gebrauch und den Einsatz im eigenen Präsenz- wie auch dem Distanzunterricht zu nutzen.
Produkte, die aufgrund ihres Bestimmungszweckes zur Vervielfältigung und Weitergabe zu Unterrichtszwecken gedacht sind (insbesondere Kopiervorlagen und Arbeitsblätter), dürfen zu Unterrichtszwecken vervielfältigt und weitergegeben werden.

Die Nutzung ist nur für den genannten Zweck gestattet, nicht jedoch für einen schulweiten Einsatz und Gebrauch, für die Weiterleitung an Dritte einschließlich weiterer Lehrkräfte, für die Veröffentlichung im Internet oder in (Schul-)Intranets oder einen weiteren kommerziellen Gebrauch.
Mit dem Kauf einer Schullizenz ist die Schule berechtigt, die Inhalte durch alle Lehrkräfte des Kollegiums der erwerbenden Schule sowie durch die Schülerinnen und Schüler der Schule und deren Eltern zu nutzen.

Nicht erlaubt ist die Weiterleitung der Inhalte an Lehrkräfte, Schülerinnen und Schüler, Eltern, andere Personen, soziale Netzwerke, Downloaddienste oder Ähnliches außerhalb der eigenen Schule.
Eine über den genannten Zweck hinausgehende Nutzung bedarf in jedem Fall der vorherigen schriftlichen Zustimmung des Verlags.
Sind Internetadressen in diesem Werk angegeben, wurden diese vom Verlag sorgfältig geprüft. Da wir auf die externen Seiten weder inhaltliche noch gestalterische Einflussmöglichkeiten haben, können wir nicht garantieren, dass die Inhalte zu einem späteren Zeitpunkt noch dieselben sind wie zum Zeitpunkt der Drucklegung. Der PERSEN Verlag übernimmt deshalb keine Gewähr für die Aktualität und den Inhalt dieser Internetseiten oder solcher, die mit ihnen verlinkt sind, und schließt jegliche Haftung aus.

Wir verwenden in unseren Werken eine genderneutrale Sprache. Wenn keine neutrale Formulierung möglich ist, nennen wir die weibliche und die männliche Form. In Fällen, in denen wir aufgrund einer besseren Lesbarkeit nur ein Geschlecht nennen können, achten wir darauf, den unterschiedlichen Geschlechtsidentitäten gleichermaßen gerecht zu werden.

Autorschaft:	Angelika Rehm, Dieter Rehm
Covergestaltung:	TSA&B Werbeagentur GmbH, Hamburg
Fotos:	Ulla Witting
Illustrationen:	Charlotte Wagner
Satz:	MouseDesign Medien AG, Zeven
Druck und Bindung:	Korrekt Nyomdaipari Kft., Budapest

ISBN: 978-3-8344-3867-6
www.persen.de

Inhaltsverzeichnis

Vorwort 6

Zur Vorgehensweise 7

Schlaginstrumente

Kleine Instrumentenkunde – Schlaginstrumente 8

Unterrichtshinweise – Schlaginstrumente 10

Arbeitsblatt 1:	Schall, Ton, Klang und Geräusch	17
Arbeitsblatt 2:	Was hörst du: Kurzklinger oder Langklinger?	18
Arbeitsblatt 3:	So kann man Klänge darstellen	19
Arbeitsblatt 4:	Spiele eine Klangpartitur	20
Arbeitsblatt 5:	Erfinde eine Klangpartitur	21
Arbeitsblatt 6:	Das Geheimnis der Instrumentensymbole	22
Arbeitsblatt 7:	Eine klangvolle Geschichte	23
Arbeitsblatt 8:	So bringst du eine Geschichte zum Klingen	24
Arbeitsblatt 9:	Spiele ein Kettenrondo	25
Arbeitsblatt 10:	Puzzle: Was gehört zusammen?	26
Arbeitsblatt 11:	Erkennst du das Instrument?	27
Arbeitsblatt 12:	Das Drum-Set	28
Arbeitsblatt 13/14:	Das Schlagwerk des Sinfonieorchesters	29
Arbeitsblatt 15/16:	Schlaginstrumente als Melodieinstrumente	31
Arbeitsblatt 17:	Memory-Spiel (A)	33
Arbeitsblatt 18:	Memory-Spiel (B)	34
Arbeitsblatt 19:	Memory-Spiel (A/B)	35
Arbeitsblatt 20:	Bilder-Kreuzworträtsel	36
Arbeitsblatt 21:	Bingo mit Schlaginstrumenten	37
Arbeitsblatt 22/23:	Wir bauen ein Rhythmusinstrument	38
Arbeitsblatt 24:	Rätsel um Schlaginstrumente	40
Arbeitsblatt 25:	Rhythmus- und Melodieinstrumente	41

Blasinstrumente

Kleine Instrumentenkunde – Blasinstrumente 42

Unterrichtshinweise – Blasinstrumente 46

Arbeitsblatt 1/2:	Hast du Töne? – Experimente zur Tonerzeugung	49
Arbeitsblatt 3:	Das Nebelhornspiel	51
Arbeitsblatt 4/5:	Die Blockflöte	52
Arbeitsblatt 6:	Holzblasinstrumente – eine Einführung	54
Arbeitsblatt 7:	Blasinstrumente bestehen aus vielen Teilen	55
Arbeitsblatt 8:	Holzblasinstrumente – Wie wird der Ton erzeugt?	56
Arbeitsblatt 9:	Wir bauen ein Holzblasinstrument	57
Arbeitsblatt 10:	Rätsel um Holzblasinstrumente	58
Arbeitsblatt 11:	Puzzle mit Holzblasinstrumenten	59
Arbeitsblatt 12:	Suchbild mit Holzblasinstrumenten	60
Arbeitsblatt 13:	Viel Blech und viele Töne	61

Inhaltsverzeichnis

Arbeitsblatt 14:	Die einzelnen Blechblasinstrumente	62
Arbeitsblatt 15:	Steckbrief: Blechbläser gesucht!	63
Arbeitsblatt 16:	Zahlenrätsel um Blechblasinstrumente	64
Arbeitsblatt 17:	Kannst du die Instrumente reparieren?	65
Arbeitsblatt 18:	Was gehört zusammen?	66
Arbeitsblatt 19:	Wer kommt nicht ins Konzerthaus?	67
Arbeitsblatt 20:	Kreuzworträtsel zu Blasinstrumenten	68
Arbeitsblatt 21:	Glücksspiel: „5 aus 10"	69

Saiteninstrumente

Kleine Instrumentenkunde – Saiteninstrumente		70
Unterrichtshinweise – Saiteninstrumente		73
Arbeitsblatt 1:	Wir bauen ein Saiteninstrument	75
Arbeitsblatt 2:	Streichinstrumente: Wie wird der Ton erzeugt?	76
Arbeitsblatt 3:	Textpuzzle: Streichinstrumente	77
Arbeitsblatt 4:	Kennst du dich aus?	78
Arbeitsblatt 5:	Da fehlt doch was!	79
Arbeitsblatt 6:	Welche Instrumententeile sind gemeint?	80
Arbeitsblatt 7:	Wie heißen die Teile der Geige?	81
Arbeitsblatt 8:	Ein Kontrabass-Puzzle	82
Arbeitsblatt 9:	Ein Bilderrätsel	83
Arbeitsblatt 10:	Ein Suchbild mit Geige	84
Arbeitsblatt 11:	Wie viele Geigen findest du?	85
Arbeitsblatt 12–14:	Instrumente, die man zupft	86
Arbeitsblatt 15:	Silbenrätsel mit vielen Saiten	89

Tasteninstrumente

Kleine Instrumentenkunde – Tasteninstrumente		90
Unterrichtshinweise – Tasteninstrumente		93
Arbeitsblatt 1/2:	Die Tonerzeugung bei Tasteninstrumenten	95
Arbeitsblatt 3:	Wie wird der Ton erzeugt?	97
Arbeitsblatt 4:	Ein Flügel hat viele S(a)eiten	98
Arbeitsblatt 5:	Lesetext zum Klavier	99
Arbeitsblatt 6:	Lückentext	100
Arbeitsblatt 7:	Lesetext: Die Klaviatur	101
Arbeitsblatt 8:	Die Dur-Tonleiter	102
Arbeitsblatt 9:	Tastatur und Notennamen	103
Arbeitsblatt 10:	Lesetext: Orgel	104
Arbeitsblatt 11:	Bauweise der Orgel	105

Inhaltsverzeichnis

 **Orchester**

Das Orchester – Eine kurze Einführung 106

Unterrichtshinweise – Orchester 108

Arbeitsblatt 1:   Allgemeine Sitzordnung des Orchesters 110
Arbeitsblatt 2:   Das Orchester – ein Lückentext 111
Arbeitsblatt 3:   Eine übliche Orchesteraufstellung 112
Arbeitsblatt 4/5:   Das Orchester – Ausschneidebögen Instrumente 113
Arbeitsblatt 6/7:   Sitzplan für das Orchester 115
Arbeitsblatt A–F: Schülerheft: Das Sinfonie-Orchester 117

Rätsel und Spiele

Arbeitsblatt 1:   Großes Kreuzworträtsel / Raster 123
Arbeitsblatt 2:   Großes Kreuzworträtsel / Text 124
Arbeitsblatt 3:   Bilderrätsel 125
Arbeitsblatt 4:   Puzzle: „Verflixte Dreiecke" 126
Arbeitsblatt 5:   Kreisdomino 127
Arbeitsblatt 6–8:   Quartett-Spiel 128

Anhang

Kleines Schüler-Lexikon Schlaginstrumente 131

Lösungen 135

CD-Hörbeispiele / Übersicht und Quellenangabe 157

Piktogramme

 Lehrerinfo bzw. Unterrichtshinweise

 Kleine Instrumentenkunde

Vorwort

Herr Hindemith

würde uns vielleicht verzeihen, dass wir mit unseren Hörbeispielen auf der CD zu diesem Buch seine Musik nicht berücksichtigt haben.

Wenn Gioacchino Rossini einmal bemerkte: „Herr Wagner hat schöne Momente, aber schlimme Viertelstunden", so werden Sie verstehen, was wir meinen: Wir wollen Kinder – zumal die Musik unter den Künsten einen ohnehin hohen Abstraktionsgrad besitzt – nicht mit Demonstrationen für sie unnachvollziehbarer musikalischer Abläufe traktieren. So stand bei unserer Auswahl neben der Wiedergabe des typischen „Ausdrucks" eines Instrumentes auch das Bemühen, möglichst eingängige melodiöse Beispiele zu finden, die auf eine positive Empfindung zielen. Und das auch mit Belegen aus der Welt des Jazz', da ganz besonders hier die Tonbildung und Klangfarbe elementare Wesensmerkmale dieser Musik sind.

Doch die Musikausschnitte auf unserer CD verdeutlichen Ihnen das wesentlich besser, als es Worte vermögen: etwa die Ausdrucksvarianten der Klarinette (Monti/Goodman), die der Violine (Paganini/Grappelli) oder auch des Klaviers (Chopin/Gershwin). Hören Sie einfach mal rein, um einen Eindruck zu bekommen, wie sich ein Instrument äußern kann.

Musikinstrumente sind Werkzeuge. Ebenso „trocken" wie diese Geräte werden sie leider auch oft dargeboten. Wir haben versucht, in der vorliegenden Sammlung diese Materie spielerisch-heiter und handlungsorientiert anzugehen und aufzubereiten. Das genügt beileibe nicht musikwissenschaftlichen Ansprüchen, doch erste Begegnungen der Kinder mit diesen „Werkzeugen" sollten durchschaubare Funktionen offenlegen und vermitteln.

Lassen Sie uns eine Anlehnung dazu machen: Wenn man die Beschaffenheit und die Arbeitsweise eines Hobels kennt und dann ein gehobeltes Brett sieht, kann man sich ein prozessuales Bild machen. Ähnlich ist es bei einer Komposition. Auch hier werden die Instrumente ergebnisorientiert eingesetzt. Nehmen wir ein Klavierkonzert: Der Pianist führt zum Orchester, das Orchester leitet zum Solisten über. Beim Hören entstehen unwillkürlich Vorstellungen zu weiterführenden Wegen, prozessuale Bilder.

Kenntnisse über den Bau, die Funktionen, die Tonbildung und den Ausdruck eines Instrumentes sollen im Zusammenhang mit den Hörausschnitten der Verstehbarkeit von Musik einen Zugang öffnen. Aber auch über Konzentration und Wahrnehmung die Fähigkeit der Kinder zu einer Beurteilung stärken helfen. Das wäre unser Wunsch (– und Herr Hindemith hätte sicher Verständnis dafür!).

Die Autoren

Zur Vorgehensweise

Die von uns vorgenommene Einteilung der Instrumente ist wissenschaftlich nicht ganz exakt. Eine weitgehend als gültig anzusehende Klassifikation nach Hornborstel/Sachs gliedert sich in fünf Gruppen:

1. Idiofone (Selbstklinger) wie Becken, Xylofon, Rasseln, Kastagnetten, Glocken,

2. Membranofone (Fellklinger) wie Trommel und Pauke

3. Chordofone (Saitenklinger) wie Geige, Laute, Gitarre, Cembalo, Harfe, Klavier, Zither

4. Aerofone (Luftklinger) wie Trompete, Flöte, Orgel, Harmonika, Posaune, Fagott, Klarinette, Oboe

5. Elektrofone (elektronische Musikinstrumente) wie Hammondorgel, Keyboard, Synthesizer

Die vorgenannte Gliederung geht also von der Beschaffenheit des jeweils schwingenden Teiles aus. Da die Rezipienten dieses Buches Kinder sind, haben wir von dieser Normierung abgesehen und uns entschlossen, eher vom „Sichtbaren" bei der Unterscheidung auszugehen. Wie Sie der obigen Auflistung entnehmen können, ist für die Schüler zunächst nicht erkennbar, dass die Orgel eigentlich ein Blasinstrument, das Cembalo ein Zupf-Saiteninstrument oder das Klavier ein Schlag-Saiteninstrument ist. Also haben wir einerseits unterschieden nach der Art der Tonerzeugung, andererseits nach der Bedienungsfunktion (Tasteninstrumente).

Zwei weitere Vorbemerkungen seien uns gestattet:

1. Beschaffen Sie zur Demonstration nach Möglichkeit jeweils ein Originalinstrument, um den Kindern dessen Aussehen, den Bau und die Funktionsweise zu erläutern.

2. Die bei unseren Hörbeispielen gewählten Musikausschnitte sollen das jeweilige Instrument öfter im Zusammenhang mit anderen Instrumenten (Orchester) darstellen, um seinen Ausdruck, sein Wesen zu verdeutlichen: So erfahren die Kinder die Klangfarbe und -vielfalt eines Instrumentes im Einzelnen (Solo) und im Zusammenspiel (Tutti).
Dabei schien es uns wichtig, auch Beispiele aus der Welt des Jazz' heranzuziehen, denn gerade hier zeigen sich im Hinblick auf die Tonbildung und die Klangfarbe die variantenreichsten Ausprägungen eines Instrumentes.

Kleine Instrumentenkunde – Schlaginstrumente

Vorbemerkung

Die Schlaginstrumente stellen wir – im Gegensatz zur üblichen Klassifizierung – aus zwei Gründen an den Anfang unserer Sammlung:

1. Schlaginstrumente sind den Schüler/-innen vertraut. Durch Anschauung und Erprobung kennen sie die Orff-Instrumente und besitzen deshalb bereits gutes Vorwissen.

2. Schlaginstrumente gehören wahrscheinlich mit zu den ersten urzeitlichen Instrumenten. Schon kleine Kinder haben Freude daran, zwei Gegenstände lärmend aufeinander zu schlagen. Als Einstieg sind diese Instrumente daher besonders gut geeignet.

Die **Pauke** ist ein Instrument mit bestimmter Tonhöhe, d. h. sie lässt sich stimmen. In kleinerer Form gelangte sie durch die Kreuzfahrer im 13. Jahrhundert aus dem arabischen Raum nach Europa. Die größere Ausführung ist seit dem 15. Jahrhundert nachweisbar und gewann ab dem 17. Jahrhundert steigende Bedeutung in der Orchestermusik.
Die Pauke besteht aus einem halbkugelförmigen oder parabolischen Kessel (Resonator) aus Kupfer, in dessen Boden sich ein Loch zum Druckausgleich befindet. Bespannt ist die Pauke mit Kalbsfell oder Plastikfolie, die mit einem Spannring befestigt ist und mittels Stimmschrauben gespannt werden kann (je stärker die Spannung, desto höher der Ton).
Heute wird im Orchester vorrangig die sogenannte **Pedalpauke** eingesetzt, deren Stimmschrauben durch Fußpedaldruck gesteuert werden. Die Orchesterpauke erreicht heute einen Durchmesser von bis zu 80 cm (= Basspauke).
Gespielt wird die Pauke mit zwei Schlägeln. Diese sind mit Köpfen aus Holz oder mit Filz, weichem Stoff oder Leder bezogen. Ein Abdämpfen des Tones wird mit einem auf die Bespannung gelegten Tuch erreicht. Für den Ton sind aber auch die Anschlagstelle und die Stimmung entscheidend.
Tiefe Pauken sind die **Basspauke** (D) und die **Große Pauke** (G); hohe Pauken sind die **Kleine Pauke** (C) und die **Hohe Pauke** (A). Normalerweise werden im Orchester immer zwei Pauken eingesetzt: die C- und G-Pauke.

Die **Trommel** hat keine bestimmte Tonhöhe. Es kann zwar zwischen tiefen und hohen Lagen unterschieden werden, jedoch sind ihr keine festen Noten zuzuordnen. Dennoch kann ihre Wirkung sehr einprägsam sein. Ein sehr schönes Beispiel liefert Ravels „Boléro" (der ohnehin ein überaus interessantes Stück Instrumentallehre darstellt). Trommeln gehören zu den frühesten Instrumenten der Menschheit. Bereits in der Steinzeit entstanden erste Formen. Die **Kleine Trommel** (Konzerttrommel) hat einen Durchmesser von ca. 35 cm und eine Höhe von 12 bis 18 cm. Oben ist das Schlagfell, unten das Resonanzfell angebracht. Über das untere Resonanzfell sind die Schnarrsaiten gespannt, die den Klang verstärken.
Die **Große Trommel** (Sinfonieorchester) hat eine Höhe zwischen 45 bis 55 cm; der Durchmesser beträgt ca. 70 cm. Im Jazz (hier ist sie kleiner) wird sie mit dem Pedal angeschlagen.
Die **Rührtrommel** (Landsknechtstrommel) kann bis zu 100 cm hoch sein bei einem Durchmesser von ca. 50 cm. Sie wurde früher zur Begleitung schaurig-düsterer Anlässe gespielt, etwa bei einer öffentlichen Hinrichtung. Heute wird die Rührtrommel (sie ist heute kleiner) etwa in der Oper dann eingesetzt, wenn schicksalhafte Ereignisse untermalt werden sollen.

Manchmal kommt im Orchester auch die **Provenzalische Trommel** (Tambourin) zum Einsatz. Sie ist eine Röhrentrommel und darf nicht mit der baskischen Trommel (Schellentrommel) verwechselt werden, worunter wir beim Orff-Instrumentarium das Tamburin verstehen.

Das **Tomtom** (Jazz-Pauke) kam um 1920 aus China und wird vorzugsweise mit Trommelstöcken oder Filzschlägeln geschlagen. Der zylindrische Korpus besteht aus Sperrholz; die Fellbespannung kann ein- und zweiseitig sein. Im Orchester gibt es oft Gruppen von vier unterschiedlich großen Instrumenten (35 – 50 cm hoch, Ø 20 – 40 cm), die wie die Pauke gestimmt werden können.

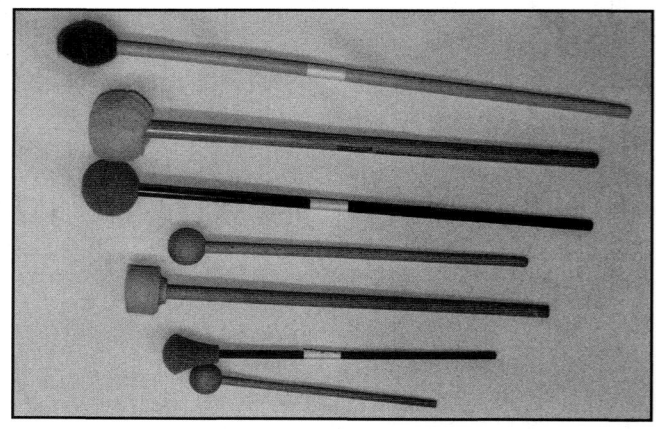

Kleine Instrumentenkunde – Schlaginstrumente

Zu den Schlaginstrumenten, die nicht mit Schlägeln oder Stöcken geschlagen werden, sondern mit den Fingern oder Händen, zählen neben der Schellentrommel die Bongos und die Congas:

Bongos sind kleine, einfellige Trommeln, die unterschiedlich groß (Tonhöhe) und fest miteinander verbunden sind. Sie werden in der lateinamerikanischen Tanzmusik (z.B. Mambo, Cha-Cha-Cha) eingesetzt.

Congas sind ebenfalls oft zusammen an einem Ständer befestigte Trommeln, die dem afrokubanischen Raum entstammen. Ihre Form verjüngt sich von oben nach unten (55 - 75 cm hoch, Ø 15 – 30 cm). Sie werden ebenfalls bei lateinamerikanischen Tänzen und im Jazz eingesetzt.

Der **Gong** besteht aus einer gewölbten Bronzeplatte mit einem in der Mitte befindlichen Buckel. Er wird mit dem Filzschlägel angeschlagen. Der Gong stammt aus Asien, wo er dazu diente, böse Geister zu vertreiben oder die Götter anzurufen. Auch der Gong zählt zu den Instrumenten mit bestimmter Tonhöhe und wird in 54 verschiedenen Tonhöhen (Ø 14 – 91 cm) gefertigt. Die unterschiedlich großen Gongs werden dabei, je nach Erfordernissen, in einen entsprechenden Rahmen gehängt.

Im Gegensatz dazu (und oft mit dem Gong verwechselt) steht das **Tamtam**. Es stammt aus Ostasien und hat eine gleichmäßig durchgehende Wölbung. Das Tamtam hat eine unbestimmte Tonhöhe und wirkt in seinem Klang besonders feierlich und erhaben. Die Größenordnung im Durchmesser reicht von 18 cm bis zu stattlichen 200 cm. Der Klang ist je nach Anschlagstelle und Schlägel (Holz, Weich- oder Hartfilz) unterschiedlich. In der Mitte angeschlagen, kann er bis zu zwei Minuten nachklingen. Etwas weiter außen angeschlagen, schwillt der Klang erst allmählich zu größerer Lautstärke an.

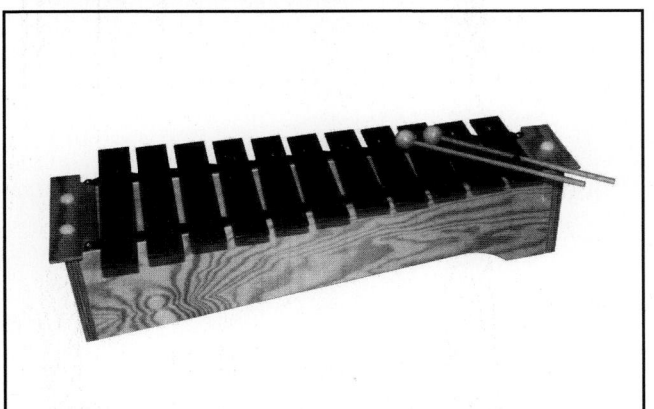

Das **Becken** ist ebenfalls asiatischen Ursprungs: ein Schlaginstrument aus Metallscheiben, das mit Schlägeln oder Trommelstöcken angeschlagen oder mit dem Jazzbesen gerührt wird. Als Doppelbecken werden zwei Teile gegeneinander geschlagen. Becken gibt es in unterschiedlichen Größen und Ausführungen.

Das **Schlagzeug** (Drum-Set) ist der Sammelbegriff für verschiedene Schlaginstrumente, die hauptsächlich im Jazz, in der Tanz-, Rock- und Popmusik eingesetzt werden.
Die Grundzusammensetzung: Große Trommel (mit Pedal), Kleine Trommel, Großes Tomtom (Standtomtom), Kleines Tomtom (Hängetomtom), Becken, Doppelbecken (Hi-Hat). Diese Zusammensetzung variiert und kann beliebig erweitert werden.

Das **Xylofon** und das Metallofon (= xylofonähnliches Metallstabspiel) sind als Orff-Instrumente bekannt. Die Anschlagplatten des Xylofons bestehen aus verschieden langen (abgestimmten) Hartholzstäben. Das Orchesterxylofon hat eine zweireihige Klaviaturanordnung mit Röhrenresonatoren und wird mit Schlägeln oder Klöppeln angeschlagen. Im Orff-Instrumentarium finden sich ein- und zweireihige Xylofone mit Kastenresonatoren.

Unterrichtshinweise – Schlaginstrumente

Einteilung der Schlaginstrumente

Der Vorgang des Schlagens (Percussion) ist wahrscheinlich eine der ältesten Formen des instrumentalen Musizierens. Der Steinzeitmensch klatschte beispielsweise bei rituellen Zeremonien in die Hände oder er stampfte mit den Füßen. Zu diesen körpereigenen Instrumenten kam sehr bald primitives Gerät oder Werkzeug, das geschlagen wurde, hinzu.

Die heutigen Schlaginstrumente lassen sich in zwei Gruppen einteilen:
1. Idiofone: Selbstklinger, die aus schwingendem Material bestehen.
2. Membranofone: Fellinstrumente, bei denen gespannte Membranen die Schwingungen auf einen Resonanzkörper übertragen.

Eine andere Unterscheidungsmöglichkeit ist es, Instrumente nach bestimmter und unbestimmter Tonhöhe zu gliedern. Alle Stabspiele haben gestimmte Klangstäbe und somit eine gestimmte Tonhöhe. Sie werden auch als Melodieinstrumente eingesetzt. Zu den Instrumenten mit bestimmter Tonhöhe zählen auch die Pauken.

Die Schlaginstrumente haben ihren festen Platz in Sinfonie- und Kammerorchestern, in Besetzungen für die Marsch- und Tanzmusik, sowie bei Pop, Rock und Jazz.

Schlaginstrumente spielen heute in der Musikerziehung eine große Rolle. Durch ihre verhältnismäßig leichte Erlernbarkeit eignen sie sich hervorragend für die musikalische Arbeit mit Kindern und Jugendlichen, finden aber auch in der Musiktherapie ihre Einsatzmöglichkeiten.

Arbeitsblätter (AB)

AB 1: Impuls: Tafelanschrieb

Klang – Geräusch

Es werden eine Blockflöte und ein Becken bereitgelegt. Die Schüler/-innen sollen erkennen, dass beim Spiel mit dem Becken Geräusche entstehen, beim Spiel mit der Blockflöte Klänge. Eine Wortkarte mit dem Begriff „Ton" wird an die Tafel gehängt. Die Schüler/-innen versuchen, die Wortkarte an die richtige Stelle zu hängen:

Ton – Klang – Geräusch

Es wird den Schüler/-innen erklärt, dass ein „reiner" Ton nur elektronisch herstellbar ist und der „natürliche" Ton bereits ein Klang ist.

Frage: Wie entsteht ein Klang? Wie entsteht ein Geräusch?

Dazu können folgende Versuche durchgeführt werden:
a) Stimmgabel: Wird durch Anschlagen zum Schwingen gebracht. Stellt man sie nach dem Anschlagen auf einen Resonanzkörper (z. B. Klavier, Metallofon), wird der Klang verstärkt.

b) Klangplatte: Die Klangplatte eines Metallofons wird auf den Boden gelegt und angeschlagen. Was passiert?
Die gleiche Klangplatte wird auf dem Metallofon angeschlagen. Was passiert nun?

c) Erkenntnis: Die Schüler/-innen stellen fest, dass durch die Möglichkeit des Schwingens ein Ton entsteht.

Unterrichtshinweise – Schlaginstrumente

Aufgabe 3:
Das Orff-Instrumentarium ist den Schüler/-innen vom Kindergarten her bereits vertraut. Von Vorteil wäre, wenn den Kindern Anschauungsmaterial zur Verfügung stünde (z. B. Blockflöte als Blasinstrument / Geige als Streichinstrument / Gitarre als Zupfinstrument / Orff-Instrumente).

Frage: Wodurch entsteht ein Klang bei den einzelnen Instrumenten?

Schnell werden die Schüler/-innen herausgefunden haben, dass er durch Schlagen, Blasen, Zupfen, Streichen, Schütteln und Schrapen (Reißen) entsteht. Die Schüler/-innen stellen Analogien zu verschiedenen Instrumenten her.

AB 2: Das Erproben von Instrumenten gelingt am besten in spielerischer Form. So kann man zunächst verschiedene Instrumente auf den Boden legen (für den Anfang genügen auch weniger Instrumente als auf AB 2 abgebildet sind). Zur Erprobung gehören auch die Beschreibungen des Aussehens und des Materials der Instrumente. Ebenso sollten diese mit Namen benannt werden (Wort- und Bildkarten bereitlegen).

Spiel 1: Schüler/-innen sitzen im Kreis, vor sich ein Instrument. Ein Kind steht mit verschlossenen Augen in der Mitte des Kreises. Ein Mitschüler spielt auf einem Instrument. Das Kind in der Mitte soll nun die Richtung, aus der der Klang kommt, anzeigen, etwas über die Art seiner Erzeugung sagen, Aussehen und Material schildern und zum Schluss den Namen des Instrumentes nennen.

Spiel 2: Klangkarten hängen an der Tafel. Ein Schüler spielt ein Instrument, ein anderer zeigt auf die passende Karte, und umgekehrt: Ein Schüler zeigt auf eine Karte, ein anderer spielt das passende Instrument.

Die Schüler/-innen ordnen die Instrumente nach klingenden und nicht oder kaum klingenden Instrumenten. Danach Ausfüllen von AB 2.
Die Wort- und Bildkarten sollten über einen etwas längeren Zeitraum an der Wand hängen, sodass die Schüler/-innen sich die Instrumente einprägen können.

AB 3: Das Notieren von Klängen sollte im Zusammenhang mit dem Erproben von Instrumenten über einen längeren Zeitraum eingeplant werden. Empfehlenswert ist, mit einer Trommel zu beginnen und damit verschiedene Spielmöglichkeiten (schlagen, reiben, lauter werden, leiser werden usw.) zu erproben und grafische Zeichen dafür zu erfinden.
Anhand der grafischen Notation kann noch einmal auf klingende und nicht klingende Instrumente eingegangen werden. Anschließend Ausfüllen von AB 3.

AB 4: Nachdem die Klangzeichen den Schüler/-innen vertraut sind, kann die einfache Klangpartitur eingeführt werden.
Ein Schüler zählt laut: 1, 2, 3, 4 / 1, 2, 3, 4 / ... So sollte trainiert werden, dass z. B. der Schüler, der die Klanghölzer schlägt, 4-mal nur auf 1 schlägt, 2-mal auf 1, 2, 3, 4 und 2-mal wieder nur auf 1 schlägt. Genauso ist bei den anderen Instrumenten zu verfahren. Der Triangelspieler hält den Ton vier Schläge lang aus, ebenso der Beckenspieler.

AB 5: Musikalisch erfahrenere Klassen können in Gruppenarbeit selbst einen Spielplan erstellen. Ebenso ist es möglich, dass der Lehrer mit den Schülern und Schülerinnen gemeinsam einen Spielplan erarbeitet.

Unterrichtshinweise – Schlaginstrumente

AB 6: Eine Erklärung des Namens vorab:
Beaty von beat = schlagen;
Drummy von drums = Schlagzeug

Der Lehrer legt die Instrumente und die dazu passenden Instrumentensymbole bereit. Die Schüler/-innen ordnen die Symbole den Instrumenten zu. Nun erzählt der Lehrer folgende kleine Geschichte:

Eines Tages wurde es den Instrumenten, die tagaus, tagein in ihrer Kiste lagen, zu langweilig. Sie hatten sich nichts mehr zu erzählen, auch alle Spiele, die sie kannten, hatten sie bereits tausendmal gespielt, und so wurden sie immer ruhiger. Alles langweilte sie. Selbst die Kinder in der Schule konnten ihnen kaum noch interessante Klänge entlocken.
„Wir wollen etwas von der Welt sehen", trommelte die Trommel.
„Lasst uns etwas unternehmen", klapperte die Kastagnette eilig dazu.
Nun rasselte sich die Rassel ein: „Wie soll das alles aber vonstattengehen?"
„Ruhe!", peitschte die Peitsche. „Hört mal zu: Wenn wir uns zusammentun, können wir Beaty werden und wie ein wandernder Musikant durch die Gegend ziehen und dabei allerlei erleben."
Alle antworteten mit fröhlichen Tönen und machten sich am frühen Morgen an die Arbeit. Ein Riesenlärm war das! Der Hausmeister, der gerade aufstehen wollte, sprang in heller Aufregung aus dem Bett. Im Schlafanzug eilte er durch sämtliche Gänge und Räume der Schule. Gerade noch sah er Beatys Umrisse trommelnd und klappernd um die Ecke flitzen.
Ach, war das eine Freude für Beaty, endlich aus dieser staubigen Kiste heraus zu sein. Voll überschäumender Freude rannte er zu den Menschen, die auf dem Weg zur Arbeit waren. Er sprach sie an, doch die hatten nur ein müdes Lächeln für den kleinen Kerl übrig. „War denn von den Menschen überhaupt keiner musikalisch? Warum musiziert denn niemand mit mir?"
Beaty wurde auf einmal ganz stumm. Doch da platzte Frau Kugelrassel mit einem Vorschlag in die Stille: „Sollten wir nicht noch einmal kurz in die Schule zurückkehren, um aus den restlichen Instrumenten einen Kameraden für uns zu bauen?"
Gesagt, getan! Der Hausmeister hatte sich inzwischen seinen Kittel über den Schlafanzug gezogen und kontrollierte den Heizungsraum. Er traute seinen Augen nicht, als er da im letzten Moment zwei merkwürdige Gesellen aus dem Kellerfenster entschwinden sah: Beaty und seinen Kumpel Drummy.
Bald waren die beiden Musikanten in aller Welt bekannt. Nur in der Schule konnte sich niemand erklären, wo die Instrumente geblieben waren.

Nach dieser kleinen Geschichte sind die Schüler/-innen sicher motiviert, Beaty und Drummy zusammenzusetzen.

AB 7/8: Die kleine Geschichte von Peter wird zunächst gelesen und dann weitergeschrieben. Das vorhandene Orff-Instrumentarium liegt für die Schüler/-innen sichtbar bereit. Gemeinsam oder in Gruppenarbeit sollte überlegt werden, welche Textstellen man mit Klängen untermalen oder illustrieren kann.

Möglichkeiten zur Umsetzung:
a) Die Schüler/-innen unterstreichen die Stellen im Text von AB 7, die mit Klängen untermalt werden können.
b) Die Schüler/-innen schneiden die Bildkärtchen von AB 8 aus und legen sie in der richtigen Reihenfolge aus.
c) Die Schüler/-innen sitzen im Kreis (mit AB 7) und suchen zu den umzusetzenden Stellen das passende Instrument.
d) Die Schüler/-innen versuchen, nach dem Erlesen der Geschichte in Gruppenarbeit selbstständig AB 8 zu bearbeiten.

Unterrichtshinweise – Schlaginstrumente

e) Die Schüler/-innen erproben auch körpereigene Instrumente (summen, schnipsen, heulen, stampfen usw.), um bestimmte Klänge zu erzeugen.

Nachdem die Geschichte mehrmals gespielt worden ist, kann sie aufgenommen werden. Reizvoll wäre es, wenn die in verschiedenen Gruppenarbeiten erzielten Ergebnisse vorgeführt würden.

AB 9: Zunächst üben alle Schüler/-innen Teil A ein.

Betonte Noten = stampfen / unbetonte Noten = klatschen

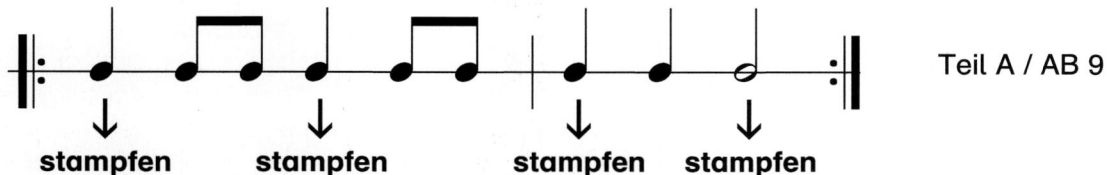

Die Zwischenteile B bis G werden von einzelnen Schülern oder Gruppen gespielt.

Ein weiteres einfaches Rondo kann auch mit Stabspielen eingeübt werden:

Teil A (Spieler am Metallofon)

Teil B (Glockenspiel)

Teil A

Teil C (Glockenspiel)

Teil A

Teil D (Xylofon)

Teil A

Teil E (Xylofon)

Teil A

Teil F (Glockenspiel)

Teil A

Teil G (Glockenspiel)

Teil A

Teil H (Xylofon)

Unterrichtshinweise – Schlaginstrumente

AB 10: Bei diesem Arbeitsblatt geht es darum, dass die Schüler/-innen erkennen, warum gerade diese beiden Instrumente zusammengehören. Nachdem sie die Karten ausgeschnitten und zusammengefügt haben, erfolgt ein

Tafelanschrieb:

Klanghölzer	Gong
Becken	Pauke
Trommel	Holzblock
Rasseln	Metallofon
Xylofon	Tamburin

Die Instrumente werden mit Pfeilen verbunden. Es wird erklärt, warum sie zusammengehören: Der Klang wird auf die gleiche Weise erzeugt; die Instrumente sind miteinander verwandt, ähneln sich.

AB 11: Dieses Arbeitsblatt ist erst dann einzusetzen, wenn die Schüler/-innen mit den Instrumenten vertraut genug sind.
Hinweis: Die Pauke wurde früher aus Kupfer oder Messing hergestellt, heute aus Aluminium oder Fiberglas.

AB 12: Der Lehrer kann eine Folie vom Drum-Set (siehe Lösungsteil) ziehen. Die einzelnen Instrumente werden besprochen; danach bearbeiten die Schüler/-innen AB 12.
Man kann auch den umgekehrten Weg wählen: Die Schüler/-innen setzen das Schlagwerk-Puzzle zusammen, danach werden die Instrumente erklärt (Kleine Instrumentenkunde und Schüler-Lexikon Schlaginstrumente).

AB 13/14: Der Lehrer gibt den Schüler/-innen ausführlichere Informationen über die verschiedenen Trommeln (Kleine Instrumentenkunde), ebenso über Schlaginstrumente, die darüber hinaus im Orchester vorkommen, z. B. Schlittenglocken, Kuhglocke (cowbell), Holzblock, Rasseln etc.
Aufgrund der kurzen Beschreibung und der abgebildeten Instrumente dürfte den Schüler/-innen die Zuordnung leichtfallen.

AB 15/16: In fast allen Schulen sind Glockenspiele, Metallofone und Xylofone vorhanden. Mit diesen Instrumenten können die Versuche von AB 15/16 durchgeführt werden.

Weitere Versuchsmöglichkeiten:

- Eine Klangplatte wird auf den Boden gelegt und angeschlagen.
  Erkenntnis: Die Platte kann nicht schwingen, deshalb tönt sie nicht (oder kaum).

- Eine Klangplatte wird auf zwei Toilettenpapierrollen gelegt.
  Erkenntnis: Die Platte kann infolge der weichen Auflage schwingen.

- Ein Schlägel wird einmal federnd und dann starr auf die Klangplatte geschlagen.
  Erkenntnis: Die Klangplatte kommt nur zum Schwingen, wenn sie locker angeschlagen wird.

Unterrichtshinweise – Schlaginstrumente

Bei Xylofonen mit Resonanzröhren sowie bei Marimbafonen wird der Klang durch die Röhren verstärkt. Folgende Skizze wird an die Tafel gezeichnet:

Frage: Wo würdet ihr die Röhren (zur Klangverstärkung) anbringen, über oder unter den Klangplatten?

Es wäre vorteilhaft, wenn etwa zwei Stücke Kupferrohr (lang – kurz) vorhanden wären, die an einer Schnur aufgehängt und angeschlagen werden.
Erkenntnis: Die lange Röhre erzeugt einen tiefen Ton, die kurze einen hohen. Je größer der Resonanzkörper, desto tiefer der Ton; je kleiner der Resonanzkörper, desto höher der Ton.

AB 17/18/19: Dieses Memory sollte immer wieder einmal eingesetzt werden, sodass sich die Begriffe den Kindern einprägen.

Vorübungen zu Memory A können sein:

- Jede(r) Schüler/-in erhält eine beliebige Anzahl von Spielfiguren oder Plättchen. Lehrer/-in oder Schüler/-in nennt ein Instrument. Schüler/-in legt die passende Spielfigur auf das entsprechende Instrument.

- Schüler/-innen legen ihre Spielfiguren auf alle mit Fell bespannten Instrumente.

- Schüler/-innen legen ihre Spielfiguren auf alle Instrumente, die aus Metall bestehen usw.

Schlagzeug-Memory A ist einzusetzen, wenn die Schüler/-innen die meisten Instrumente dieser Gruppe kennen. Bei diesem Spiel werden Bild- und Wortkarten (AB 17/19), nachdem sie zuvor auf Pappe aufgeklebt (evtl. laminiert) und ausgeschnitten wurden, mit der Rückseite nach oben auf dem Boden oder Tisch verteilt. Gewonnen hat, wer zum Schluss die meisten Paare gefunden hat.
Schlagzeug-Memory B (AB 18/19) bietet sich bei Klassen an, die noch wenig Erfahrung im Umgang mit Schlaginstrumenten haben.

AB 20: Die Instrumente dürften den Schülern vom Schlagzeug-Memory her bekannt sein. Es können als Vorübung die Instrumente von AB 20 benannt werden und die Schüler/-innen setzen die Spielfiguren auf das entsprechende Instrument von AB 17.

AB 21: Es hat sich in der Erprobung gezeigt, dass dieses Spiel den Kindern großen Spaß macht. Steht nur verhältnismäßig wenig Zeit zur Verfügung, kann die Regel auch abgeändert werden: Gewonnen hat bereits der Schüler, der nur eine Reihe belegt hat.

Unterrichtshinweise – Schlaginstrumente

AB 22/23: Bewusst haben wir auf Vorschläge zum Bau komplizierter und aufwendig zu erstellender Instrumente verzichtet. Ausgegangen wird vom vorhandenen Material.

Frage: Was könnt ihr von zu Hause mitbringen?

Die mitgebrachten Materialien werden im Hinblick auf die herzustellenden Instrumente sortiert und danach in Gruppenarbeit angefertigt. Auf diese Weise wird für dieses Kapitel nur wenig Zeit benötigt.

AB 24: Hier geht es darum, sich noch einmal möglichst viele Schlaginstrumente in Erinnerung zu rufen. Das Schüler-Lexikon kann dabei helfen.

AB 25: Rhythmusinstrumente und Stabspiele liegen auf dem Boden. Es wird ein Sitzkreis um die Instrumente gruppiert.

Impuls: Spiel mir bitte „Hänschen klein ..." auf der Trommel.

Erkenntnis: Die Schüler/-innen erkennen, dass auf der Trommel nur der Rhythmus gespielt werden kann.

Ein anderer Schüler soll versuchen, „Hänschen klein ..." auf dem Triangel zu spielen.

Erkenntnis: Die Schüler/-innen erkennen, dass auf dem Triangel nur lange Klänge erzeugt werden können, weil sie nachklingen.
Die einzigen hier vorliegenden Instrumente, mit denen man Melodien spielen kann, sind die Stabspiele.

Die Schüler/-innen nennen andere Instrumente, mit denen man Melodien spielen kann. Der Lehrer kann auch Wortkärtchen mit Rhythmus- und Melodieinstrumenten an die Tafel hängen, die die Schüler/-innen dann ordnen.

Fritz ist mit seiner Mutter zum ersten Mal in einem Sinfoniekonzert. „Mama, wenn ich groß bin, möchte ich auch so ein Trommelmusiker werden wie der Mann mit den Stöcken da oben."
„Sieh mal, Fritzchen", sagt die Mutter, „beides geht nicht, da musst du dich schon entscheiden: entweder Pauker oder Musiker."

Der Gastdirigent des englischen Orchesters ist vom Paukenklang irritiert.
„Sind das Kunst- oder echte Felle?", fragt er den Pauker.
„Echte englische Kalbsfelle", kommt die Antwort.
„Und wie sind die gestimmt?" „B, Es, E!"

Schall, Ton, Klang und Geräusch

Schall entsteht, wenn Körper schwingen. Die von einem Körper ausgehenden Schwingungen werden als Ton, Klang oder Geräusch wahrgenommen.
Ein **Ton** entsteht durch eine gleichmäßige Schwingung. Je schneller der Körper schwingt, umso höher ist der von ihm erzeugte Ton. Der natürliche Ton ist bereits ein Klang, da er nicht nur aus einer einzelnen Schwingung besteht.
Der **Klang** ist eine Mischung aus mehreren Tönen verschiedener Höhe. Beim Klang hört man den Grundton deutlich und die Obertöne schwächer.
Ein **Geräusch** ist eine Überlagerung von sehr vielen Tönen. Bei einem dumpfen Geräusch überwiegen die tiefen, bei einem hellen, schrillen Geräusch die hohen Töne.

 1. Welche Schwingungen gehören zu „Ton", welche zu „Geräusch"?

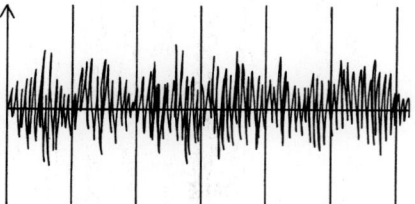 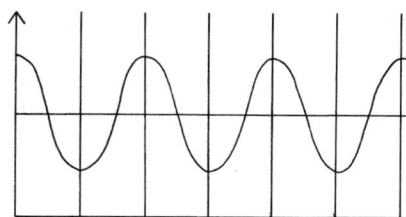

_____   _____

2. a) Ordne folgende Begriffe Tönen (Klängen) und Geräuschen zu:
   Donner, Zischen einer Schlange, Geige spielen, Autozusammenstoß, Kuckucksruf, Lied singen, Trommel schlagen, Pfeifen einer Lokomotive.

Ton (Klang)	Geräusch

   b) Findest du noch weitere Beispiele?

 3. Was musst du tun, um folgende Instrumente (Körper) zum Schwingen zu bringen?
   Trage ein: blasen, schlagen, zupfen, streichen, schütteln, schrapen.

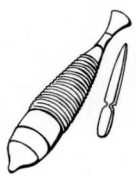     

_____   _____   _____   _____   _____   _____

AB 2 — **Was hörst du: Kurzklinger oder Langklinger?**

 1. Schreibe die unten stehenden Namen der Instrumente zu den Bildern.

2. Kreise alle Instrumente, die kaum klingen (Kurzklinger) blau ein und alle, die nachklingen (Langklinger), rot.

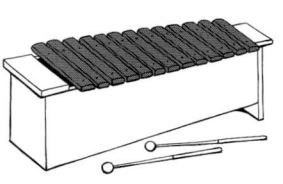

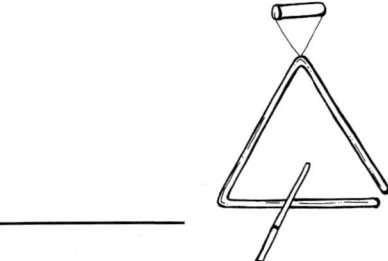
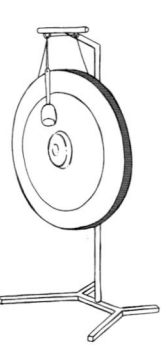

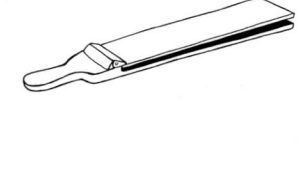

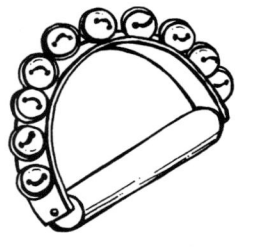

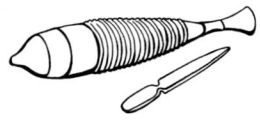

Xylofon – Kastagnetten – Triangel – Klanghölzer – Pauke – Gong – Peitsche – Tamburin – Trommel – Holzblock – Rasseln – Becken – Schellenkranz – Guiro – Bongos

AB 3

So kann man Klänge darstellen

 1. Ordne die Zeichen den passenden Instrumenten zu:

   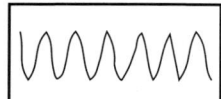 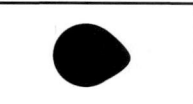

_____   _____   _____   _____   _____

(Triangel, Rassel, Trommel, Pauke, Becken)

 2. Ordne mit Pfeilen zu:

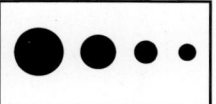   gleichzeitiges Anschlagen von zwei Klangstäben auf dem Glockenspiel

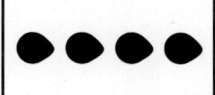   Reiben mit der Hand auf der Trommel

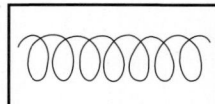   vier nacheinander leiser werdende Trommelschläge

   vier gleichmäßige Paukenschläge

 3. Sieh dir die Zeichen oben an. Dann überlege, welches Zeichen zu dem jeweiligen Instrumentenklang passen würde. Zum Beispiel: kleine oder große Punkte, Tropfen ...

Wechselndes Anschlagen auf dem Xylofon:

Vier nacheinander lauter werdende Trommelschläge:

Vier Beckenschläge:

Vier gleichmäßige Schläge mit Klanghölzern:

Angelika Rehm / Dieter Rehm: Von Pauken und Trompeten, 3. – 6. Klasse
© Persen Verlag

AB 4 — Spiele eine Klangpartitur

1. Spielt zunächst jedes Instrument einzeln.
2. Spielt das Stückchen wie im Plan angegeben.

– Pause

Takt	1	2	3	4	5	6	7	8
Trommel	●●●●	●●●●	●●●●●	●●●●	●●●●••	●●••••	●●••••	●●••••
Klanghölzer	●	●	●	●	●●●	●●●	●	●
Holzblock	|	|	|	|	●	●	●●●●●	●●●●●
Pauke	|	|	|	|	|	◆	|	◆
Triangel	|	|	◆	|	◆	|	◆	|
Becken	|	|	|	|	|	◆	|	◆

Angelika Rehm / Dieter Rehm: Von Pauken und Trompeten, 3. – 6. Klasse
© Persen Verlag

AB 5

Erfinde eine Klangpartitur

Erfindet selbst eine Klangpartitur.

Takt	1	2	3	4	5	6	7	8
Trommel								• •
Klanghölzer								• •
Holzblock								• •
Pauke								• •
Triangel								• •
Becken								• •

AB 6   **Das Geheimnis der Instrumentensymbole**

1. Setze aus den Instrumentensymbolen Drummy und Beaty zusammen. So viel sei dir verraten: Drummy besteht aus Pauke, Becken, Holzblock, Trommel und Schlägeln. Beaty besteht aus Glockenspiel, Kugelrasseln, Trommel, Triangel, Holzblock und Schlägeln. Die eingezeichneten Ecken helfen dir, die richtigen Teile zu finden.

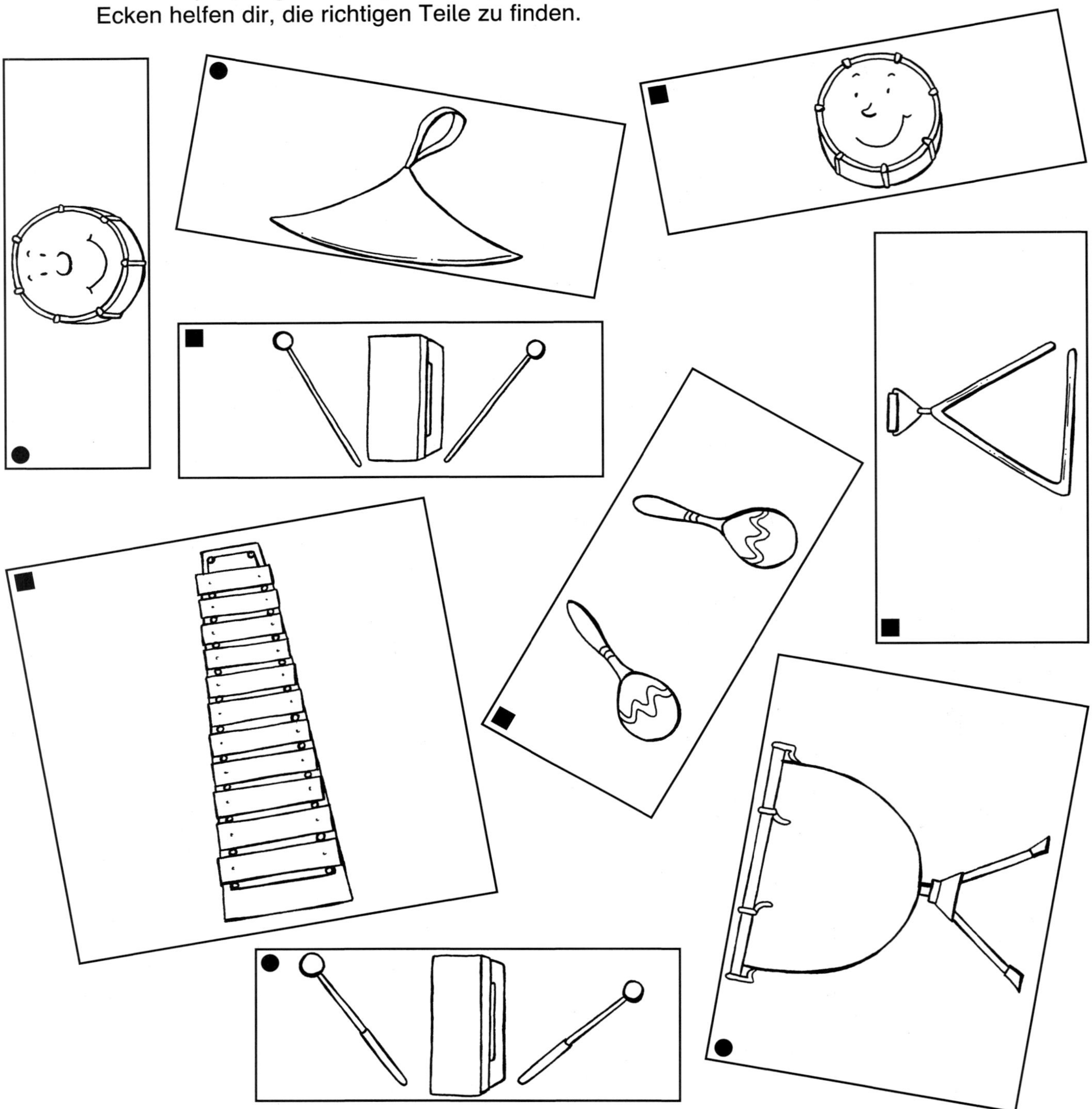

2. Schreibe auf: Drummy   Beaty

Der Hut ist   _____   _____

Der Kopf ist   _____   _____

Der Oberkörper besteht aus   _____   _____

Der Unterkörper ist   _____   _____

Die Beine sind   _____   _____

Angelika Rehm / Dieter Rehm: Von Pauken und Trompeten, 3. – 6. Klasse
© Persen Verlag

Eine klangvolle Geschichte

Peter sitzt am Fenster. Es fängt an zu regnen. Leise klopfen die Regentropfen an die Fensterscheibe. In der Ferne ist das Grollen des Donners zu hören. Mutter kommt die Treppe herunter, auf den Fersen Fritz, der Dackel. Eine Tür knallt zu. „Peter, schließ doch bitte das Fenster! Merkst du nicht, dass Durchzug ist?"
Während der Regen immer stärker prasselt, brummelt Peter: „Jaaa, ich mach's ja schon!"
Es gießt inzwischen in Strömen. Der Wind heult ums Haus. „Das klingt wie ein schauriges Lied", denkt Peter. Die Kirchturmuhr schlägt: 13 Uhr. „Gleich wird Sabine von der Schule heimkommen."
Man hört schon das Gebimmel der Straßenbahn. Peter zuckt zusammen. Es donnert und blitzt, als ob der Himmel böse auf die Erde wäre.
„Arme Sabine", denkt Peter, „ausgerechnet jetzt ist sie auf dem Nachhauseweg."
Mittlerweile stürmt es gewaltig. Aber was war das? Ein Schlag, der das Haus erzittern lässt ...

Wie könnte die Geschichte weitergehen? Schreibe sie auf. Möglichst viele Klänge solltest du dabei in deine Erzählung einbauen.

AB 8   # So bringst du eine Geschichte zum Klingen

1. Suche zu den Bildern die passenden Instrumente heraus. Klebe sie dazu.

2. Lest die Geschichte von AB 7 und versucht, sie mit den hier angegebenen Instrumenten zu untermalen.

Trommel sehr leise, Fingerspitzen klopfen	Xylofon abwärts	Trommel-schlag	Pauke	Triangel oder Glocke	Rasseln leise
Triangel	Pfeifen	Rasseln laut	mehrere Trommeln, Rasseln	Pauke, Becken	Glockenspiel abwärts

24

Angelika Rehm / Dieter Rehm: Von Pauken und Trompeten, 3. – 6. Klasse
© Persen Verlag

AB 9 — **Spiele ein Kettenrondo**

Spielt das Kettenrondo nach folgendem Schema:

A B A C A D A E A F A G

A (alle) klatschen und stampfen

Ein Rondo ist ein Musikstück, in dem das Hauptthema A mehrere Male unverändert auftritt. Das Hauptthema wechselt dabei mit verschiedenen Zwischenteilen (B – G) ab.
Dies hier ist ein Kettenrondo.

Angelika Rehm / Dieter Rehm: Von Pauken und Trompeten, 3. – 6. Klasse
© Persen Verlag

AB 10   # Puzzle: Was gehört zusammen?

✏️ 1. Schneide die Instrumententeile aus und setze sie richtig zusammen.

2. Immer zwei Instrumente passen vom Klang her zueinander. Klebe sie nebeneinander und schreibe die Namen dazu.

Klanghölzer – Gong – Becken – Tamburin – Metallofon – Pauken – Xylofon – Holzblock – Trommel – Rasseln

AB 11

Erkennst du das Instrument?

 1. Unten findest du Instrumentennamen. Ordne sie den Beschreibungen in der Tabelle zu und schreibe sie dann ins passende Feld.

2. Trage die übrig gebliebenen Instrumente ebenfalls ein und kreuze richtig an.

Instrument	Holz	Metall	Fellbe-spannung	schlagen	schütteln	schrapen	kurzer Klang	langer Klang
	x			x			x	
		x		x				x
		x		x				x
	x			x			x	
			x	x			x	
	x				x		x	

Trommel – Guiro – Xylofon – Klanghölzer – Schellenkranz – Pauke – Metallofon – Triangel – Rasseln – Kastagnetten

Das Drum-Set

Drum-Set nennt man das Schlagzeug einer Tanzkapelle oder einer Jazzband.

1. Setze das Schlagzeug richtig zusammen.

2. Beschrifte die einzelnen Teile mit folgenden Begriffen: Becken, Becken, Doppelbecken (Hi-Hat), Kleine Trommel, Hohes Tom, Mittleres Tom, Große Trommel, Großes Tomtom.

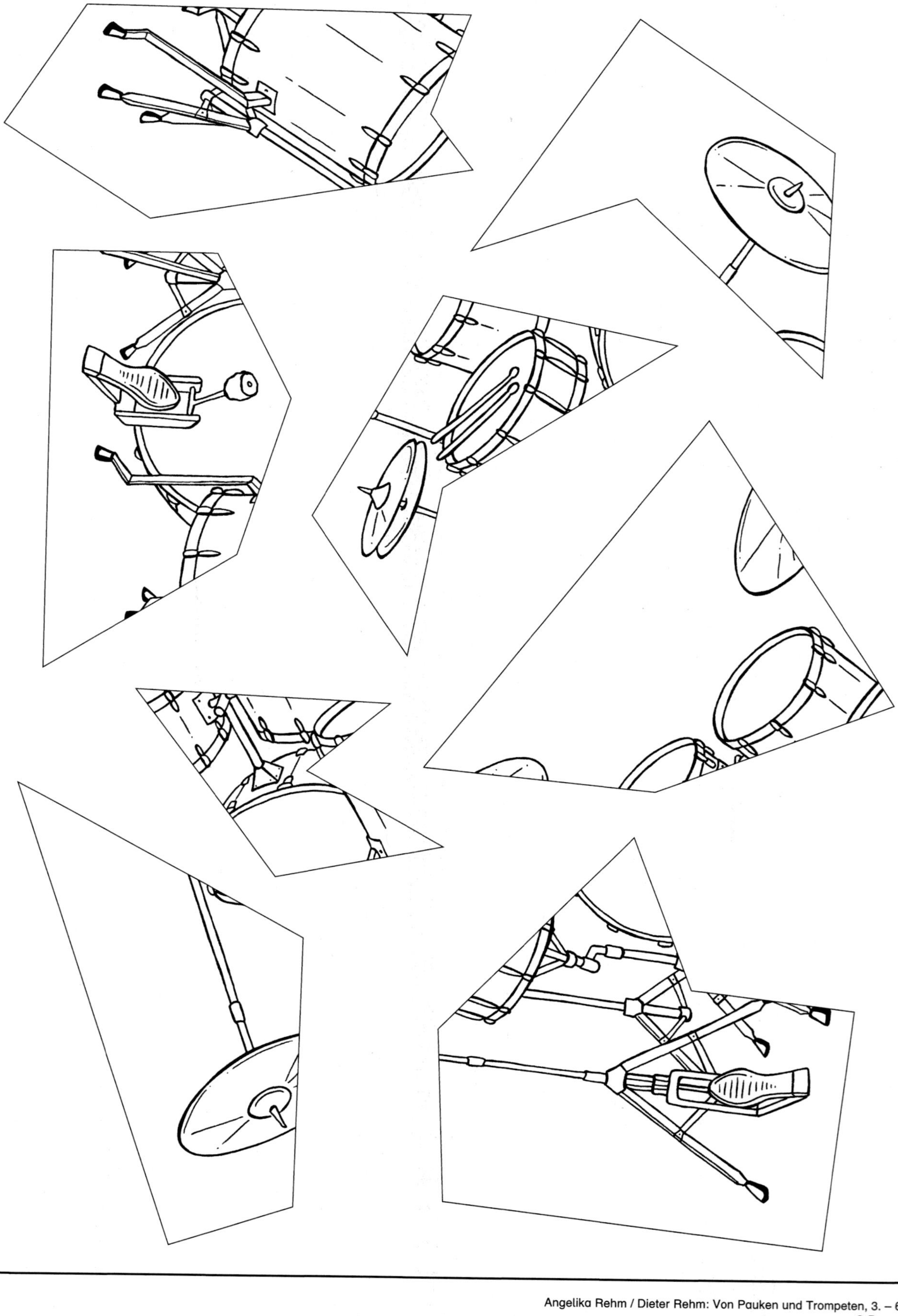

AB 13 — **Das Schlagwerk des Sinfonieorchesters – Teil 1**

Im Sinfonieorchester ist das Schlagwerk die dritte Hauptgruppe neben den Streich- und Blasinstrumenten.
Es gibt Schlaginstrumente, auf denen deutlich wahrnehmbare Töne gespielt werden können (gestimmte Schlaginstrumente wie zum Beispiel die Pauke), und es gibt andere, mit denen lediglich Geräusche erzeugt werden (Trommel, Rassel …).
Die Tonerzeugung entsteht durch Schlagen, Schütteln, Stampfen oder Schrapen (Reißen).

 1. Lies die nachstehenden Beschreibungen der wichtigsten Schlaginstrumente, die im Orchester vorkommen, durch.

2. Schreibe die Namen der Instrumente dazu: Pauke, Xylofon, Kastagnetten, Becken, Gong, Trommeln, Röhrenglocken, Triangel, Tamburin.

3. Klebe das passende Bild dazu.

4. Kreise gestimmte Schlaginstrumente rot ein, nicht gestimmte blau.

1. _____ ist ein Kessel, über dessen Öffnung ein Fell gespannt ist. Die Tonhöhe kann mit den Schrauben am Rand oder einem Fußpedal eingestellt werden.

2. _____ sind Instrumente mit unbestimmter Tonhöhe. Sie haben zwei Felle: Ein Resonanzfell (nicht sichtbar) und ein Schlagfell.
Bei der Kleinen _____ sind auf der Unterseite über das Resonanzfell noch Saiten gespannt, die ein schnarrendes Geräusch ergeben.

3. _____ haben metallene Röhren, die in der Reihenfolge ihrer Tonhöhe aufgehängt werden.

4. _____ stammen aus der spanischen Volksmusik. Sie bestehen aus zwei ausgehöhlten Holzplättchen.

AB 14   **Das Schlagwerk des Sinfonieorchesters – Teil 2**

5. _____ ist mit Fell bespannt.
   An der Seite sind metallene Schellen befestigt.

6. _____ ist ein zum Dreieck gebogener Metallstab.

7. _____ hat die Form einer runden Platte aus Bronze oder Messing, mit einem Buckel (!) in der Mitte. Er wird mit einem weichen Filzschlägel angeschlagen.

8. _____ sind zwei tellerförmige Metallscheiben, die einen lang anhaltenden Klang ergeben.

9. _____ ist ein gestimmtes hölzernes Schlagstabspiel.

✂--

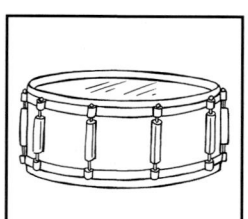 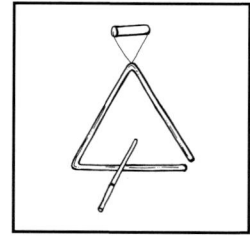  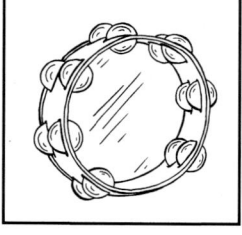 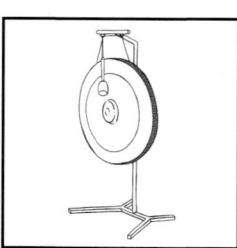

 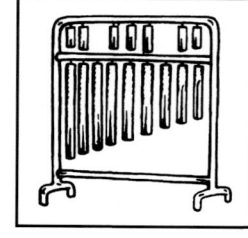  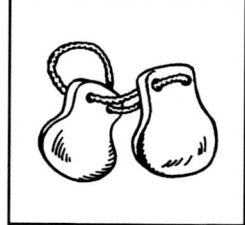

| AB 15 | **Schlaginstrumente als Melodieinstrumente – Teil 1** |  |

 1. Lies den Text mehrmals durch, denn diese Instrumente ähneln sich sehr:

> Ein Xylofon hat abgestimmte Stäbe aus Hartholz (Palisander) und einen Resonanzkasten.
> Das Marimbafon ist eine Art Xylofon mit Röhren unter allen Stäben (ebenso wie das Orchester-Xylofon). Im Aussehen ähnelt es dem elektrischen Vibrafon.
> Das Marimbafon wird im Gegensatz zum Xylofon nur mit weichen Schlägeln angeschlagen.
> Das Metallofon sieht aus wie ein Xylofon, nur hat es Metallstäbe.
> Das Glockenspiel ist kleiner als das Metallofon, hat aber keinen Resonanzkasten. Anstelle der früher aus Glocken zusammengestellten Spiele besitzt es heute Metallstäbe.
> Das Vibrafon gleicht ebenfalls dem Metallofon, unter den Platten befinden sich aber – wie beim Marimbafon – Röhren. Elektrisch betriebene Drehklappen öffnen und schließen die Röhren abwechselnd. Dadurch entsteht ein im Tempo verstellbares Vibrato (= Beben, Zittern).
> Die Platten/Stäbe aller Instrumente sind klaviaturmäßig angeordnet.

 2. Trage neben der Beschreibung den jeweiligen Instrumentennamen ein:
Glockenspiel, Xylofon, Metallofon, Vibrafon, Marimbafon.
Achtung: Die dunkel dargestellten Platten sind aus Holz.

3. Nummeriere die abgebildeten Instrumente. Sieh dir dazu die Beschreibung noch einmal an.

① Gestimmtes Schlagstabspiel mit Holzstäben: _____

② Gestimmtes Schlagstabspiel aus Metallstäben: _____

③ Kleineres gestimmtes Schlagstabspiel aus Metallstäben: _____

④ Eine Art Xylofon mit größerem Tonumfang und Röhren, die den Klang verstärken: _____

⑤ Eine Art großes Metallofon mit Röhren, bei dem ein Elektromotor den Ton vibrieren lässt: _____

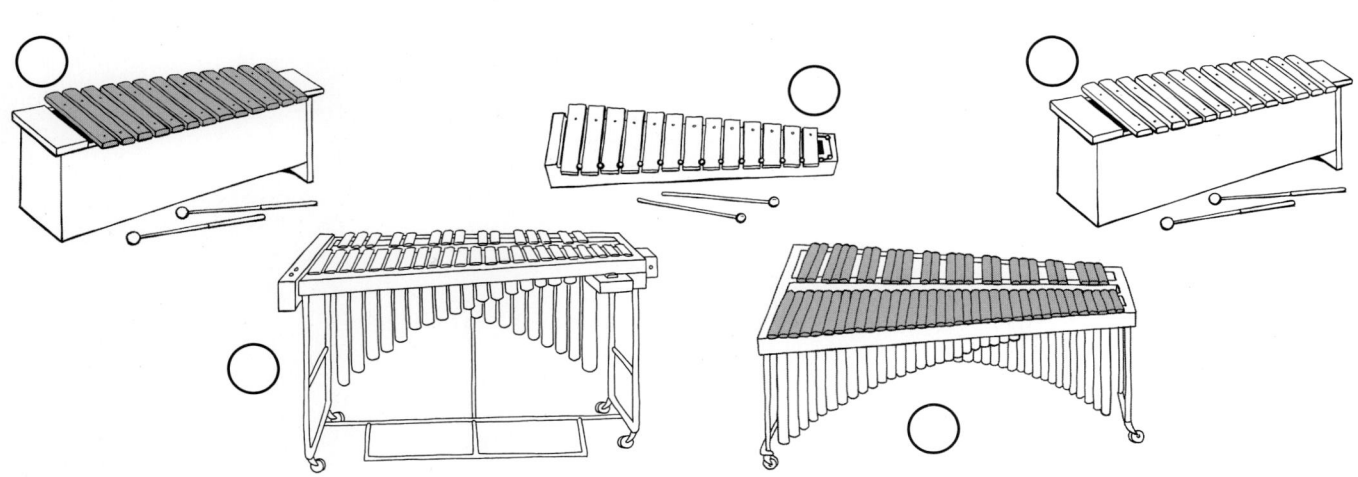

Angelika Rehm / Dieter Rehm: Von Pauken und Trompeten, 3. – 6. Klasse
© Persen Verlag

AB 16 Schlaginstrumente als Melodieinstrumente – Teil 2

4. Führt folgende Versuche durch:

a) Schlagt den kleinsten Klangstab des Glockenspiels und des Metallofons an. Welche Klangfarben stellt ihr fest: höher, dunkler, heller, tiefer? Ihr habt jeweils zwei Möglichkeiten.

Wir stellen fest:

Der kleinste Klangstab des _____ klingt _____ und _____ .

Der kleinste Klangstab des _____ klingt _____ und _____ .

b) Spielt die Tonleiter auf dem Metallofon und dem Xylofon. Was schwingt länger: Holz oder Metall?
Setzt in die Lücken ein: Holz, schwingen länger, Metall, schwingen kürzer.

Wir stellen fest:

Die Klangstäbe des Metallofons _____, die Klangstäbe des Xylofons

_____. _____ schwingt kürzer als _____ .

c) Spiele die Tonleiter auf dem Glockenspiel und dem Metallofon. Was klingt tiefer?
Setze „tiefer" ein:

Wir stellen fest:

Das Metallofon klingt _____ als das Glockenspiel.

Je größer der Resonanzkörper, desto _____ der Ton.

d) Setzte ein: dunkler, höher, tiefer, heller.

Man kann sagen:

Je kleiner das Instrument, desto _____ und _____ ist sein Klang.

Je größer es ist, desto _____ und _____ ist sein Klang.

AB 17

Memory-Spiel (A)

Karten zum Ausschneiden:

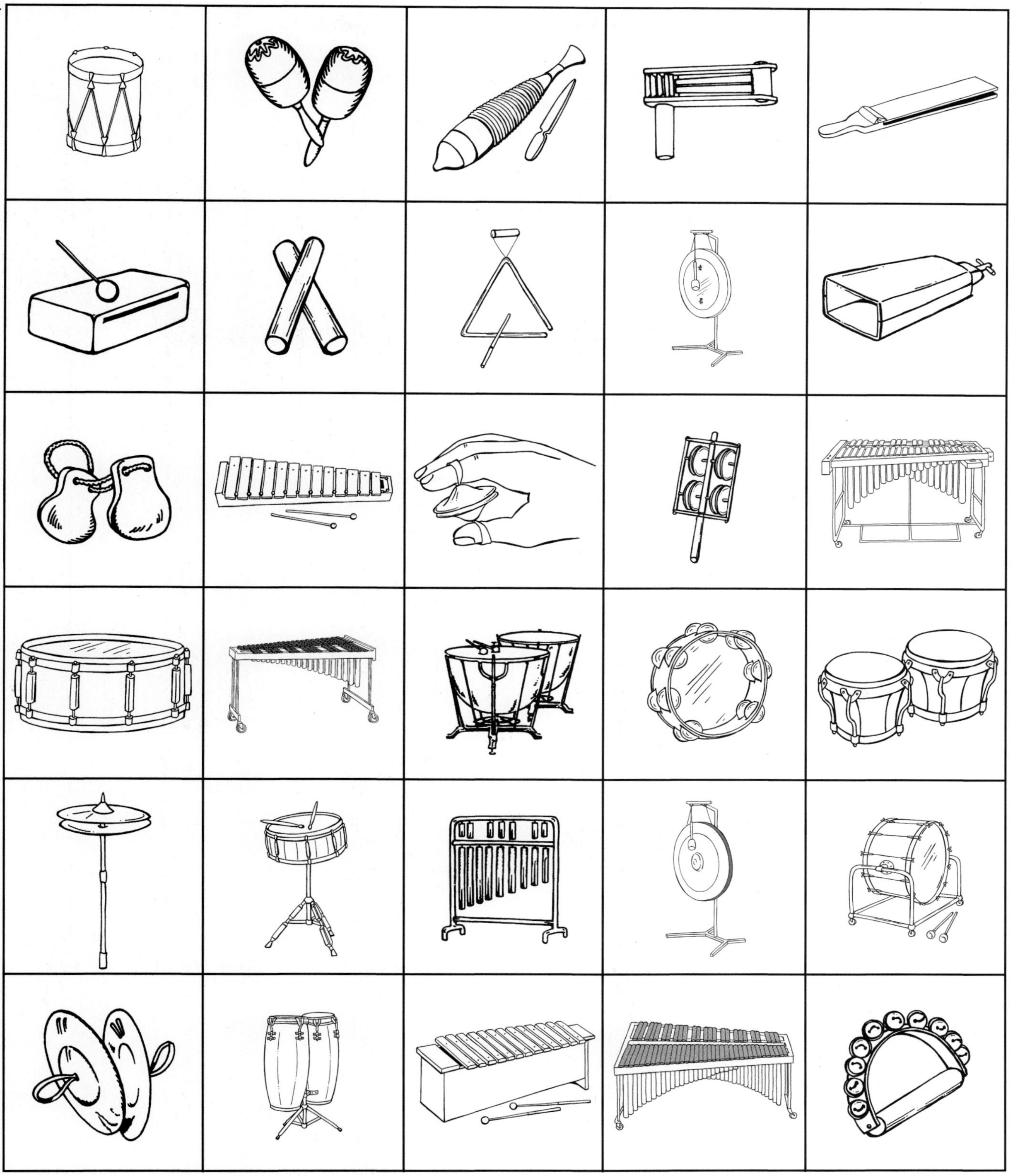

AB 18

Memory-Spiel (B)

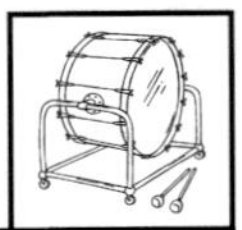

Karten zum Ausschneiden:

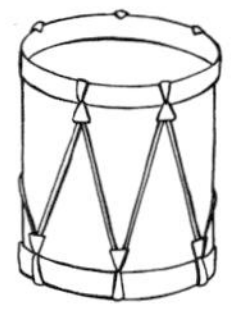 Rührtrommel	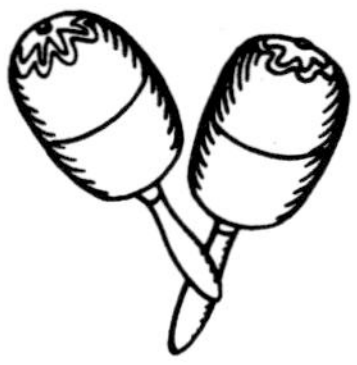 Kugelrassel	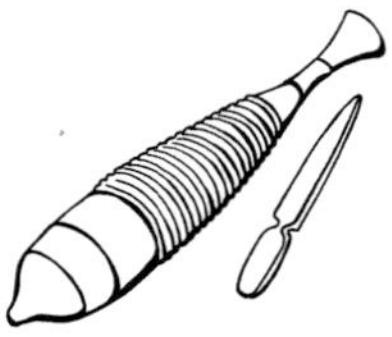 Guiro	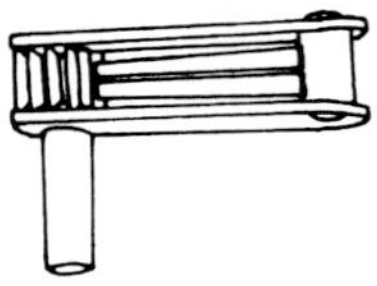 Ratsche	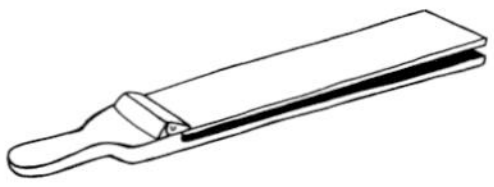 Peitsche
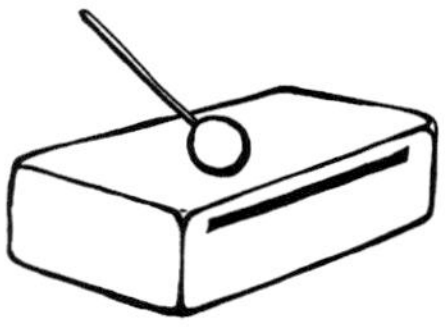 Holzblock	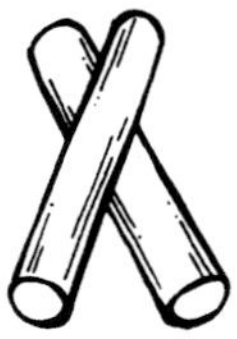 Klanghölzer	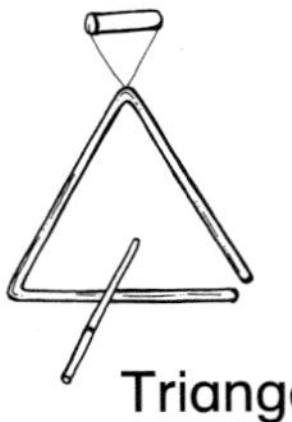 Triangel	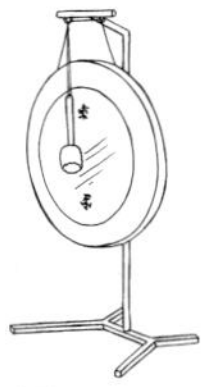 Tamtam	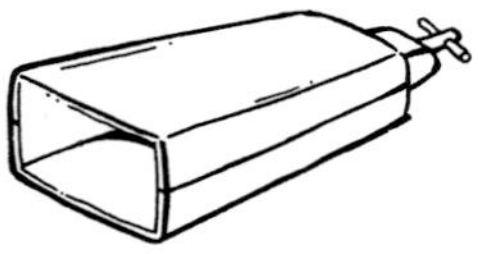 Cowbell (Kuhglocke)
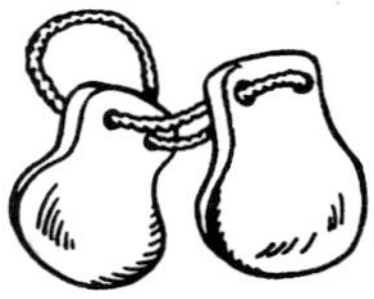 Kastagnetten	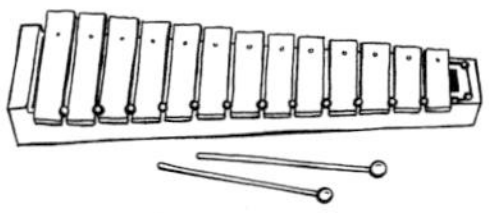 Glockenspiel	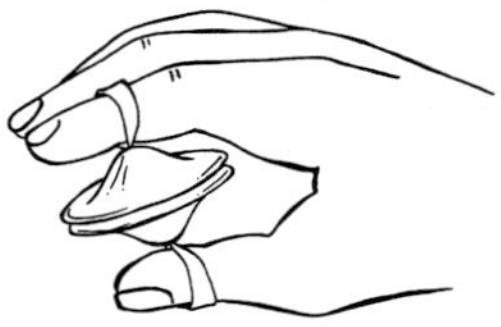 Zimbeln	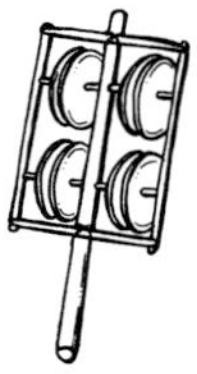 Schellenstab	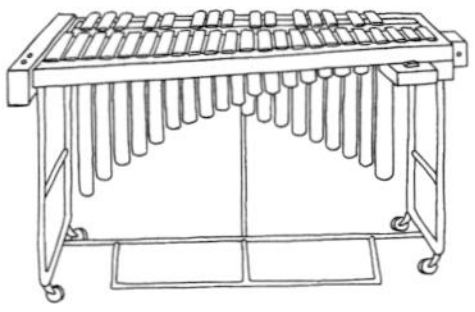 Vibrafon
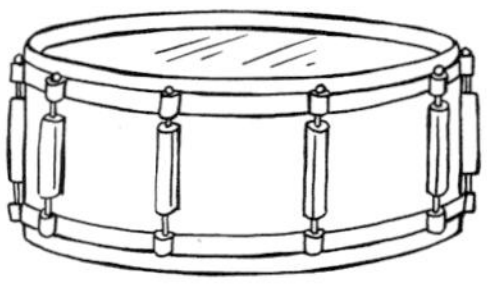 Schnarrtrommel	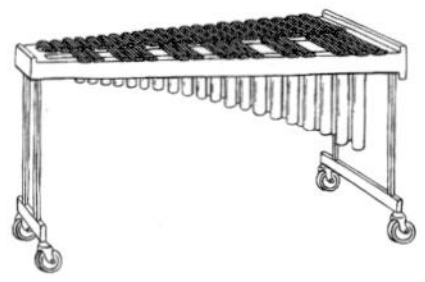 Orchesterxylofon	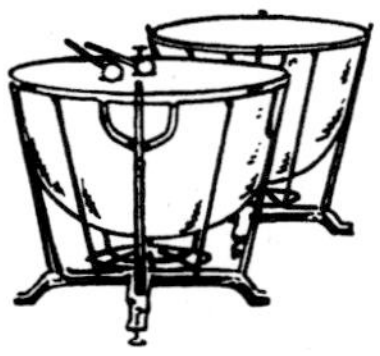 Pedalpauke	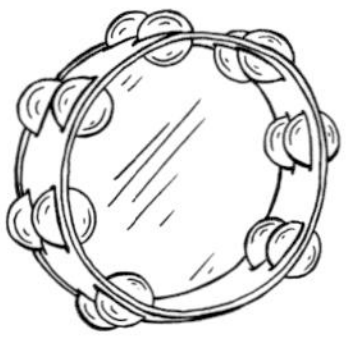 Tamburin	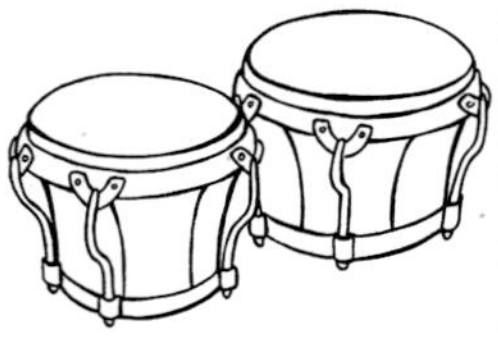 Bongos
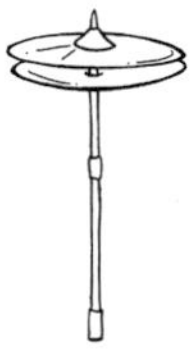 Hi-Hat	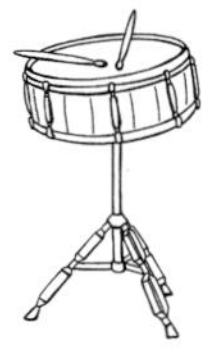 Kleine Trommel	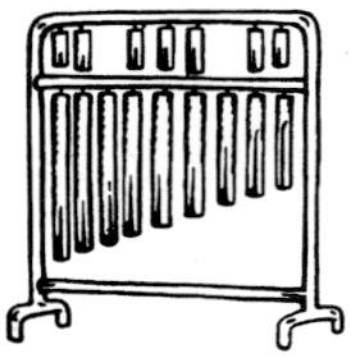 Röhrenglocken	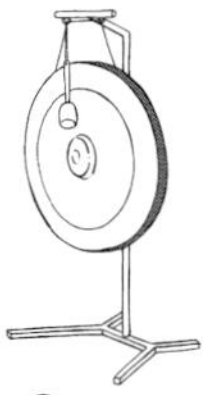 Gong	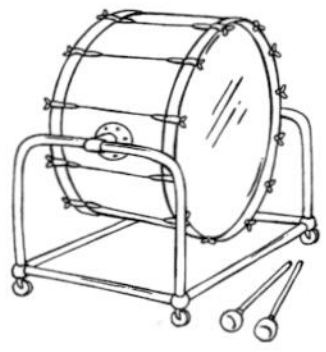 Große Trommel
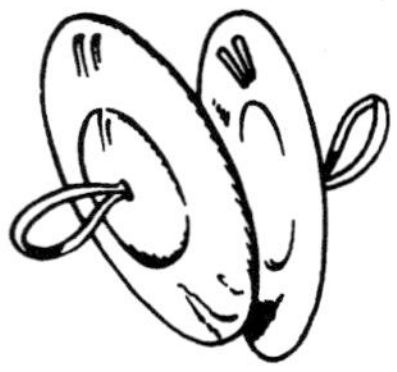 Becken	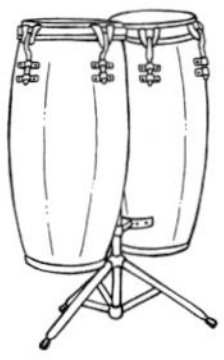 Congas	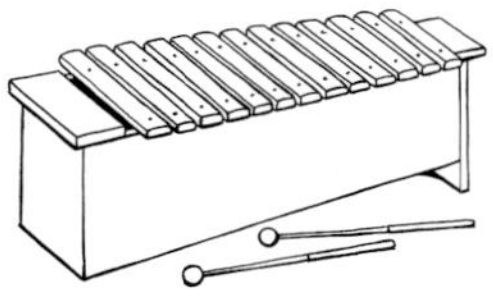 Metallofon	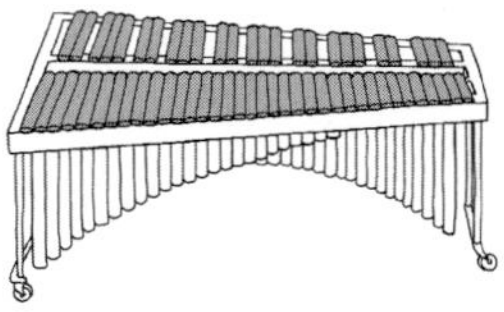 Marimbafon	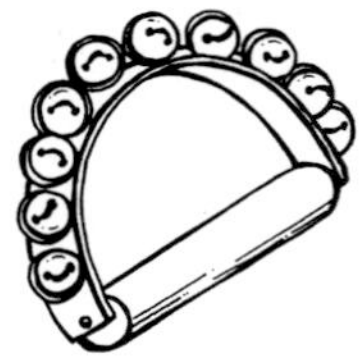 Schellenkranz

Angelika Rehm / Dieter Rehm: Von Pauken und Trompeten, 3. – 6. Klasse

Memory-Spiel (A/B)

Karten zum Ausschneiden:

Rührtrommel	Kugelrassel	Guiro	Ratsche	Peitsche
Holzblock	Klanghölzer	Triangel	Tamtam	Cowbell (Kuhglocke)
Kastagnetten	Glockenspiel	Zimbeln	Schellenstab	Vibrafon
Schnarrtrommel	Orchesterxylofon	Pedalpauke	Tamburin	Bongos
Hi-Hat	Kleine Trommel	Röhrenglocken	Gong	Große Trommel
Becken	Congas	Metallofon	Marimbafon	Schellenkranz

Bilder-Kreuzworträtsel

AB 20

✏ Löse das Rätsel. Das Lösungswort ist ein Rhythmusinstrument, das besonders in der spanischen Musik eingesetzt wird. Du findest es in den grauen Kästchen (von oben nach unten gelesen), wenn du die Instrumentennamen richtig eingesetzt hast.

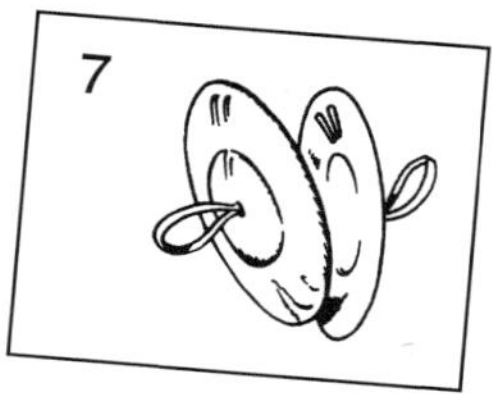

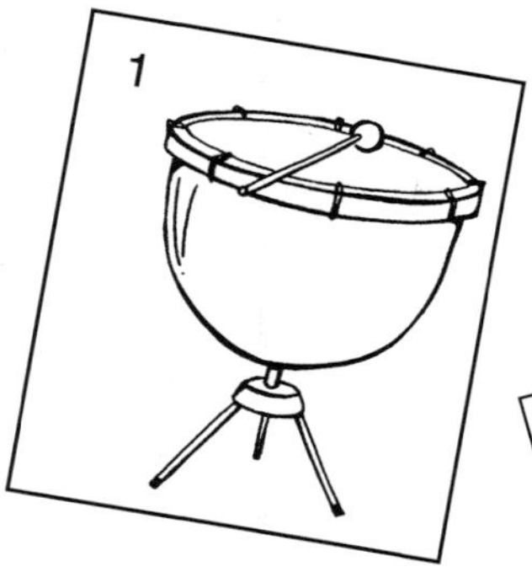

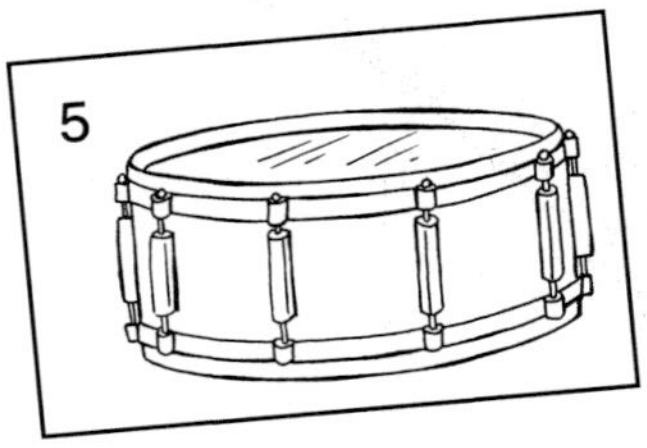

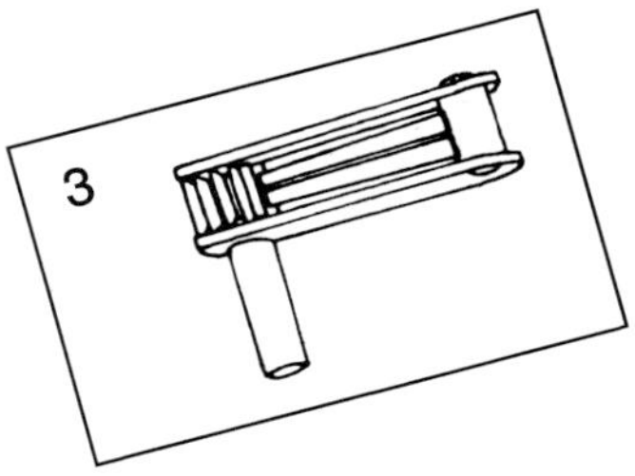

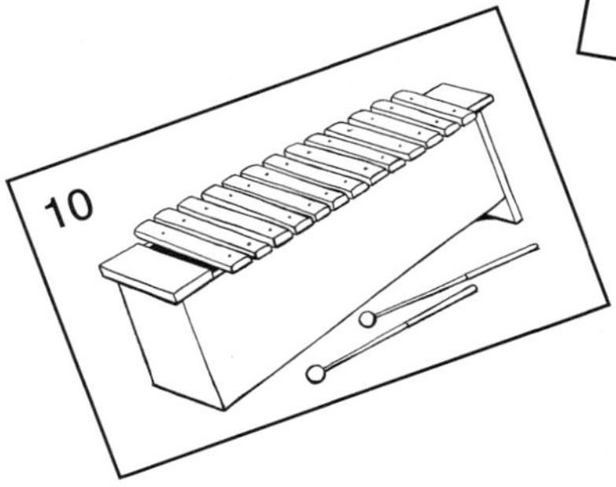

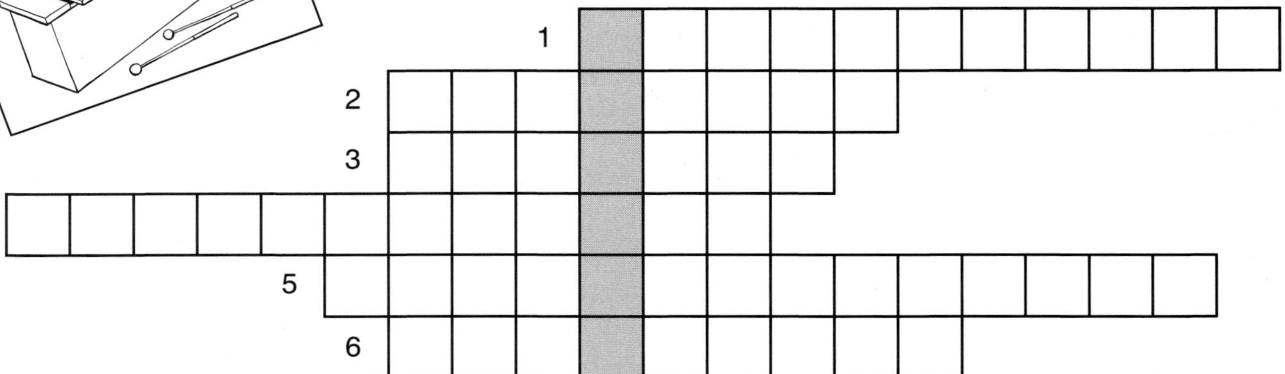

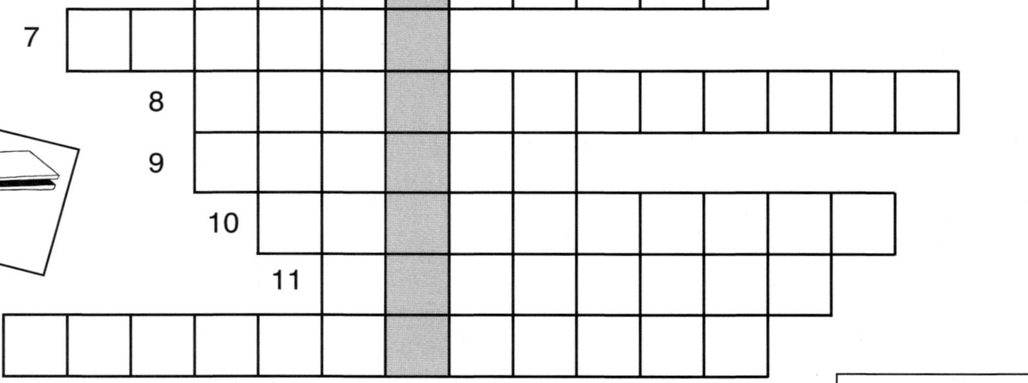

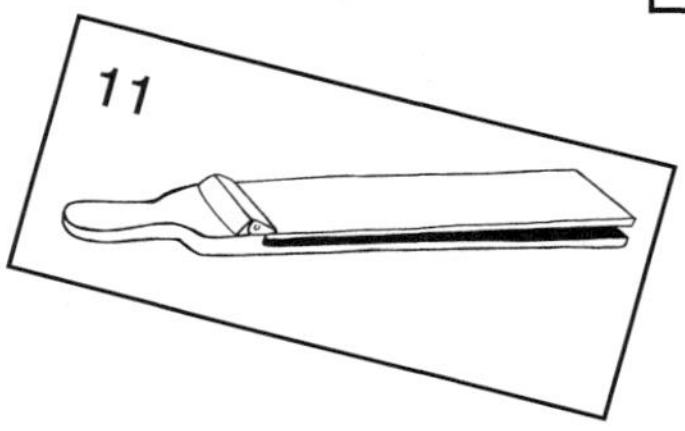

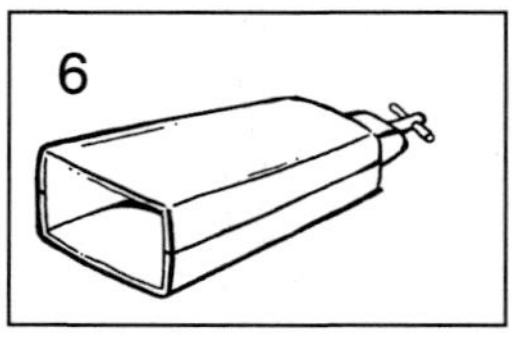

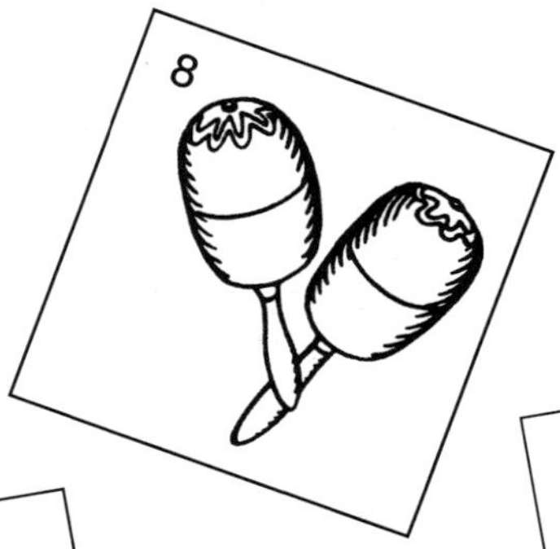

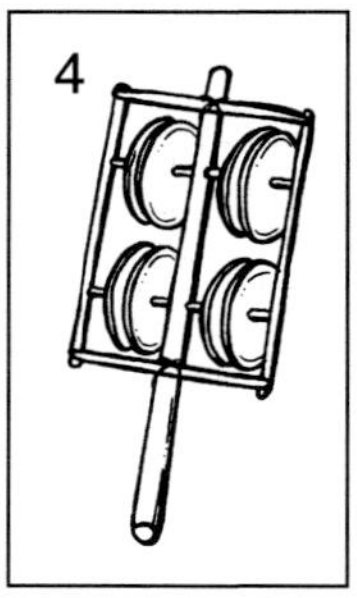

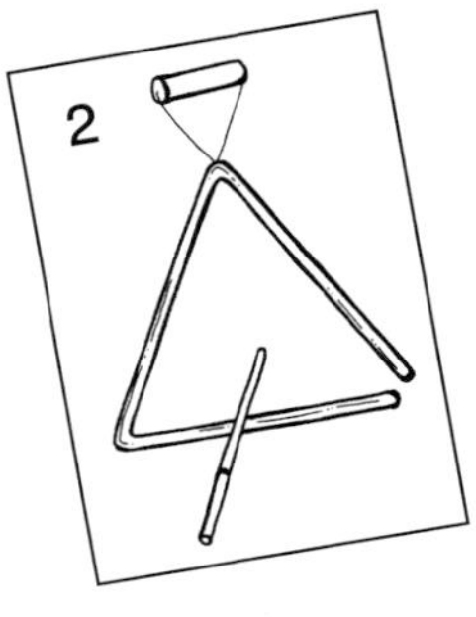

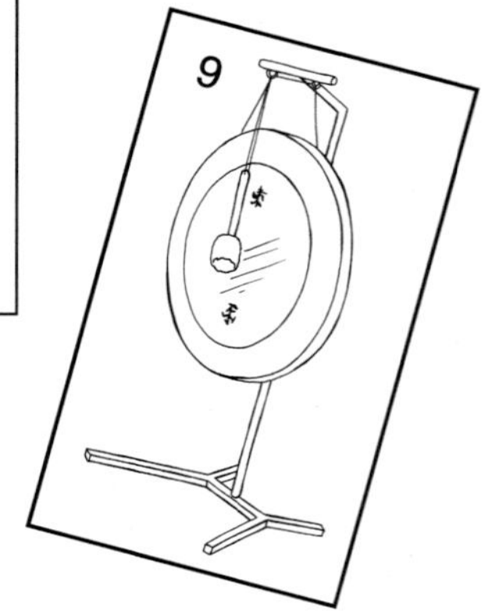

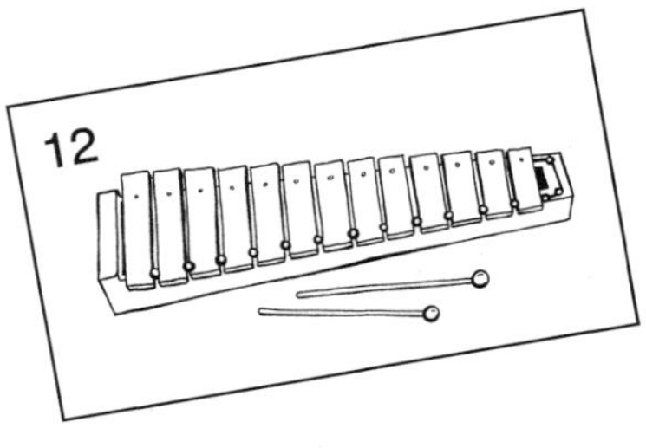

AB 21   **Bingo mit Schlaginstrumenten**

 1. Ihr benötigt jeweils sechs Kärtchen mit demselben Instrument. Schneidet sie aus und malt auf die Rückseite Würfelpunkte von ⚀ bis ⚅ .

2. Legt Stapel mit den Punkten nach oben auf den Tisch:

   ⚀ ⚁ ⚂ ⚃ ⚄ ⚅

3. Jetzt beginnt das Spiel:
   Zwei bis vier Kinder spielen mit. Jedes bekommt einen Spielplan mit den Instrumentenbildern und einen Würfel.
   Das jüngste Kind fängt an. Es würfelt und nimmt sich die Karte mit der angezeigten Augenzahl. Es legt die Karte auf seinen Plan. So geht es reihum.
   Gewonnen hat, wer zuerst zwei Reihen (waagerecht, senkrecht oder diagonal) mit seinen Karten belegt hat.

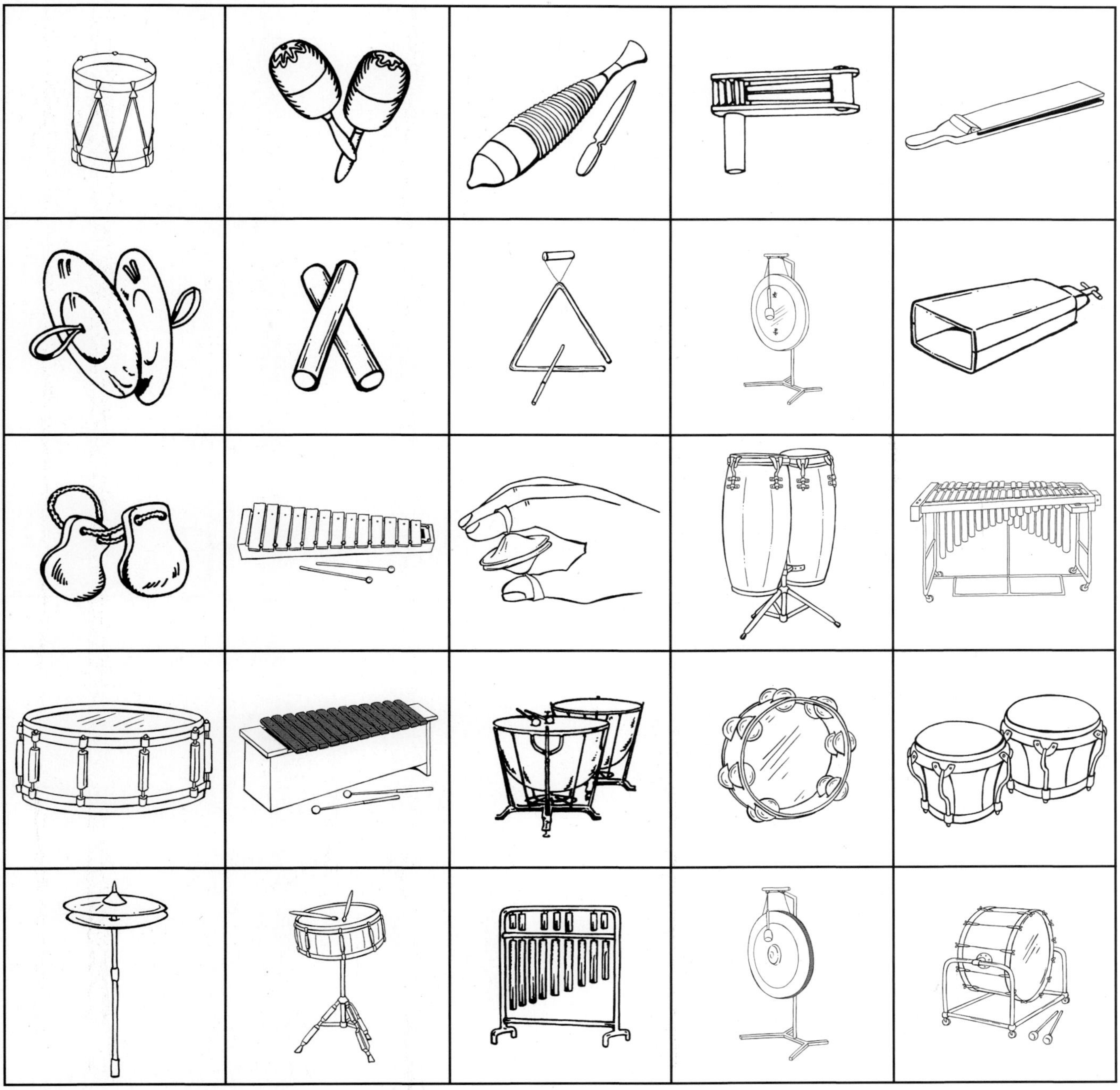

AB 22 Wir bauen ein Rhythmusinstrument – Teil 1

1. Welche Instrumente gehören zusammen? Verbinde sie mit Pfeilen.

2. Gibt es mehrere Möglichkeiten?

3. Welches selbst gebastelte Instrument kannst du auch als Klanghölzer verwenden? Male es!

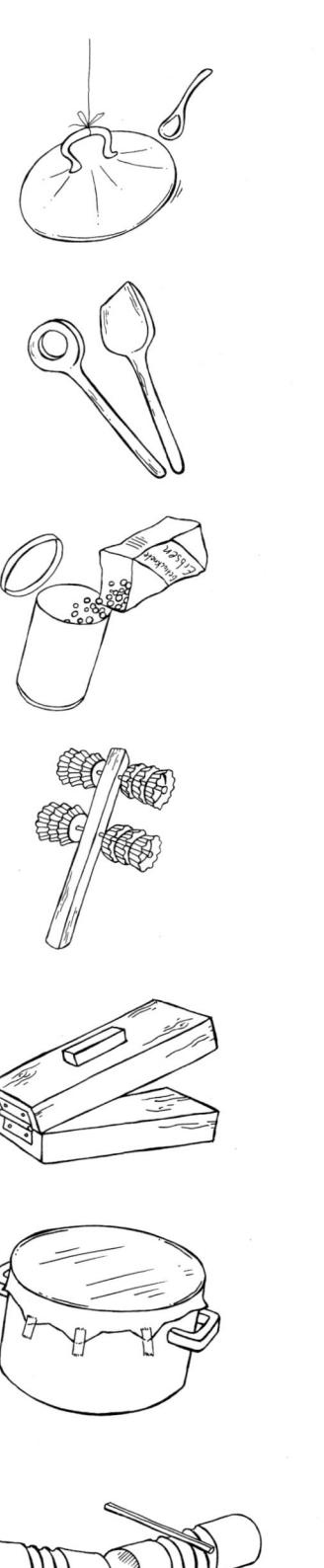 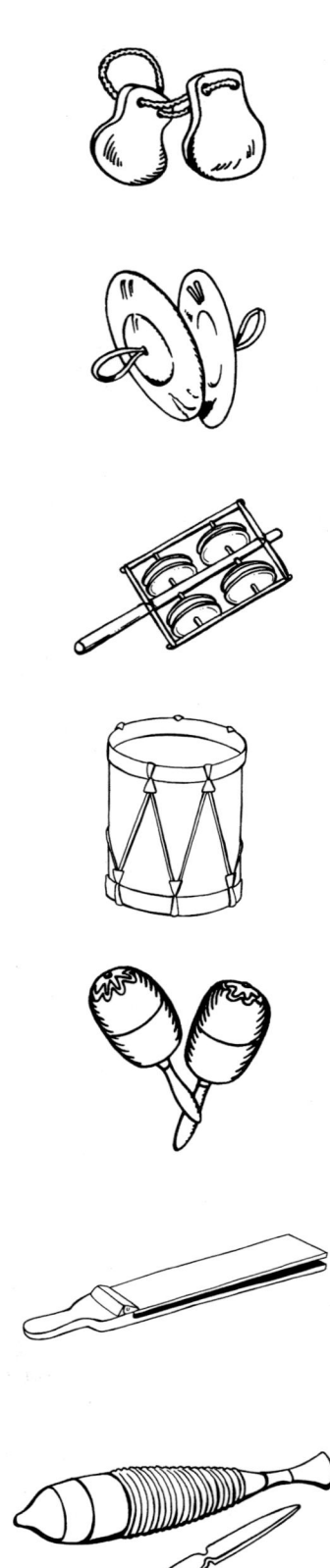

AB 23 — Wir bauen ein Rhythmusinstrument – Teil 2

 4. Hier hast du ein paar Vorschläge, wie du ganz einfach ein Rhythmusinstrument selbst bauen kannst. An den Materialien erkennst du schon, welches es sein könnte. Schreibe den Namen dazu.

a) Bauen einer _____

- Dose mit Deckel (Verschluss zukleben)
- Erbsen, Reis oder kleine Steinchen

b) Bauen eines _____

- Kronenkorken
- Leiste (Kronenkorken durchbohren und auf die Leiste nageln)

c) Bauen eines _____

- dickes Bambusrohr (ein Ende offen, das andere durch Wachstumsknoten verschlossen lassen)
- Dreiecksfeile (rundum Kerben in die Seite feilen)

d) Bauen einer _____

- zwei gleich große, gehobelte Brettchen
- Lederscharnier (Brettchen damit zusammenfügen)
- kleine Holzstücke als Griffe (anleimen)

e) Bauen einer _____

- röhrenförmiges Gefäß aus Pappe oder Blechdose (Dosendeckel entfernen)
- Folie (Abdeckfolie)
- Klebeband

f) Bauen eines _____

- Topfdeckel
- Band
- Kochlöffel

g) _____

- Zwei Kochlöffel

 5. Baue ein Instrument nach. Vielleicht hast du eigene Ideen?

Rätsel um Schlaginstrumente

 1. In dem folgenden Buchstabensalat sind waagerecht und senkrecht 17 Instrumente versteckt. Nimm Buntstifte zum Markieren.
Wie viele findest du?

R	A	S	S	E	L	P	F	G	A	C	H	D	I	F	G	M	N	P
Ü	T	K	C	I	T	A	M	B	U	R	I	N	H	H	O	V	T	Q
H	E	O	H	J	K	U	K	O	W	K	M	C	I	O	W	X	R	R
R	T	V	E	M	L	K	H	G	R	R	L	O	M	L	A	B	I	T
T	R	S	L	N	O	E	C	M	B	Z	K	F	E	Z	E	F	A	S
R	X	Y	L	O	F	O	N	L	B	A	N	M	T	B	G	H	N	U
O	B	O	E	S	P	O	R	M	A	B	R	H	A	L	I	J	G	V
M	A	C	N	T	V	R	Ö	H	R	E	N	G	L	O	C	K	E	N
M	Z	B	S	W	U	A	C	B	D	C	B	U	L	C	T	R	L	S
E	Y	X	T	R	O	M	M	E	L	K	C	I	O	K	O	W	F	G
L	T	W	A	K	H	J	F	G	E	E	A	R	F	Z	U	V	S	B
S	U	V	B	O	N	G	O	S	L	N	F	O	O	A	C	G	M	A
K	A	S	T	A	G	N	E	T	T	E	N	O	N	T	S	R	P	C
R	N	O	P	M	S	C	H	N	A	R	R	T	R	O	M	M	E	L

2. Schreibe die Namen auf:

waagerecht: _____

_____

_____

senkrecht: _____

_____

_____

3. Eines der Instrumente gehört nicht zu den Rhythmusinstrumenten. Findest du es?

_____

Rhythmus- und Melodieinstrumente

Melodieinstrumente können Klangfolgen erzeugen; Rhythmusinstrumente erzeugen weitgehend nur einen einzigen Klang oder Geräusche.

Schneide die Instrumentenkärtchen aus und ordne sie nach Melodie- und Rhythmusinstrumenten.

Trommel – Klarinette – Rasseln – Bongos – Kontrabass – Trompete – Harfe – Kastagnetten – Querflöte – Pauke – Tamburin – Tuba – Triangel – Keyboard – Posaune – Becken – Schellenkranz – Klanghölzer – Panflöte – Akkordeon

Kleine Instrumentenkunde – Blasinstrumente

Allen Blasinstrumenten ist gemeinsam, dass die für die Tonerzeugung beteiligte Luft in einem Rohr durch Einblasen in Schwingung gebracht wird. Der Grundton des Instrumentes entsteht, wenn alle Grifflöcher geschlossen sind. Die Grifflöcher waren ursprünglich so angeordnet, dass sie, der Reihe nach geöffnet, die Dur-Tonleiter über dem Grundton entstehen ließen. Das ist heute noch bei der Blockflöte der Fall. Die ersten Metallklappen wurden angefertigt, weil man die chromatischen Zwischentöne allein durch das Bedecken der Grifflöcher mit den Fingern nicht mehr erzeugen konnte.

Durch das „Überblasen", d. h. ein stärkeres Anblasen, kann die Tonskala der Instrumente über die Tonleiter hinaus nach oben erweitert werden. Die Luftsäule schwingt nicht im Ganzen, sondern halbiert sich und schwingt in beiden Teilen. Oft ist auch doppeltes oder dreifaches Überblasen erforderlich, um eine vollständige chromatische Tonleiter, vom Grundton ausgehend, entstehen zu lassen.

Die Unterscheidung der Blasinstrumente nach Holz- und Blechbläsern ist insofern nicht ganz richtig, als Flöten und Rohrblattinstrumente (z. B. das Saxofon) auch aus Metall gefertigt sind, jedoch zu den Holzbläsern gezählt werden. Die Unterteilung ist eher geschichtlich bedingt, denn früher baute man die Holzblasinstrumente aus Holz. Seit Boehm und Sax ist der Werkstoff Holz bei diesen Instrumenten nicht mehr als wesensbestimmend anzusehen. Die Frage, ob das Material (Holz, Metall oder Kunststoff) des Instrumentenkörpers den Klang entscheidend beeinflusst, bleibt offen. Von elementarer Bedeutung ist dagegen die Art der Tonerzeugung.

Angaben zu Längen und Durchmesser der Instrumente werden im Folgenden deshalb gemacht, damit sie den Kindern gewisse Größenvorstellungen vermitteln und daran physikalische Gesetzmäßigkeiten (Frequenz, Druck etc.) erläutert werden können. Musik hat eben auch eine naturwissenschaftliche Seite.

A. Holzblasinstrumente

Klassische Holzblasinstrumente sind die Flöte, die Klarinette, die Oboe und das Fagott. Das Saxofon findet nur sporadisch Eingang in die sinfonische Musik, ist aber eines der wichtigsten Instrumente des Jazz'.

Bei den Holzblasinstrumenten unterscheiden wir zwischen:
1. Instrumenten mit einem Anblasloch (z. B. Blockflöte, Querflöte, Pikkoloflöte)
2. Instrumenten mit einem einfachen Rohrblatt (z. B. Klarinette, Saxofon)
3. Instrumenten mit doppeltem Rohrblatt (z. B. Oboe, Fagott)

1. Instrumente mit einem Anblasloch

Die **Flöte** ist eines der ältesten Instrumente überhaupt, wie Funde aus prähistorischer Zeit belegen. Diese Flötenfunde bestanden aus hohlen Knochen, die bereits Tonlöcher besaßen.

In Europa ist die **Blockflöte** – so wie wir sie kennen – als Volks- und Spielmannsinstrument spätestens seit dem 11. Jahrhundert bekannt. Noch um das Jahr 1750 bedeutete „Flöte" in den Partituren immer Blockflöte. Erst durch die Vergrößerung des Orchesters (und der Konzertsäle) wurde die Blockflöte durch die lautstärkere **Querflöte** verdrängt.

Die Stellung der Grifflöcher auf der Querflöte war ursprünglich durch die Reichweite der Finger bestimmt. Das führte zu komplizierten Grifftechniken, um den richtigen Ton zu treffen. Theobald Boehm (1794–1881) berechnete deshalb die Anbringung der Grifflöcher nach rein physikalischen Gesichtspunkten. Die nicht mehr ausreichende Reichweite der Finger (mit einem Loch für einen Halbton) überwand Böhm durch einen Klappenmechanismus (Böhm-Flöte). Waren die ersten Flöten dieser Art noch aus Holz, ging man später zu Messing, Silber und sogar Gold über.

Die **Querflöte** ist zwischen 65 und 67 cm lang und wird auch **Große Flöte** genannt. Sie ist meistens in C gestimmt und hat einen Tonumfang von c^1 bis d^4. Ferner gibt es die **Alt-Flöte** (86 cm lang) in G, die **Bass-Flöte** in C und die **Pikkoloflöte** (etwa 25 cm lang). In der Höhe reicht diese fast eine Oktave über die Große Flöte hinaus.

Kleine Instrumentenkunde – Blasinstrumente

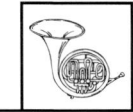

Die **Panflöte** (nach dem griechischen Hirtengott Pan) ist ein Instrument, das aus verschieden langen (= Tonhöhen), unten meist geschlossenen Röhren besteht. Das Material kann sehr unterschiedlich sein: Schilf, Holz, Bambus, Metall oder Ton. Besonders beliebt ist die Panflöte in der rumänischen Volksmusik.

Die aus Italien stammende **Okarina** ist aus Ton oder Porzellan gefertigt. Heute ist sie ein sehr beliebtes Kinderinstrument. Sie hat die Form eines Gänseeis oder einer Rübe, besitzt einen Schnabel zum Anblasen und weist acht bis zehn Grifflöcher auf.

2. Instrumente mit einfachem Rohrblatt

Die **Klarinette** ist ein Holzblasinstrument (meist aus Grenadillholz) mit einfachem Rohrblatt. Dieses ist auf dem Mundstück, dem „Schnabel", aufgeschraubt.
Die heutige Klarinette weist ca. 20 Klappen auf, mit einem Mechanismus, der der Querflöte entlehnt ist. Orchestermusiker besitzen meistens zwei Klarinetten: die **B-Klarinette** (für die b-Tonarten; ca. 66 cm lang) und die **A-Klarinette** (für die Kreuz-Tonarten; ca. 71 cm lang).
Die Klarinette reicht nahezu eine Oktave tiefer als die Oboe und wird daher in den Partituren zwischen Oboen und Fagotten angesiedelt. Klanglich kann sie in tiefen Lagen sehr sanfte Töne erzeugen, die im Forte aber auch bedrohlich klingen können. Besonders hohe „schreiende" Töne (= Diskantbereich) erreicht die **Kleine Klarinette** (Es-Klarinette oder Pikkoloklarinette, ca. 49 cm lang). Zu den tiefen Arten zählen die **Bassklarinette** und die **Kontrabassklarinette**.

Das **Saxofon** ist das einzige Instrument, das keine Vorbilder/Vorläufer in der Instrumentengeschichte hat. Im Grunde ist das Saxofon eine Oboe mit Klarinettenmundstück (Sopransaxofon). Der Klarinetten- und Instrumentenbauer Adolphe Sax (1814–1894) erfand dieses Instrument, das er 1846 zum Patent anmeldete. Seine Idee war vermutlich, für das Musizieren im Freien (z. B. auch Militärmusik) ein Instrument zu schaffen, das wetterfester und lauter als die Klarinette war. Vorrangig fand es seinen Einsatz im Jazz. Sax selbst baute diese Instrumente in den verschiedensten Ausführungen. Vom Sopranino bis zum Subkontrabass – acht Variationen für Blasorchester und nochmals sechs verschiedene Größen für das Sinfonieorchester. Das Saxofon zählt, obwohl immer in Metall gefertigt, zu den Holzblasinstrumenten, da die Art der Tonerzeugung als bestimmendes Merkmal dient.
Als Soloinstrumente werden hauptsächlich das **Sopran-**, das **Alt-**, das **Tenor-** und das **Baritonsaxofon** eingesetzt.

3. Instrumente mit doppeltem Rohrblatt

Die **Oboe** (von franz. hautbois = hohes, lautes Holz) stammt von der Schalmei ab, ebenfalls ein Doppelrohrblattinstrument. Während jedoch bei dieser das Rohrblatt ganz in den Mund geschoben wird, wird es bei der Oboe zwischen den Lippen gehalten. Bei der heutigen, modernen Oboe ist die Mechanik recht kompliziert: Sie hat 16 bis 22 Löcher, die so angeordnet sind, dass die direkt greifbaren Löcher und die Tasten/Griffhebel betätigt werden können, ohne die Hände auf dem Instrument zu verschieben. Der Tonumfang reicht von b bis a^3. Die Länge der Oboe beträgt ca. 60 cm, der Durchmesser des Anblasröhrchens 2 bis 3 mm. Gefertigt wird sie aus Grenadillholz, aber auch aus Kokos, Palisander und Buchsbaum.

Ein Mitglied der Oboenfamilie ist das **Englischhorn** (Alt-Oboe), das eine Quinte unter der Oboe liegt. Kennzeichnend für dieses Instrument ist – im Gegensatz zur Oboe – der birnenförmige Auslauf am Ende. Es besitzt also keinen Schalltrichter.

Das **Fagott** weist einige Gemeinsamkeiten mit der Oboe auf: Beide Instrumente verfügen über gleichartige Mundstücke, auch die Tonerzeugung erfolgt auf dieselbe Weise. Das Fagott liegt zwei Oktaven unter dem Grundton der Oboe. Seit dem 17. Jahrhundert wird es als Orchesterinstrument gespielt. Der Bau und die Mechanik dieses Instrumentes wurden seitdem immer weiter perfektioniert. Das heutige Fagott (deutsches Fagott) besitzt 5 Grifflöcher und 24

Kleine Instrumentenkunde – Blasinstrumente

Klappen. Die Länge des gewundenen Rohres misst ca. 260 cm.

Der Tonumfang des Fagotts ist mit mehr als drei Oktaven außerordentlich groß, d. h. es sind erhebliche Intervallsprünge möglich, die das Fagott zu einem musikalischen Clown werden lassen können. Der grundsätzlich warme Klang kann aber auch in makabre und unheimliche, in ironisierende, träumerische, aber auch pathetische Bereiche gehen.

Dank einer Verdopplung der Rohrlänge (auf etwa 6 m) gelang es beim **Kontrafagott**, die Klanglage noch eine Oktave tiefer zu erreichen.

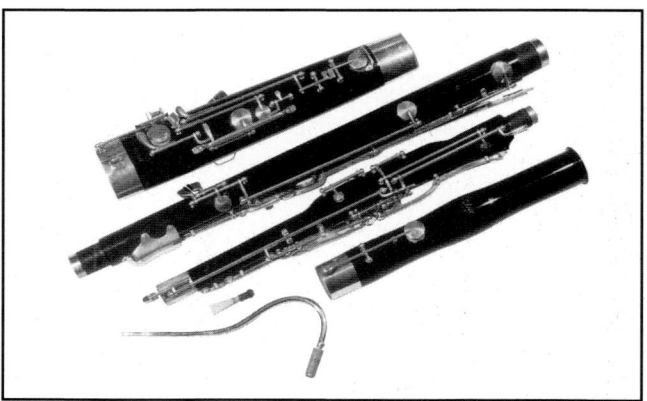

B. Blechblasinstrumente

Ob Posaune, Trompete, Tuba oder Horn, alle Blechinstrumente sind im Grunde Metallrohre, in denen mithilfe eines Kesselmundstückes (Posaune, Trompete, Tuba) oder eines Trichtermundstückes (Horn) die Luft zum Schwingen gebracht wird. Die unterschiedlichen Schwingungserreger sind jedoch die Lippen des Bläsers. Diese werden entweder fest in das schalenförmige Kesselmundstück gepresst oder das Trichtermundstück wird unter die Unterlippe gesetzt. Die Vibration der Lippen versetzt dann die Luftsäule in Schwingungen.

Mit der Erfindung der Ventile wurde es möglich, nicht nur die in der Naturtonreihe vorkommenden Töne zu spielen: Der Bläser kann durch die Ventile oder den Zug die Rohrlänge des Instrumentes verändern.

Blechblasinstrumente haben eine lange Tradition. Bereits im letzten Jahrtausend v. Chr. kannte man die **Lure** in Skandinavien: ein aus Bronze gegossenes Horn mit Kesselmundstück. Dünnwandige Blechblasinstrumente entwickelten auch die Römer mit dem **Lituus** und der **Tuba** (damals eine gradlinige Heerestrompete). Beide dienten u. a. als militärische Signalinstrumente.

Die eigentliche Vorgängerin unserer heutigen Blechblasinstrumente war die **Busine**, aus deren zylindrischer Form der Röhren Posaune und Trompete entstanden und aus der sich konisch erweiternden Röhrenform das Horn.

Die **Posaune** nahm unter den Blechblasinstrumenten schon sehr früh (16. Jahrhundert) ihre jetzige Form an. Die Rohrlänge der **Tenor-Posaune** beträgt bei einem Durchmesser von 11 bis 14 mm fast 3 m. Man spricht im Hinblick auf dieses Größenverhältnis von einer engen Mensur.

Der Zug der Posaunen entspricht in seiner Funktion den Ventilen der anderen Blechblasinstrumente. Mit dem Zug wird die Rohrlänge verändert: Wird von der Grundstellung aus der Zug herausgezogen, ergeben sich wegen der Verlängerung der Luftsäule tiefere Töne. Durch rasches Hin- und Herschieben kann dabei durch Frequenzschwankungen ein Vibrato erzeugt werden. Der Zug verschafft dem Spieler aber noch eine andere Möglichkeit des Ausdrucks: das Glissando. Die stufenlose Bewegung des Zuges bewirkt einen gleitenden Übergang von einem Ton zum anderen.

Jeder einzelne Ton muss dann zwangsläufig anders erzeugt werden: durch die Unterbrechung der Luftzufuhr. Das geschieht mittels Zungenschlag.

Die **Trompete** war bis ins 17. Jahrhundert dem Militär und der Musik gehobener Stände vorbehalten. Allerdings konnten auf diesen Trompeten nur Naturtöne erzeugt werden. Im Laufe der Zeit entwickelte man die Technik des Überblasens in hohen Lagen (= Clarin), die der Trompete den Einsatz als Melodieinstrument in der Barockmusik ermöglichte. Erst die Erfindung der Ventile (1813) machte chromatische Halbtöne möglich. Heute werden im Wesentlichen zwei verschiedene Trompeten eingesetzt: die **B-Trompete (Soprantrompete)** und die seltenere **C-Trompete**.

Kleine Instrumentenkunde – Blasinstrumente

Die Trompete besitzt drei Ventile; die Rohrlänge beträgt 1,45 m. Das Mundstück ist kesselförmig und ca. 1 cm tief.

Um die Klangfarbe der Trompete zu verändern, gibt es die Möglichkeit, einen Dämpfer in den Schalltrichter (= Stürze) zu stecken. Der Dämpfer ist eine Art Kegel aus Holz oder Leichtmetall. Auch mit der bloßen Hand lassen sich Klangfärbungen erzeugen.

Außer der üblichen Soprantrompete gibt es sehr kurze Ventil-Trompeten für hohe Lagen: die Hoch-F- oder die Hoch-B-Trompete werden landläufig **Bach-** oder **Pikkolo-Trompeten** genannt. Die **Jazz-Trompete** besitzt ein flacheres, engeres Mundstück, um ebenfalls sehr hohe Töne zu erreichen.

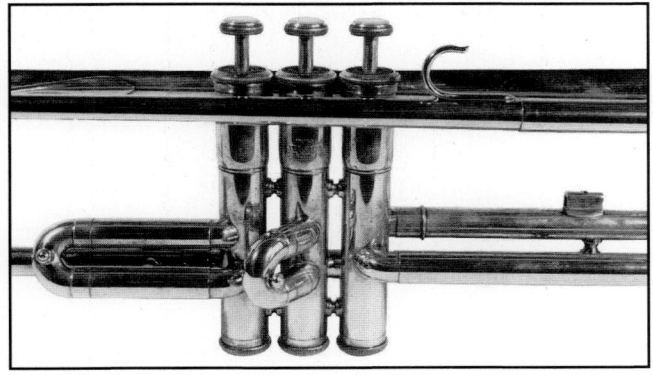

Die **Fanfare** ist eine lange, ventillose Trompete, die ihren Einsatz vorwiegend in der Militär-, Volks- und Bühnenmusik findet. Auch das **Alphorn** ist eine Art Trompete. Hergestellt aus einem einzigen Tannenstamm, kann es bis zu 4 m lang sein.

Das **Kornett** steht zwischen Trompete und Horn. Es hat allerdings einen größeren Röhrendurchmesser als die Trompete und ist im Röhrenverlauf stärker konisch. Im Orchester der Romantik, aber auch in der Frühzeit des Jazz' (bis 1930) war es oft anzutreffen. Dann übernahm häufig die Trompete seinen Part. Verwandt mit dem Kornett ist das heutige **Flügelhorn**, das mit seinem weichen Ton vorrangig in Blasorchestern eingesetzt wird.

Das **Horn** diente seit dem Altertum als Signalinstrument (z. B. bei der Jagd). Ursprünglich wurde es aus Tierhörnern, Stoßzähnen, Holz, aber auch Schneckengehäusen und Muscheln gefertigt. Mit dem modernen Waldhorn hat es aber nur wenig gemeinsam. Die Gruppe der Hörner weist konische Röhren auf, während Trompeten und Posaunen durch zylindrische Röhren gekennzeichnet sind.

Seit dem Mittelalter wurden die Zwischentöne zu den Naturtönen durch sogenannte Tonlöcher überbrückt. 1767 bekam das (Natur-)Waldhorn seine heute noch gebräuchliche Form, wobei die drei Ventile erst ab 1830 installiert wurden.

Im 18. Jahrhundert entdeckte man die Spieltechnik des Stopfens: Zur Erzielung einer anderen Intonation wird die Hand ganz oder teilweise in den Schalltrichter geschoben.

Neben dem **B-Horn** ist das **F-Horn** gebräuchlich. Beide Instrumente vereinigt das **Doppelhorn** (1899). Die Hörner werden im Orchester unterschiedlich geführt: Sie können den Blechbläsern zugeordnet sein oder aber den Holzbläsern – und fungieren damit als eine Art Bindeglied zwischen beiden Gruppen. Übrigens findet sich auch im klassischen Bläserquintett die Besetzung Flöte, Oboe, Klarinette, Fagott und Horn.

Die **Tuba** ist ein Blechblasinstrument in Basslage (**Basstuba/Kontrabasstuba**). Der Name stammt von lateinisch „tubus" (= Rohr) ab. Die ovalen Windungen verlaufen zunächst konisch, dann zylindrisch, dann wieder konisch. Die Rohrlänge der **Basstuba** in F beträgt 3,86 m (ist gleich lang wie das F-Horn) und kann durch die Betätigung aller 5 Ventile eine Luftsäule von 7,29 m erreichen.

Tuben sind Bassinstrumente, können aber in seltenen Fällen auch als Melodieinstrumente fungieren, wie unser Hörbeispiel zeigt. Ähnlich dem Doppelhorn existiert auch eine **Doppeltuba** aus Bass- und Kontrabasstuba.

Eine Mischform aus Horn und Tuba ist schließlich die **Horntuba**, auch **Wagner-Tuba** genannt. Dieses Instrument wird ebenfalls mit ovalen Windungen gebaut, unterscheidet sich aber durch ein Hornmundstück (Trichter).

Unterrichtshinweise – Blasinstrumente

Anmerkung

Auf Arbeitsblätter zum Bau von Instrumenten haben wir verzichtet. Um etwa wie auf einem Horn zu blasen, reicht ein Stück Gartenschlauch und ein passender Trichter. Arbeitsaufträge: mit und ohne Trichter blasen bzw. mit angespannten oder mit weicheren Lippen.

Arbeitsblätter (AB)

AB 1/2: Im Schritt-für-Schritt-Verfahren gelangen die Schüler/-innen zu der Erkenntnis:

Je größer (länger) die Luftsäule ist, desto tiefer der Ton.
Je kleiner (kürzer) die Luftsäule ist, desto höher der Ton.

Diese Erkenntnis ist wichtig, um die Tonhöhen der verschiedenen Blasinstrumente erklärbar zu machen.

Das Anblasen von Flaschen ist nicht so einfach und sollte geübt werden. Wichtig ist, dass die Öffnung nicht unmittelbar vor den Lippen, sondern unterhalb der Unterlippe angesetzt wird, um damit die durch die vorgeschobene Oberlippe nach unten gelenkte Luft besser in die Flasche leiten zu können.

Die Einheit „Luft erzeugt Töne" kann auch sehr gut als Stationen-Lernen eingesetzt werden: Auf fünf Tischen wird das entsprechende Material mit den dazugehörigen Kärtchen (A – E) bereitgestellt. Den Schülern/Schülerinnen werden in Gruppen die Arbeitsblätter ausgehändigt, die sie selbstständig bearbeiten können.

Bereitzustellendes Material:
Station A:
- zwei gleich große leere Flaschen
- eine große und eine kleine Flasche
- zwei gleich große Flaschen, von der eine bis zur Hälfte mit Wasser gefüllt ist

Station B:
- fünf gleich große leere Flaschen

Station C:
- fünf gleich große Flaschen, unterschiedlich mit Wasser gefüllt
- fünf unterschiedlich große Flaschen ohne Wasser

Station D:
- vier Klangkarten (kann auch mit Station C kombiniert werden)

Station E:
- Eine Panflöte für den Versuch bereitlegen. Das Basteln einer Panflöte kann auch als Hausaufgabe aufgegeben werden.

AB 3: Mit diesem kleinen Spiel sollen die Erkenntnisse von AB 1/2 vertieft werden.

AB 4/5: Sicher haben einige Schüler/-innen eine Blockflöte, die sie mitbringen können. So kann ausprobiert werden, dass ein tiefer Ton entsteht (lange Luftsäule), wenn alle Löcher geschlossen sind.
Wenn nacheinander immer ein Loch mehr geöffnet wird, wird der Ton immer höher (die Luftsäule wird immer kürzer).
Anhand einer Querschnittszeichnung (Zeichnung 1) kann die Tonerzeugung erklärt werden.

AB 6: Bevor dieses Arbeitsblatt ausgeteilt wird, sollten der Klasse möglichst verschiedene Holzblasinstrumente zur Verfügung stehen, damit die Instrumententeile (auch für AB wichtig) erklärt und ausprobiert werden können. Sind nicht alle Instrumente vorhanden, sollten Abbildungen zur Hilfe genommen werden.
Nochmals wird auf Vorkenntnisse über die Tonerzeugung bei der Blockflöte zurückgegriffen, ebenso auf das Anblasen von Flaschen und das Spielen auf der Panflöte. Der

Unterrichtshinweise – Blasinstrumente

Lehrer erklärt den Schülern/Schülerinnen, dass das Anblasen auf der Querflöte und der Pikkoloflöte auf die gleiche Weise geschieht.
Ist keine Klarinette oder Oboe vorhanden, kann auch mit AB 9 begonnen werden. Mit den selbst gebastelten Instrumenten können das einfache Rohrblatt (Klarinette, Saxofon) und das doppelte Rohrblatt (Oboe, Fagott) erklärt werden.
Das „Überblasen" kann anhand der Blockflöte ausprobiert werden.

AB 7: Hier sollen die Instrumententeile noch einmal zugeordnet werden.
Um AB 11 bearbeiten zu können, sollten die Teile der Blasinstrumente besprochen werden. Erst dann beschriften die Schüler/-innen die Teile der Instrumente.

AB 8: Das Wissen über die Tonerzeugung bei den Holzblasinstrumenten wird mit diesem Arbeitsblatt vertieft.
Die einzelnen Instrumente werden kurz beschrieben. Die auszuschneidenden Textabschnitte und die Mundstücke werden zugeordnet. Danach werden sie zu den entsprechenden Instrumenten geklebt.

AB 9: Noch einmal wird die Tonerzeugung der Holzblasinstrumente erörtert, indem die Schüler/-innen die drei unterschiedlichen Arten der Instrumente in einfacher Weise selbst erstellen. Bewusst haben wir auf aufwendig zu konstruierende Instrumente verzichtet.
Zum Basteln der Mundstücke für ein einfaches Instrument mit doppeltem Rohrblatt (Oboe, Fagott) sind Trinkhalme aus Kunststoff am besten geeignet. Das Mundstück mit einer Länge von ca. 4 cm wird in einen aus einem DIN-A4-Blatt geformten Trichter gesteckt.
Das Basteln eines Klarinetten-Mundstücks aus einem Bambusrohr ist nicht so einfach. Daher sollten die Rohre vorher vom Lehrer zurechtgesägt werden.

AB 10–12: Rätselformen zu dem bisher Erlernten.

AB 13: Die Textstreifen sollen anhand der Stichpunkte von den Schülern/-innen richtig zusammengesetzt werden. Danach wird der Text gelesen. Bei der Zeichnung der Ventile wird das Vorwissen, das die Schüler/-innen durch die Versuche mit den Flaschen und der Panflöte erworben haben, in Erinnerung gebracht:

Lange Luftsäule = tiefer Ton Kurze Luftsäule = hoher Ton

AB 14: Der Text wird von den Schülern/-innen gelesen. Sie sollen wichtige Stellen markieren. Die einzelnen Instrumente werden anhand der Zeichnungen besprochen und verglichen.

- Die Posaune hat einen Zug anstelle von Ventilen.
- Die Tuba ist am größten, daher können auf ihr die tiefsten Töne gespielt werden.

Die Teile der Instrumente werden benannt und bei der Trompete eingetragen.
Die Schüler/-innen können bei den anderen Instrumenten ebenso verfahren.

AB 15: Als Einstieg zu diesem Arbeitsblatt könnte der Lehrer Wortkarten vorbereiten und sie durcheinander an die Tafel heften. Die Schüler/-innen ordnen sie dann den einzelnen Blasinstrumenten zu.

Unterrichtshinweise – Blasinstrumente

Anhand des Textes von AB 13 können die Schüler/-innen die Steckbriefe von Trompete, Posaune und Horn ausfüllen. Die Tuba wurde ausgelassen.
Die Schüler/-innen sollen den Aufbau der Steckbriefe erkennen:

Tuba: Klangfarbe = sehr voller Klang
Spielhilfen = 3 bis 5 Ventile
Besonderheit = Bassinstrument, klingt am tiefsten

AB 16: Zahlenrätsel sind den Schülern/-innen bekannt und bei ihnen beliebt. Die vorliegenden Rätsel ergeben eine Posaune und ein Horn.
Als Hausaufgabe können die Schüler/-innen aus diesem Arbeitsblatt ein Puzzle herstellen. Sie schneiden die Teile aus und tauschen sie mit ihren Nachbarn aus.

AB 17: Bevor die Schüler/-innen die Teile ausschneiden, sollen sie Vermutungen anstellen, welches der drei Teile zu dem defekten Instrument gehört.

AB 18: Die Schüler/-innen sollen die Teile sorgfältig ausschneiden, da sie sonst nicht zusammenpassen: Trompete, Horn, Posaune, Tuba.

AB 19/20: Die Rätsel beinhalten Holz- und Blechblasinstrumente.

AB 21: Spiel: „5 aus 10" (Holz- und Blechbläser)

Dieses Spiel ist sehr spannend für alle Kinder. Nur der Zufall spielt eine Rolle, jeder kann gewinnen. Die Regeln sind einfach:
- Schüler/-innen schneiden die 10 Instrumente aus und wählen drei davon aus, die sie vor sich hinlegen.
- Der Lehrer stellt Folienbilder von AB 21 her. Nun legt der Lehrer ein Instrumentenbild auf den Overheadprojektor (OHP). Alle Schüler/-innen, die dieses Bild vor sich haben, sind weiter im Spiel.
- Mit den nächsten vier Bildern wird ebenso verfahren.
- Gewonnen haben die Schüler/-innen, die alle ausgewählten Instrumente vor sich liegen haben.

„Tinchen, möchtest du unseren Gästen nicht noch ein Stück auf der Flöte spielen?", fragte die Mutter. „Aber die gehen doch schon alle", wandte Tinchen ein.
„Ja", meinte die Mutter, „das schon, aber nicht schnell genug."

AB 1   **Hast du Töne? – Experimente zur Tonerzeugung**

 Station A   A 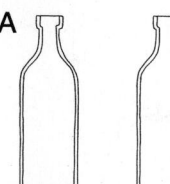   B

1. Blase alle Flaschen an. Dann setze ein: höher – tiefer – gleich – gleich

   Du merkst: A – Die Flaschen klingen _____ ,

                 da sie _____ groß sind.

                 B – Die große Flasche klingt _____ ,

                     die kleine Flasche klingt _____ .

2. A 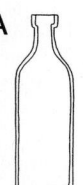   B

   a. Blase beide Flaschen an und trage ein: größere – tiefer – kleinere – höher
   b. Male die Luftsäule rot.

   Du merkst: Flasche A klingt _____ ,

                 da sie eine _____ Luftmenge (Luftsäule) hat.

                 Flasche B klingt _____ ,

                 da sie eine _____ Luftsäule hat.

 Station B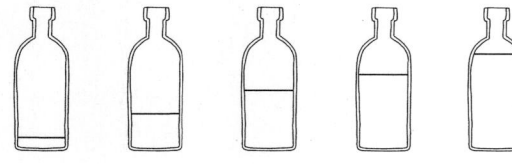

1. Fülle jede Flasche mit etwas mehr Wasser als in der Flasche links neben ihr.
2. Blase sie an.
3. Male das Wasser blau an und die Luftsäule rot.
4. Setze ein: kleiner – höher

   Du merkst: Je mehr Wasser in der Flasche ist, desto _____ ist die Luftsäule.

                 Deshalb klingen die Flaschen, wenn man sie der Reihe nach anbläst,

                 immer etwas _____ .

AB 2 — **Hast du Töne? – Experimente zur Tonerzeugung**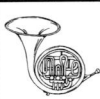

 Station C

1.

   a) Ordne die Flaschen. Beginne mit der Flasche, die den tiefsten Ton hat.
      Sie bekommt die Nummer 1.
   b) Blase sie an.
   c) Male die Wassermengen blau an und die Luftsäule rot.

2.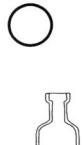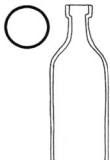

   Verfahre wie oben:
   a) Ordne die Flaschen.
   b) Blase sie an.
   c) Male bei allen Flaschen die Luftsäule rot.
   d) Setze ein: kürzer – tiefer – höher – länger

   Du merkst: Je _____ die Luftsäule, desto _____ der Ton.

   　　　　　　 Je _____ die Luftsäule, desto _____ der Ton.

 Station D

   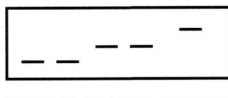

1. Welches Klangbild gehört zu den Flaschen? Probiere aus!
2. Markiere das richtige Feld.

Station E

1. Bastle eine Panflöte. Nimm Röhrchen, die oben offen und unten geschlossen sind
   (zum Beispiel: Reagenzgläschen, Tablettenröhrchen, Bambusstücke).

2. Male die Röhre mit dem tiefsten Ton blau an und die mit dem höchsten Ton rot.

3. Diese Panflöte besteht aus gleich langen Röhrchen. Du könntest sie mit flüssigem Wachs stimmen. Wie würdest du das machen?

| AB 3 | **Das Nebelhornspiel** | 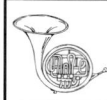 |

 1. Welches Nebelhorn passt zu welchem Schiff? Verbinde mit Pfeilen.

 2. Lest die kleine Geschichte durch. Benutzt beim Spielen die Flaschen und das Orff-Instrumentarium.

Die See war heute ziemlich unruhig (Xylofon glissando). Die Wellen patschten gegen den großen Dampfer. Der Kapitän des Schiffes hatte alle Hände voll zu tun, denn heftige Windböen ließen das Schiff schlingern (mehrere Xylofone glissando). Die Sicht war sehr schlecht, so ließ er ab und zu die Schiffssirene ertönen: ---------- ---------- ---------- ----------

Zwei Schlepper, die auf dem Weg in den Hafen waren, hörten die Sirene und gaben Antwort:
1. ---------- --------- ---------- ----------
2. ---------- --------- ---------- ----------

Der Schiffsführer eines kleinen Kajütbootes, das mit der unruhigen See zu kämpfen hatte (Metallofon glissando und weiche Trommelschläge), war froh, noch jemanden in seiner Nähe zu wissen.
- - - - - - - - - - - - - - - - - - *tönte es.*

Nun fing es heftig zu regnen an (Trommel mit Fingern anschlagen). Der Wind pfiff (Windgeräusche mit Flaschen) so heftig, dass das kleine Boot hilflos hin- und herschaukelte (Metallofon glissando). Es donnerte (Trommel/Pauke) und blitzte (Triangel und/oder Becken). Das Gewitter war in vollem Gange (Die Instrumente spielen leise weiter.) ...

 3. Stellt euch einmal vor, die Schiffe könnten sich nur mit den Signalhörnern verständigen. Wie würde sich das nun folgende Gespräch anhören?
  a) Sprich die Sätze rhythmisch und verbinde sie mit den entsprechenden Signalen.
  b) Bringe das Gespräch durch Nummerierung in die richtige Reihenfolge.

☐	Dann gute Fahrt! (Dampfer)	☐	.. _ ..
☐	Können wir helfen? (Dampfer)	☐	_ _ .... _ _
☐	Wir nehmen euch in Schlepp! (Schlepper)	☐	_ .. _ ..
☐	Wir haben Wasser im Boot! (Kajütboot)	☐	_ .. _ . _
☐	Wir sind in eurer Nähe! (Schlepper)	☐	_ .. _

... Langsam zog das Gewitter vorüber. In der Ferne hörte man ab und zu die Sirenen des Dampfers. Die beiden Fischkutter brachten das kleine Boot sicher in den Hafen.

Die Blockflöte – Teil 1

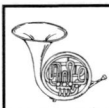

Seit dem 11. Jahrhundert ist die Blockflöte als Volks- und Spielmannsinstrument bekannt. Sie hat ihren Namen nach einem Holzkern, auch Block genannt, der sich im Mundstück der Blockflöte befindet. Dieser Block lässt nur einen engen Schlitz (die Kernspalte) für die hineingeblasene Luft frei. Der Luftstrom wird durch die schmale Spalte hindurch gegen eine Kante geführt. Er bricht sich an dieser scharfen fensterartigen Kante, wodurch die Luftsäule im Rohr in Schwingung gerät und einen Ton erzeugt.

Zeichnung 1:

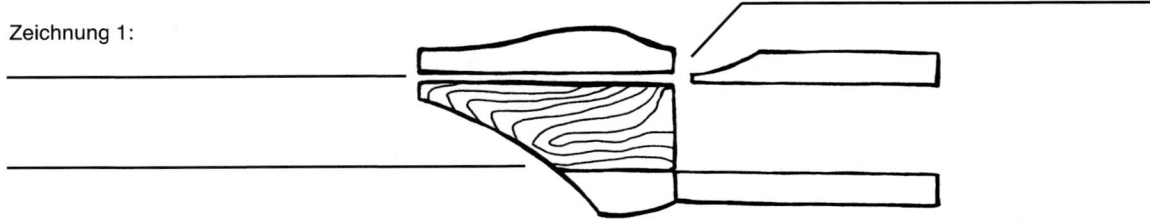

Die Tonhöhe wird bei der Blockflöte vor allem durch das Öffnen und Schließen der Grifflöcher verändert. Die Blockflöte besteht aus einem Kopf- und einem Fußstück. Meistens hat sie sieben Grifflöcher auf der Oberseite und ein Überblasloch auf der Unterseite. Blockflöten gibt es in allen Stimmlagen: Sopranblockflöte, Altblockflöte, Tenor- und Bassblockflöte. Je nach Stimmlage sind die Instrumente unterschiedlich groß: Die Bassblockflöte ist als tiefste Flöte auch am längsten. Übrigens: Weil das Mundstück der Blockflöte wie ein Schnabel aussieht, nennt man sie manchmal auch Schnabelflöte. In der Barockzeit (etwa zwischen 1600 und 1750) waren die Blockflöten besonders beliebt. Nach 1750 wurden sie im Orchester allmählich von der Querflöte verdrängt.

Zeichnung 2:

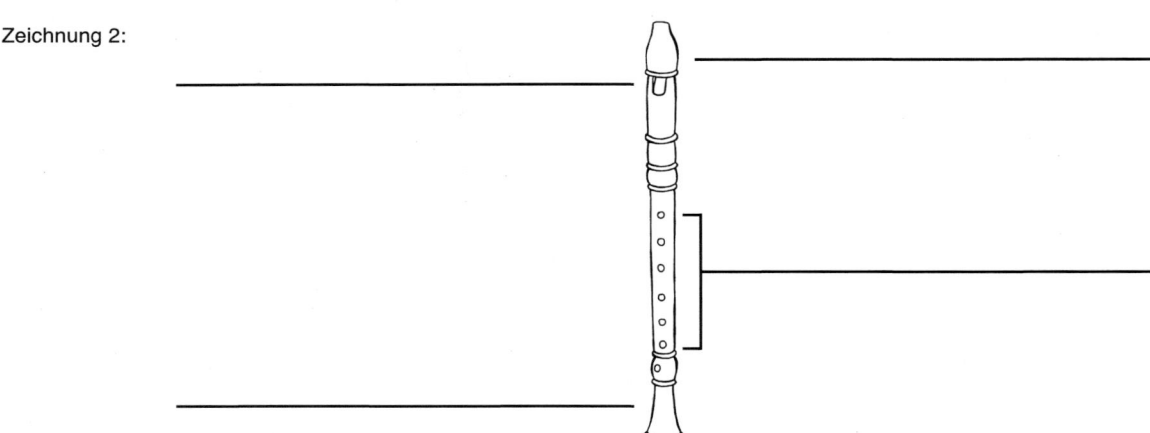

1. Beschrifte das Kopfstück (Zeichnung 1):
   Kernspalte – Luftblock – Fenster mit Kante

2. Beschrifte die Flöte: schnabelförmiges Mundstück – Grifflöcher – Fußstück – Fenster

3. Zeichne die Luftsäulen bei Flöte A und B ein.
   a) Welche ist kürzer, welche länger?
   b) Welche Flöte klingt höher, welche tiefer?

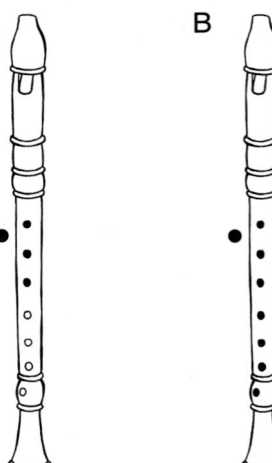

Du merkst: Die Luftsäule der Flöte A ist _____ als die Luftsäule der Flöte B.

Daher klingt Flöte A _____ als Flöte B.

AB 5

Die Blockflöte – Teil 2

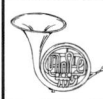

1. Male bei den Blockflöten die Grifflöcher, die geschlossen sind, schwarz an.
   Falls du es noch nicht weißt: Der tiefste Ton ist hier c, der höchste Ton h. Jetzt sieh dir die Notenschrift genau an, dann findest du auch heraus, wo du die Grifflöcher schwarz anmalen musst.

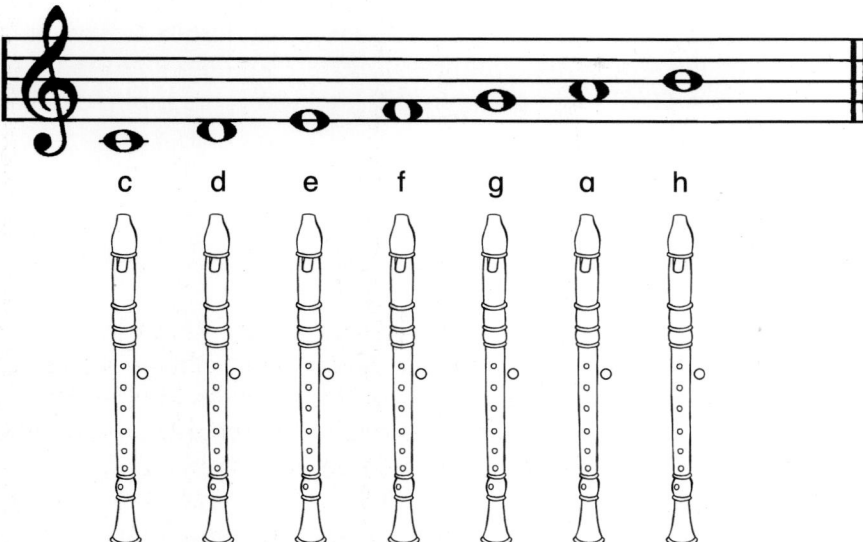

2. Beantworte folgende Fragen zum Text von AB 4:

   a) Wie wird die Blockflöte noch genannt? _____

   b) Wie viele Grifflöcher hat die Blockflöte? _____

   c) Wofür ist das Loch auf der Unterseite gedacht? _____

   d) Wodurch wird bei der Blockflöte die Tonhöhe verändert?
   _____
   _____

   e) Was befindet sich im Mundstück? _____

   f) Wie viele Blockflötenarten kennst du? Schreibe sie auf.
   _____
   _____

   g) Welches ist die längste und deshalb die tiefste Blockflöte?
   _____

   h) Welches Instrument verdrängte die Blockflöte im Orchester?
   _____

   i) In welcher Zeit waren die Blockflöten besonders beliebt?
   _____

AB 6

Holzblasinstrumente – eine Einführung

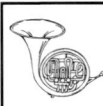

Der Begriff „Holzblasinstrumente" rührt daher, dass diese Instrumente bis ins 18. Jahrhundert ausschließlich aus Holz gefertigt wurden. Heute bestehen zum Beispiel die meisten Querflöten aus Metall, doch werden sie immer noch dieser Gruppe zugerechnet.
Der Klang eines Blasinstrumentes wird nicht sehr stark durch das Material beeinflusst, aus dem es gebaut wird. Vielmehr ist die Art der Tonerzeugung von Bedeutung.
Die meisten Holzblasinstrumente besitzen Griffklappen. Die Töne werden dadurch erzeugt, dass durch das Hineinblasen in das Mundstück – das so genannte Anblasen – die im Instrument enthaltene Luftsäule in Schwingung gerät. Sind alle Grifflöcher geschlossen, schwingt die Luftsäule in ihrer ganzen Länge.
Dabei kann der Tonumfang durch das „Überblasen" – das ist ein besonders starkes Anblasen – über eine Tonleiter hinaus erweitert werden.

Bei den Holzblasinstrumenten unterscheidet man drei Arten:

a) Instrumente mit einem **Anblasloch** (Blockflöte, Querflöte, Pikkoloflöte)
b) Instrumente mit einem **einfachen Rohrblatt** (Klarinette, Saxofon)
c) Instrumente mit einem **Doppelrohrblatt** (Oboe, Fagott)

 1. Du siehst unten sechs Holzblasinstrumente. Versuche, sie anhand der kurzen Beschreibung zu erkennen und schreibe die Namen dann zu den Zeichnungen.

*Die **Pikkoloflöte** ist eine Querflöte mit der höchsten Tonlage. Sie ist mehr als die Hälfte kleiner als die **Querflöte**, die über 60 cm lang ist. Die **Klarinette** ist ein Holzblasinstrument mit einem einfachen Rohrblatt und einer zylindrischen Röhre. Das **Saxofon** hat ebenfalls ein einfaches Rohrblatt, aber ein gebogenes Rohr. Die **Oboe** hat ein schmales Mundstück mit Doppelrohrblatt. Das **Fagott** besteht aus zwei nebeneinander liegenden und miteinander verbundenen Holzröhren. Es klingt sehr tief. Die Röhre ist etwa 260 cm lang.*

_____ _____ _____

_____ _____ _____

AB 7   **Blasinstrumente bestehen aus vielen Teilen**

1. Schreibe den Instrumentennamen zu den Zeichnungen.

   Klarinette – Querflöte – Saxofon

2. Beschrifte die einzelnen Teile der Instrumente:

   Klarinette: Mundstück – Birne – Oberstück – Unterstück – Becher
   Querflöte: Kopfstück – Mittelstück – Fußstück
   Saxofon: Mundstück – Klappen – Schallbecher

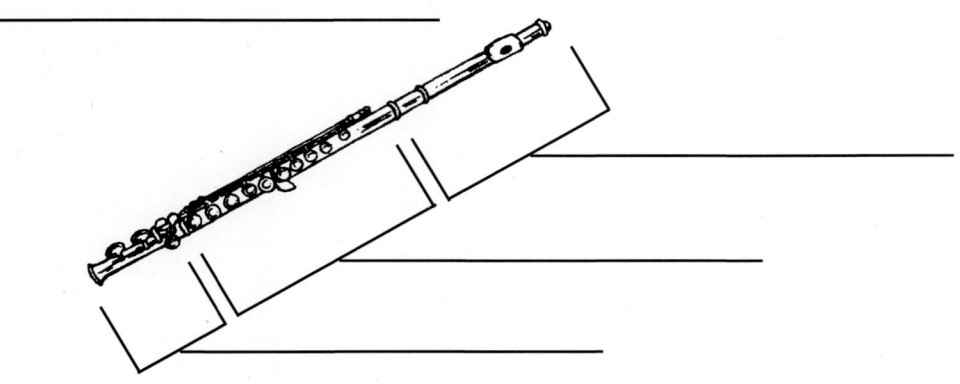

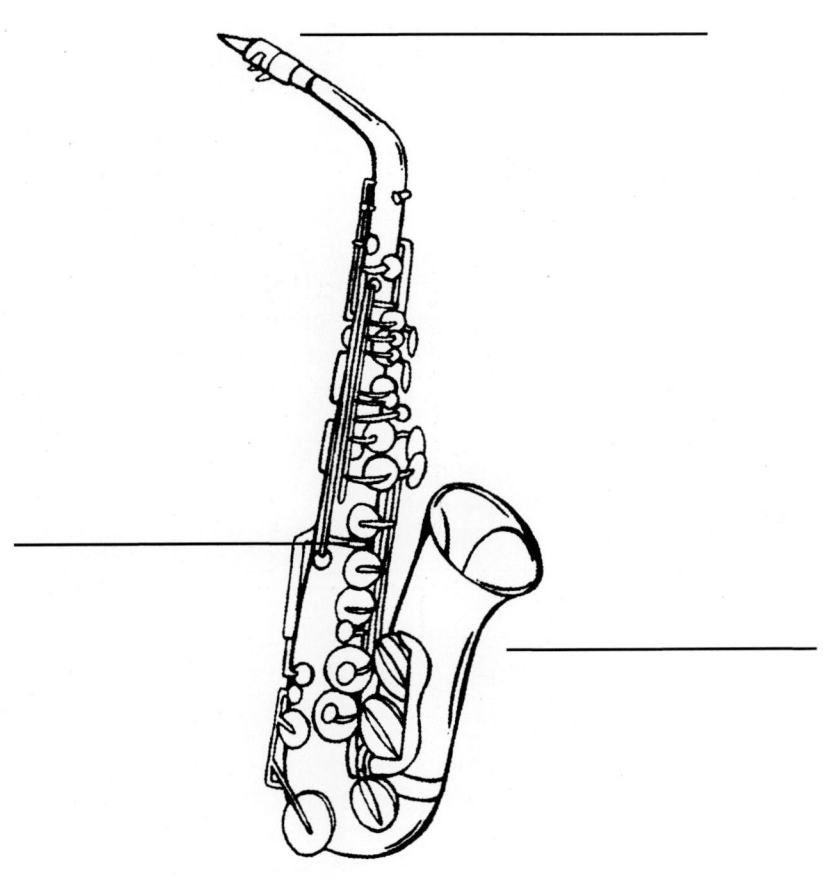

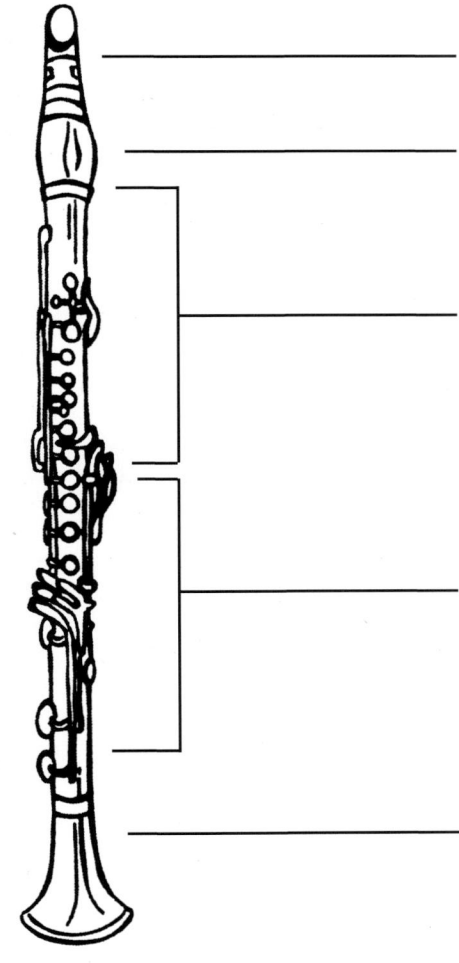

Angelika Rehm / Dieter Rehm: Von Pauken und Trompeten, 3. – 6. Klasse
© Persen Verlag

| AB 8 | **Holzblasinstrumente – Wie wird der Ton erzeugt?** |  |

✎ Wie wird bei den drei Instrumentenarten der Ton erzeugt?
Schneide die Kärtchen unten aus und klebe sie richtig ein.

a) Instrumente mit einem Anblasloch: Querflöte und Pikkoloflöte

Die Querflöte erhielt diesen Namen, weil sie beim Spielen quer gehalten wird.
Die Tonerzeugung ist ähnlich wie beim Blasen auf Flaschen.

Die Pikkoloflöte ist halb so groß wie die Querflöte und klingt im Ganzen eine Oktave höher.

b) Instrumente mit einem einfachen Rohrblatt: Klarinette und Saxofon.

Die Klarinette und das Saxofon sind Instrumente mit einem einfachen Rohrblatt. Dieses ist an der Unterseite mit einem Metallgürtel befestigt. Die Tonerzeugung geschieht auf folgende Weise:

Das Saxofon wird wie die Klarinette geblasen. Es unterscheidet sich jedoch im Klang sehr deutlich von ihr. Ursprünglich wurde das Saxofon nicht für das Sinfonieorchester, sondern für das Musizieren im Freien (zum Beispiel Militärmusik) erfunden. Besondere Bedeutung erlangte es vor allem durch seine Verwendung in Jazzbands.

c) Instrumente mit doppeltem Rohrblatt: Oboe und Fagott

Die Oboe und das Fagott sind Instrumente mit doppeltem Rohrblatt. Die Tonerzeugung geschieht folgendermaßen:

Innerhalb der Holzblasinstrumente ist das Fagott das am tiefsten klingende Instrument.
Kein Wunder, denn das geknickte Rohr wäre in seiner vollen Länge ca. 260 cm lang.

Das Mundstück besteht aus zwei aufeinandergepressten und zusammengebundenen Rohrblättchen. Sie geraten in Schwingung, wenn die Atemluft zwischen ihnen hindurchströmt.	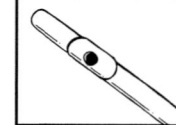
Beim Anblasen stößt die Luft auf eine Kante, an der sie sich in Luftwirbel aufspaltet und damit die Luft im Inneren des Rohres in Schwingung versetzt.	
Zwischen dem schnabelartig abgeschrägten Oberteil des Mundstücks und dem Rohrblatt bleibt ein schmaler Spalt, durch den die Luft geblasen wird. Dabei gerät das Rohrblatt in Schwingung und gibt diese an die Luftsäule im Instrument weiter.	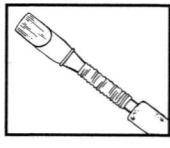

AB 9   **Wir bauen ein Holzblasinstrument**

Wir bauen:
- **Instrumente mit einem Anblasloch**
- **Instrumente mit einfachem Rohrblatt**
- **Instrumente mit doppeltem Rohrblatt**

 1. Welche Art der Tonerzeugung passt zu welchem Instrument? Verbinde mit Pfeilen.

2. Baue die Instrumente nach.

Ein Grashalm wird zwischen beide Daumen gespannt und durch kräftiges Blasen in Schwingung versetzt.

Ein Bambusröhrchen so zurechtsägen, dass auf einer Seite nur noch das halbe Röhrchen vorhanden ist. Ein Blättchen aus einem Stück Joghurtbecher zuschneiden. Es muss ganz genau auf das längs halbierte Bambusröhrchen passen und es abdecken. Mit Isolierband befestigen. Das Mundstück nur soweit in den Mund nehmen, dass das Rohrblatt schwingen kann.

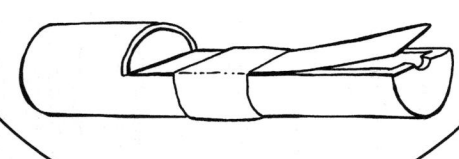

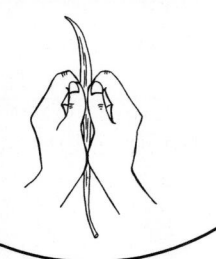

In einen Trinkhalm eine Zunge schneiden. Beim Blasen den Halm bis über diese Zunge in den Mund nehmen.

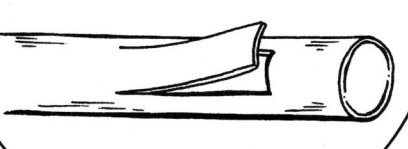

Einen Trinkhalm ein Stück abschneiden, platt drücken und an einer Seite spitz zuschneiden. Die Spitze nochmals einkerben. Das Rohrblatt locker in den Mund nehmen.

Fünf unterschiedlich lange Röhrchen (Tablettenröhrchen, Bambusstücke) von gleichem Durchmesser werden auf einen Pappstreifen geklebt. Die Oberseite wird mit Klebeband noch einmal fixiert.

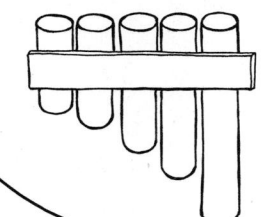

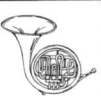

AB 10

Rätsel um Holzblasinstrumente

 1. Schreibe die Namen der Instrumente neben das jeweilige Bild.

 2. Immer vier Instrumente gehören zusammen: Oboe, Fagott, Klarinette und Querflöte. Du musst nur drei Linien einzeichnen, dann erhältst du vier Gruppen.

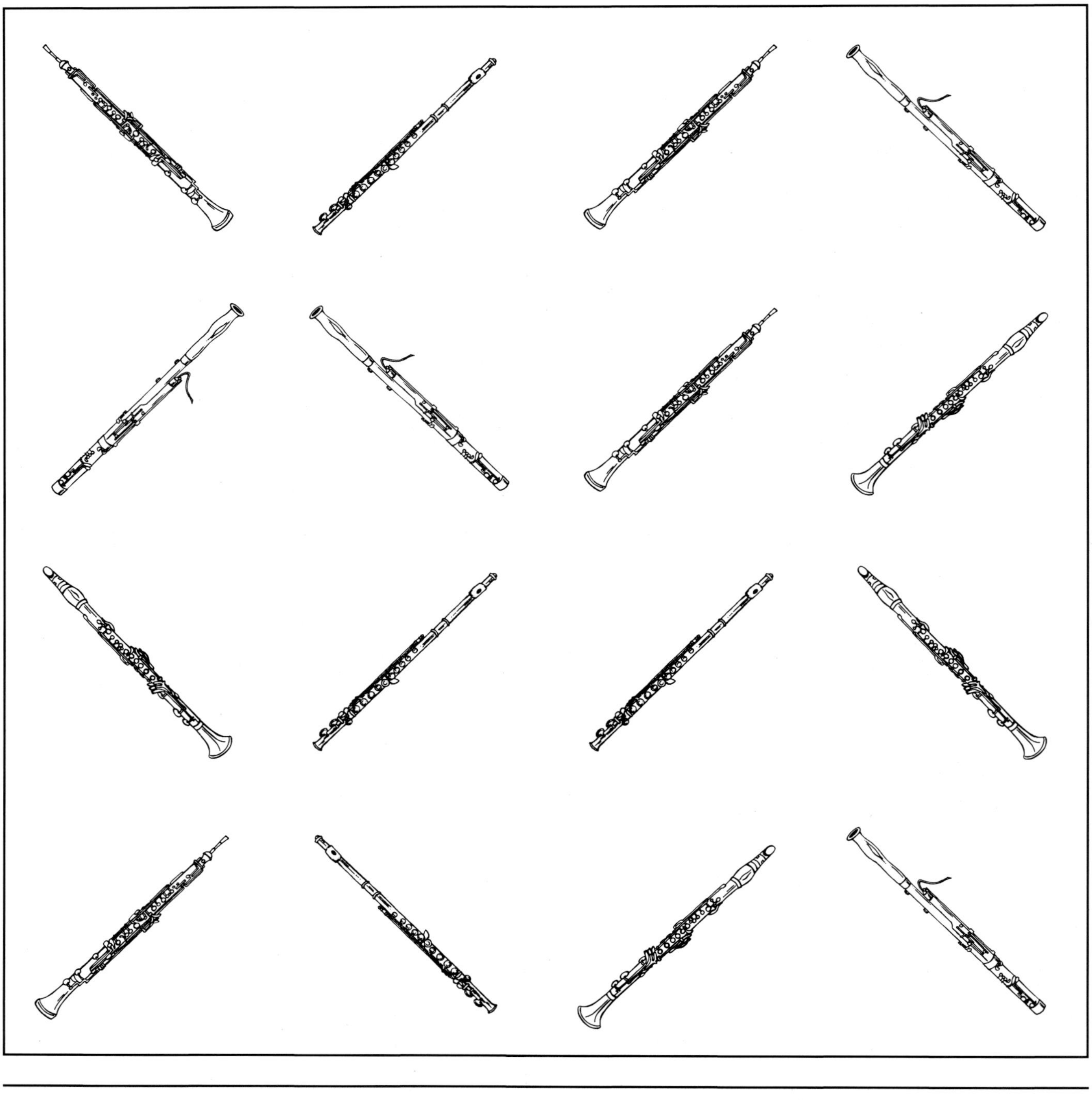

Angelika Rehm / Dieter Rehm: Von Pauken und Trompeten, 3. – 6. Klasse
© Persen Verlag

AB 11

Puzzle mit Holzblasinstrumenten

 1. Setze die Teile der Querflöte, der Klarinette und des Saxofons zusammen und klebe sie auf ein Blatt Papier.

2. Beschrifte die Teile der Instrumente, soweit du es kannst. Die unten stehenden Wörter helfen dir dabei.

   Querflöte: Kopfstück, Mittelstück, Fußstück
   Klarinette: Mundstück, Birne, Oberstück, Unterstück, Becher
   Saxofon: Mundstück, Klappen, Schallbecher

3. Welches Mundstück gehört zu welchem Instrument?

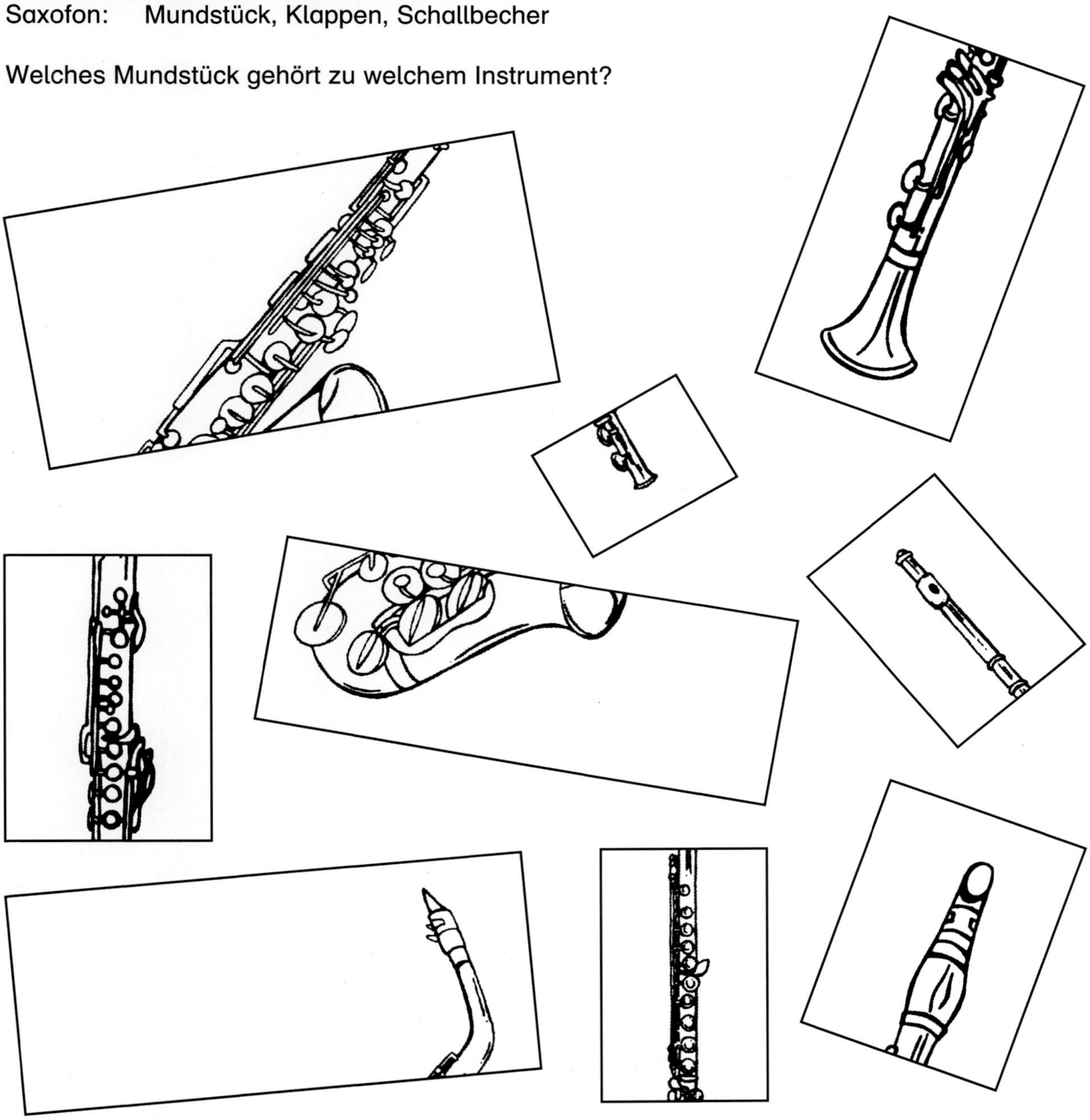

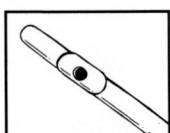

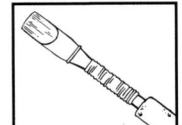

Angelika Rehm / Dieter Rehm: Von Pauken und Trompeten, 3. – 6. Klasse
© Persen Verlag

AB 12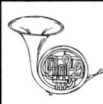

Suchbild mit Holzblasinstrumenten

 Im folgenden Bild sind zwei Instrumente versteckt. Male sie mit verschiedenen Farben an.

Wie heißen sie?

_____   _____

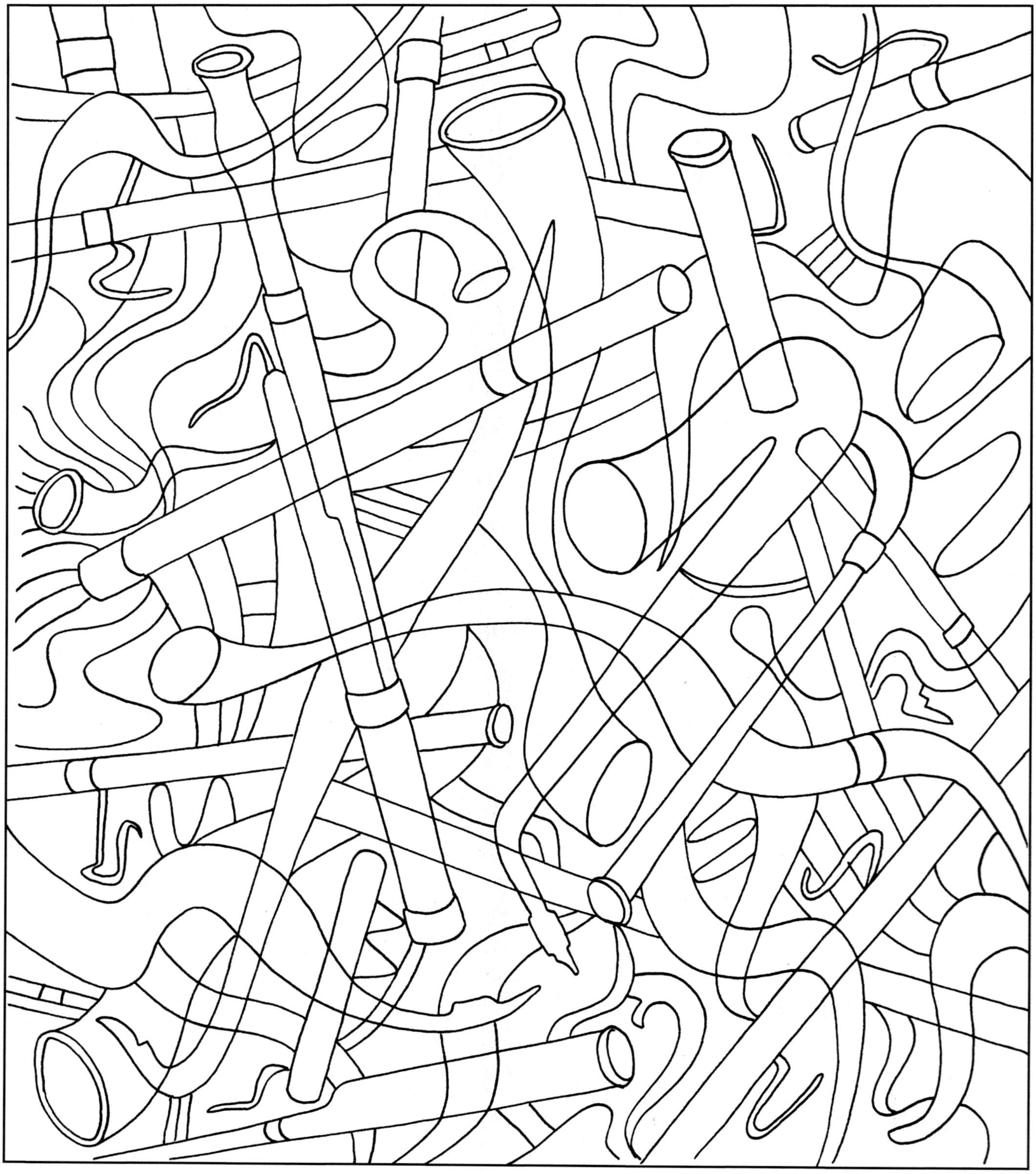

AB 13 — Viel Blech und viele Töne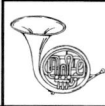

Hier ist der Text durcheinandergeraten. Bring die Abschnitte in die richtige Reihenfolge.
Eine kleine Hilfe, wie du sie ordnen kannst:

a) Welches Material?
b) Instrumente früher
c) Spielhilfen: Ventile für mehr Töne
d) So wird der Ton erzeugt.
e) Welche Blechblasinstrumente gibt es?
f) Welche Bläsergruppen gibt es?

A Entscheidend ist auch hier die Art der Tonerzeugung. Bei den Blechblasinstrumenten werden die Lippen des Bläsers in Schwingung gebracht.

B Alle gebräuchlichen Blechblasinstrumente bestehen aus Metall. Schon früher wurden trompetenähnliche Instrumente gefertigt.

C Um auf einem Blechblasinstrument mehr Töne spielen zu können, hat man die Ventile erfunden. Grifflöcher haben sich nicht bewährt.

D Die Lippen tun hier also das, was bei der Oboe und der Klarinette die Rohrblätter bewirken.

E Blasinstrumentengruppen werden auf verschiedene Art zusammengestellt. Ein Bläserquintett besteht aus Flöte, Oboe, Klarinette, Horn und Fagott. Reine Blasorchester gibt es beim Militär. Wenn sie nur aus Blechblasinstrumenten bestehen, nennt man sie Blechmusik.

F Sie wurden aus Muscheln, Knochen, Tierhörnern, aus Holz oder Baumrinde und aus Stoßzähnen hergestellt. Das bis zu 4 m lange Alphorn, ein uraltes Hirteninstrument, wird sogar aus einem längsgeteilten Tannenstamm geschnitzt.

G Sie werden fest aufeinander gelegt und in das schalenförmige Mundstück gepresst und geraten in Schwingung. Die Vibration der Lippen versetzt die Luftsäule im Instrument in Schwingung.

H Das Prinzip besteht darin, dass durch die Betätigung eines Hebels eine Rohrwindung dem Hauptrohr zugeschaltet wird, sodass sich die Rohrlänge vergrößert. Meist sind drei Ventile vorhanden. Die Posaune hat statt der Ventile einen Zug. Jagdhorn und Fanfare haben weder Zug noch Ventile.

Aufgabe: Welches Ventil ist geschlossen?
Wann ist es geschlossen: Wenn man es drückt oder wenn es nicht betätigt wird?
Sieh die Zeichnung genau an.
Zeichne den Luftstrom blau ein.

I Zu den Blechblasinstrumenten gehören die Trompete, das Horn, die Posaune und die Tuba. Auch das Jagdhorn und die Fanfare zählen dazu.

AB 14

Die einzelnen Blechblasinstrumente

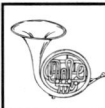

Die Trompete ist das klanghöchste Blechblasinstrument und besitzt drei Ventile. Sie hat einen hellen, strahlenden Klang.
Für die Trompete gibt es, wie für die übrigen Blechblasinstrumente, einen besonderen Klangeffekt: das Spiel mit dem Dämpfer. Dabei wird in die Schallöffnung ein Kegel gesteckt. Die Trompete ist auch ein wichtiges Jazzinstrument.

Das Horn mit meistens 3 Ventilen hat einen sehr weichen, warmen Ton. Deshalb klingt es mit anderen Blech- und Holzbläsern gut zusammen.
Es ist erstaunlich, aber das Rohr des Horns (B-Horn) ist fast genauso lang wie das der Posaune: 290 cm. Wenn bei einem F-Horn alle Ventile zugeschaltet sind, ergibt sich eine Rohrlänge von ca. 5,5 Metern. Hörner wurden früher als Signalinstrumente benutzt. Die Namen „Waldhorn“ und „Jagdhorn“ weisen auf ihre frühere Verwendung hin.

Die Posaune hat einen kraftvollen, feierlichen Ton. Sie hat statt der Ventile einen Zug. Dadurch kann der Bläser die Länge der Rohre verändern. Die Posaune ist ebenfalls ein wichtiges Jazzinstrument.

Die Tuba ist das größte Blechblasinstrument und hat 3 bis 5 Ventile. Sie hat einen sehr vollen Klang und gehört zu den Bassinstrumenten.

Alle Blechblasinstrumente haben ein abnehmbares Mundstück, eine lange Schallröhre, die auf verschiedene Weise gebogen oder aufgewickelt ist (Windungen), und einen Schallbecher.
Die meisten Instrumente dieser Gruppe haben Ventile, aber die Posaune hat stattdessen einen Zug.
Auch die Mundstücke unterscheiden sich: Trompete, Tuba und Posaune haben Kesselmundstücke, nur das Horn hat ein Trichtermundstück.

1. Schreibe zu den abgebildeten Instrumenten den jeweiligen Namen.
2. Wie heißen die Teile der Trompete? Schreibe sie dazu.

____

____

____

______________________ ______________________

______________________ ______________________

Angelika Rehm / Dieter Rehm: Von Pauken und Trompeten, 3. – 6. Klasse

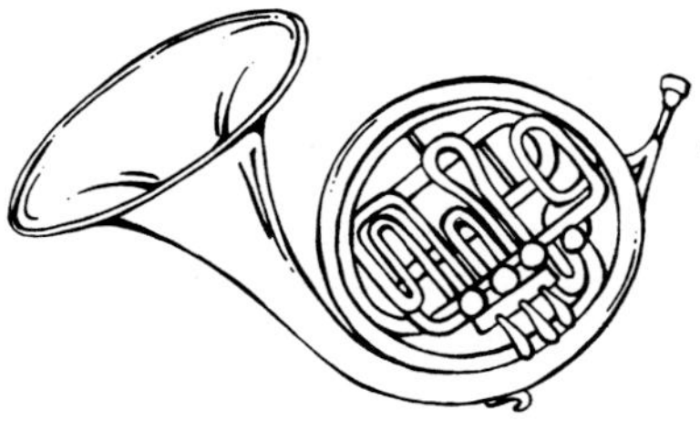

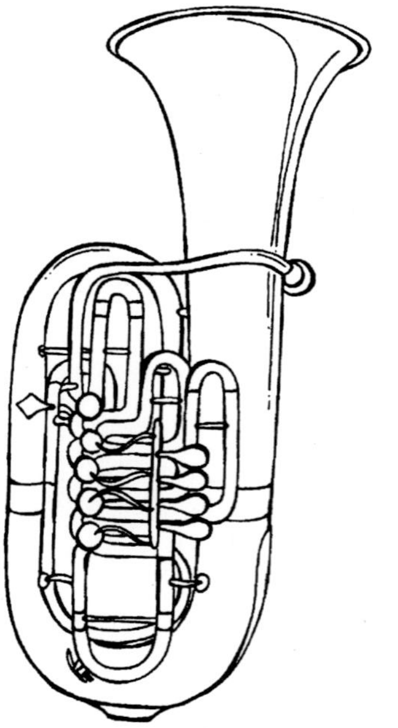

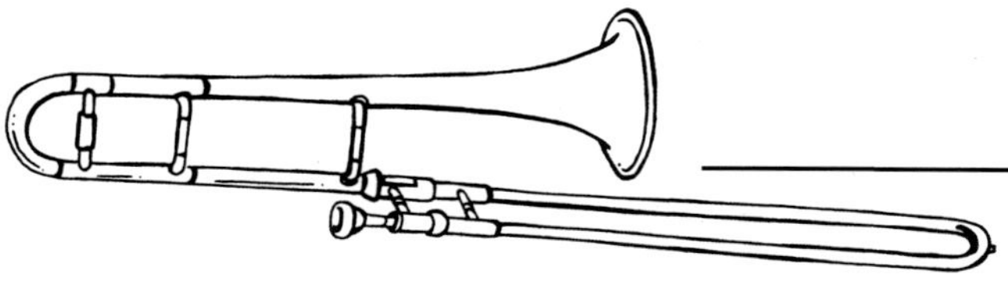

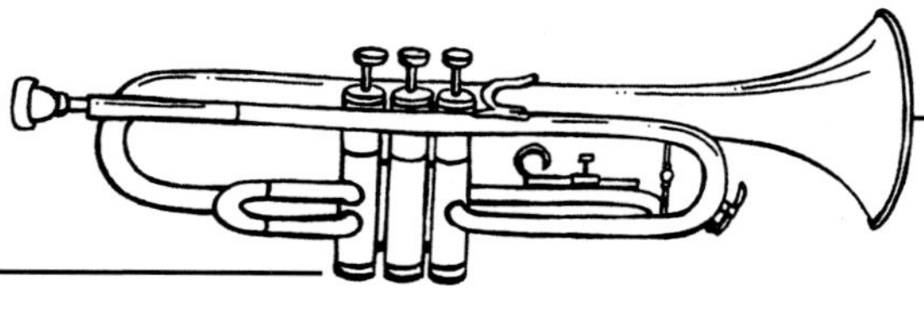

AB 15 — **Steckbrief: Blechbläser gesucht!**

 1. Trage die Namen der Instrumente ein.

2. Schneide die Instrumentenkärtchen (unten) aus und klebe sie an die entsprechenden Stellen.

3. Ein Instrument bleibt übrig und wird dringend gesucht. Fülle seinen Steckbrief aus.

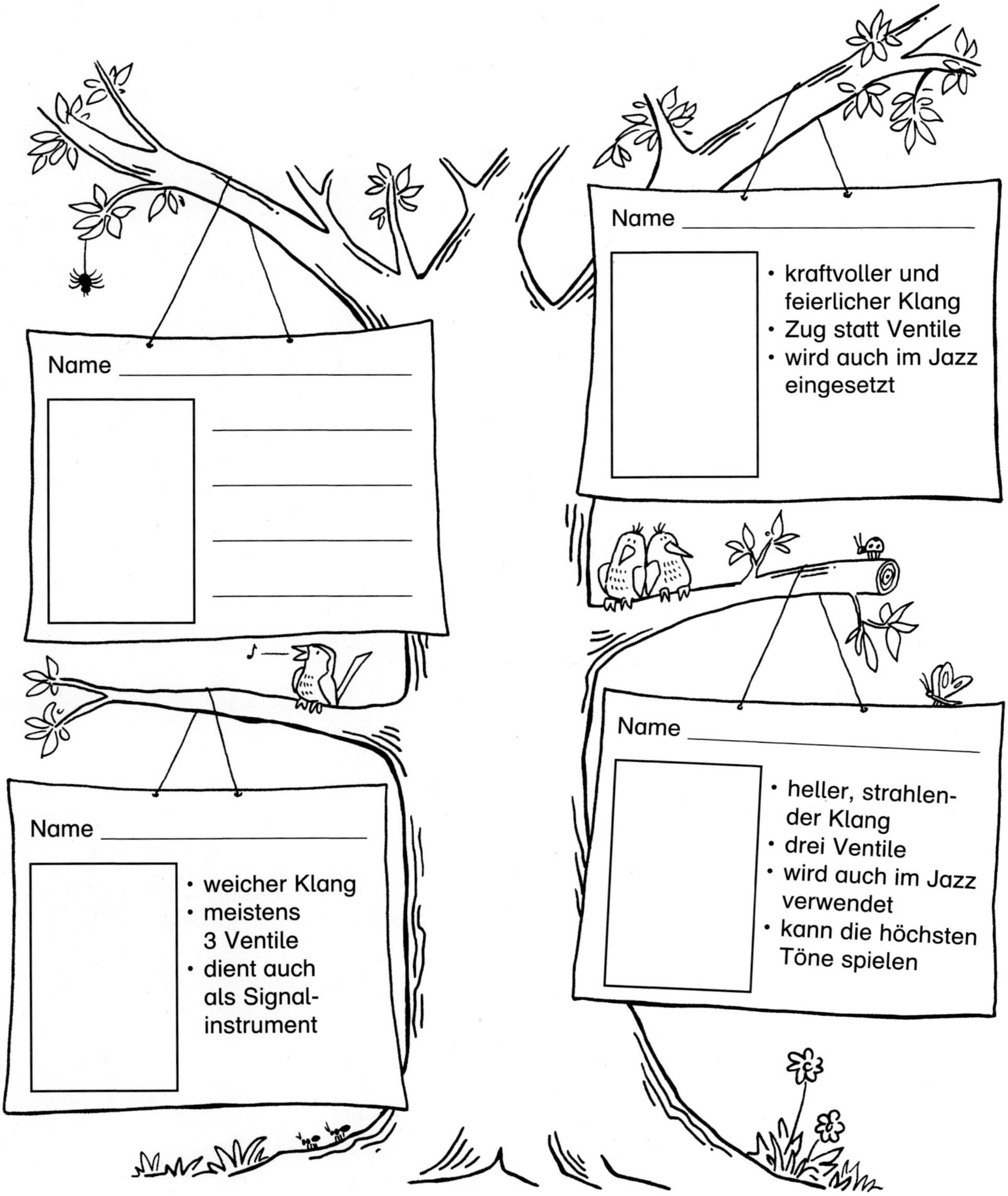

Name _____

Name _____
- kraftvoller und feierlicher Klang
- Zug statt Ventile
- wird auch im Jazz eingesetzt

Name _____
- weicher Klang
- meistens 3 Ventile
- dient auch als Signalinstrument

Name _____
- heller, strahlender Klang
- drei Ventile
- wird auch im Jazz verwendet
- kann die höchsten Töne spielen

✂ -

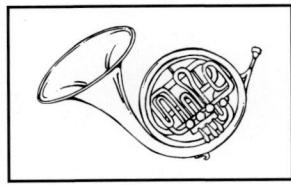  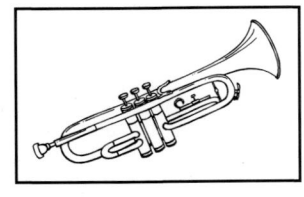 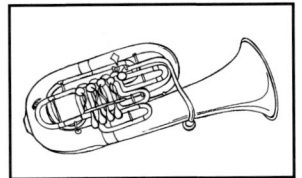

AB 16 — Zahlenrätsel um Blechblasinstrumente

✏️ Um welche Blechblasinstrumente handelt es sich?
Verbinde die Punkte und schreibe die Instrumente auf:

_____   _____

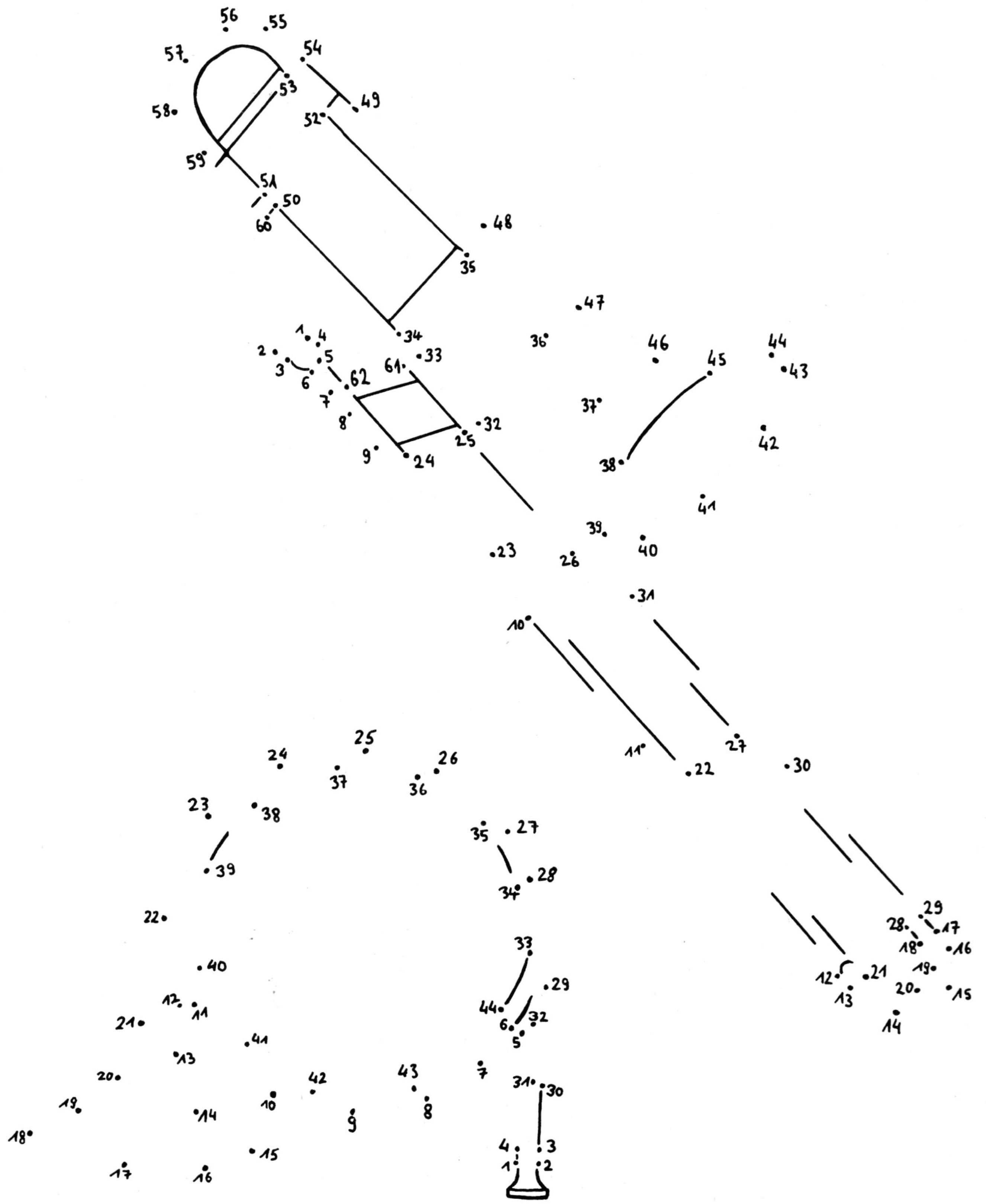

AB 17   # Kannst du die Instrumente reparieren?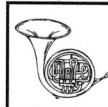

 Schrecklich, zwei Instrumente sind kaputt! Kannst du sie reparieren?
Schneide die Teile aus und setze die beiden Instrumente wieder zusammen.

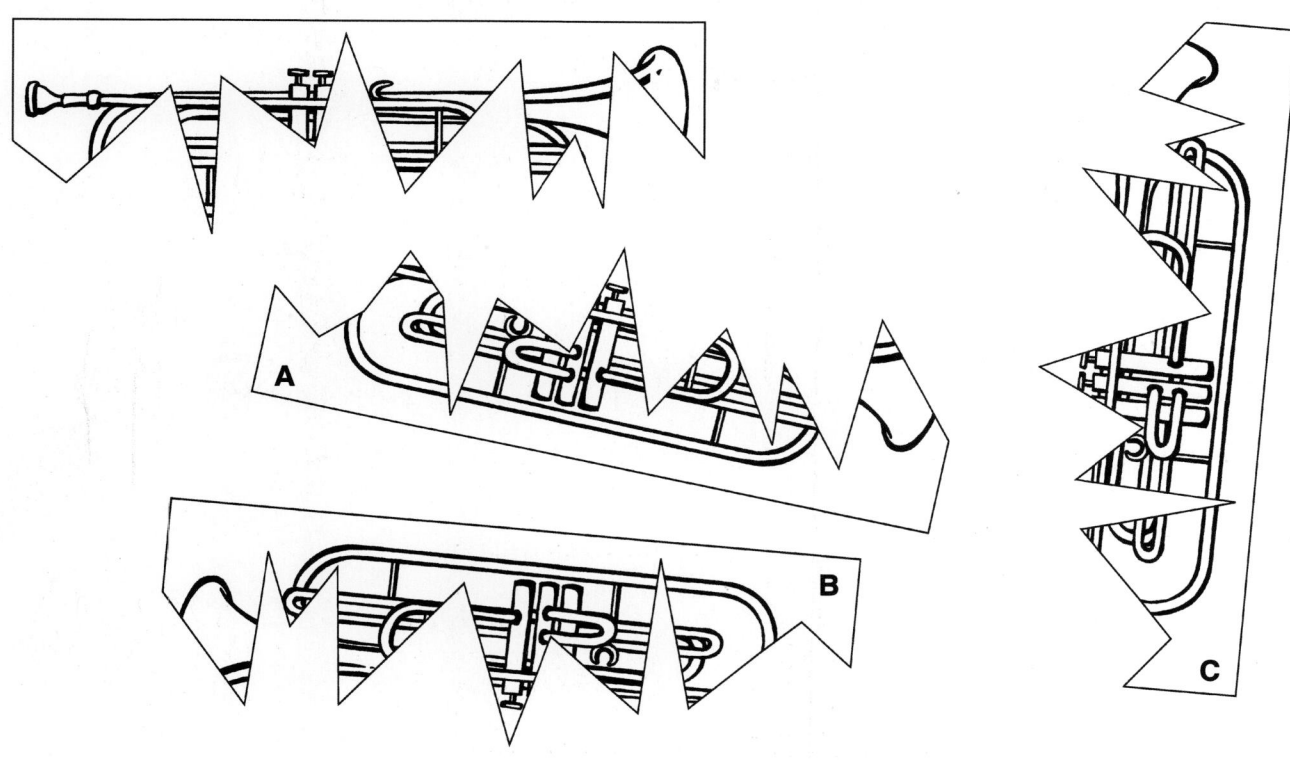

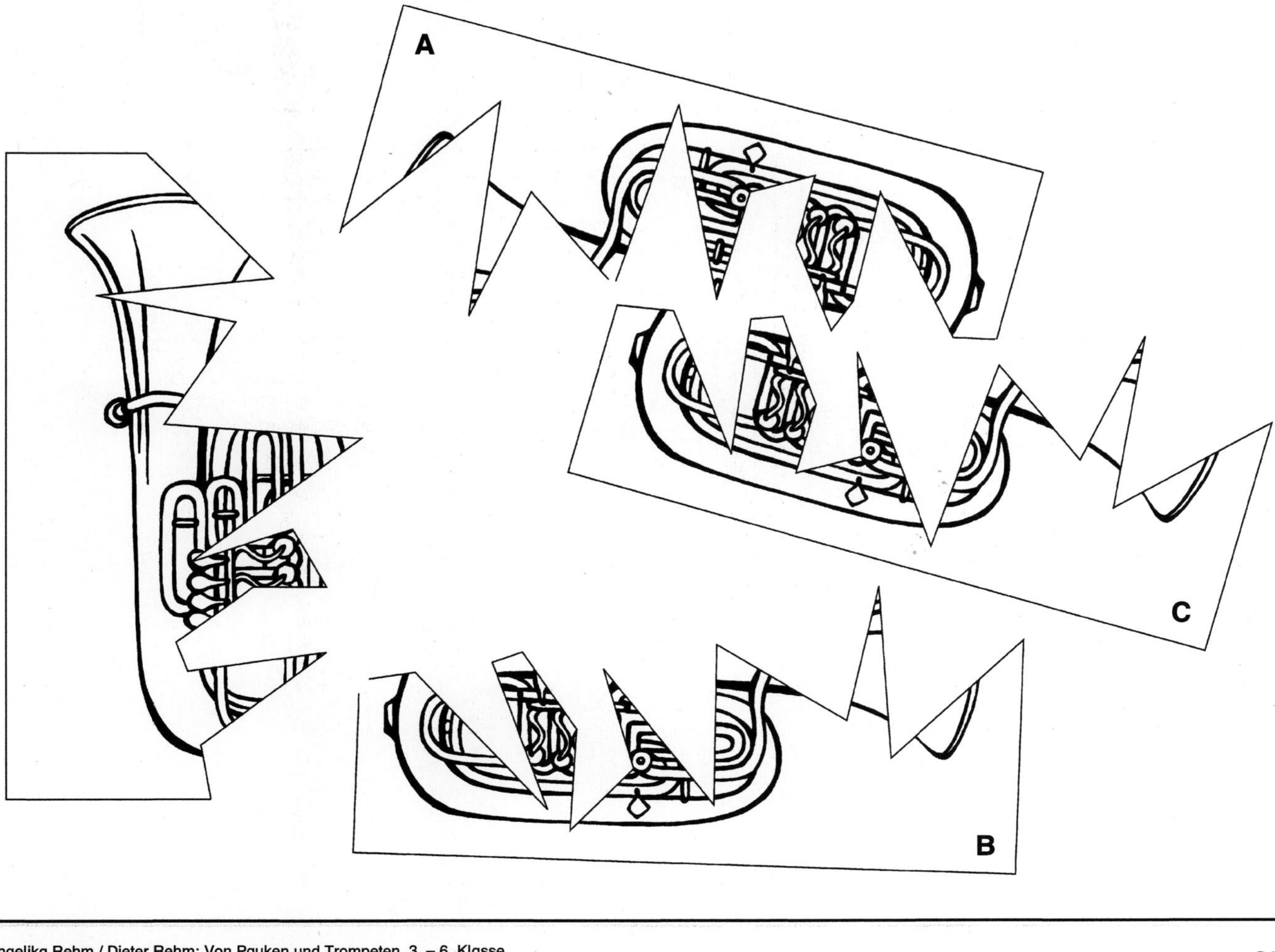

AB 18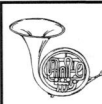

Was gehört zusammen?

 1. Schneide die Instrumententeile aus, setze sie richtig zusammen und klebe sie auf ein Blatt Papier.

2. Benenne die Instrumente und schreibe die Namen daneben.

AB 19 —

Wer kommt nicht ins Konzerthaus?

Die Instrumente sind auf dem Weg zur Orchesterprobe. Zwei von ihnen kommen nicht ins Konzerthaus.

1. Welche sind es? _____

2. Weißt du auch, weshalb sie nicht hineinkommen?

_____

_____

Kreuzworträtsel zu Blasinstrumenten

 Wenn du dieses Rätsel vollständig lösen kannst, kennst du dich mit den Blasinstrumenten schon gut aus.

Waagerecht

2 „Großvater" unter den Holzblasinstrumenten.

6 Ein Instrument, das vor allem die Jazz-Musiker spielen.

7 Es hat einen näselnden Klang.

8 Das arme Ding hat nur ein einfaches Rohrblatt.

9 Es besteht aus verschieden langen Röhrchen.

Senkrecht

1 Der „Brummbär" unter den Blechblasinstrumenten.

2 Spielst du vielleicht selbst?

3 Kommt in den höchsten Blechtönen daher.

4 Ein Blechblasinstrument zum „Ziehen".

5 Das bläst der musikalische Jäger gern.

Ö = OE

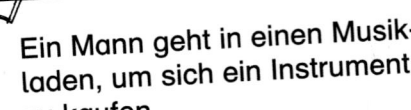

Ein Mann geht in einen Musikladen, um sich ein Instrument zu kaufen.
Er spricht den Verkäufer an: „Die rote Trompete hier und das weiße Akkordeon dort hinten würden mir gefallen."
„Tja", sagt der Verkäufer, „den Feuerlöscher können Sie gern haben, aber der Heizkörper bleibt hier."

AB 21

Glücksspiel: „5 aus 10"

✂ Schneide die Instrumentenkarten aus:

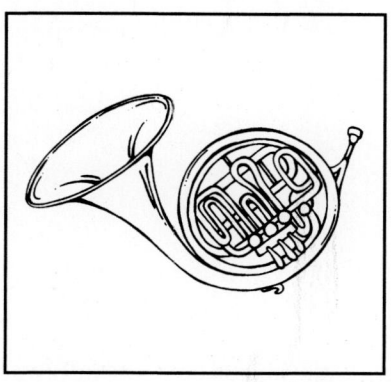

Am Abend gibt das Orchester ein großes Konzert. Nach dem Stimmen der Instumente will der Dirigent den Taktstock heben, um zu beginnen. Da steht ein junger Flötist auf und fragt: „ Darf ich das Spiel anpfeifen?"

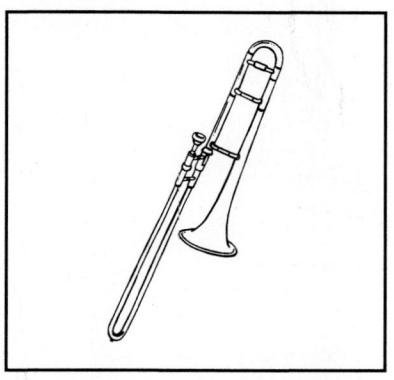

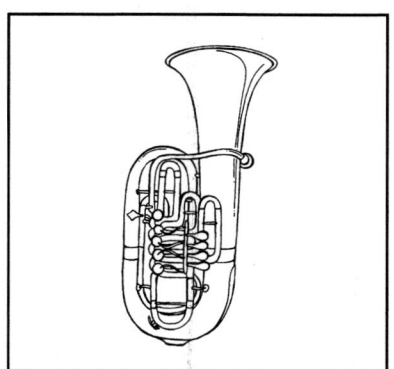
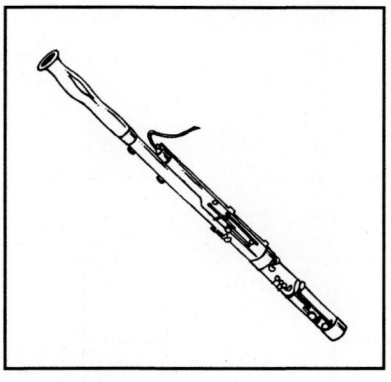
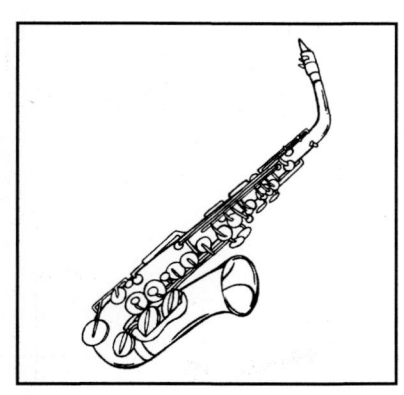

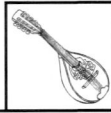

Kleine Instrumentenkunde – Saiteninstrumente

Schon in der Steinzeit kannte man, wie Höhlenmalereien (Les Trois Frères/Südfrankreich) belegen, ein Saiteninstrument: den Musikbogen. Das war ein zweckentfremdeter Jagdbogen, der gezupft, mit einem Stäbchen angeschlagen oder gestrichen wurde.

Auch heute spielt man Saiteninstrumente noch so: Die Saiten werden zur Tonerzeugung mit einem Bogen gestrichen oder gezupft und geschlagen. Damit werden sie zum Schwingen gebracht. Den Klang verstärkt ein meist hohler Resonanzkörper.

Man unterscheidet zwei Gruppen:
a) Streichinstrumente und
b) Zupfinstrumente.

A. Streichinstrumente

Zu dieser Gruppe gehören alle Saiteninstrumente, die mit dem Bogen gestrichen werden. Einer der Vorfahren der heutigen Streichinstrumente ist das aus dem orientalischen Raum stammende, etwa im 11. Jahrhundert in Europa eingeführte **Rebec**: ein Streichinstrument, dessen Korpus in Form einer halben Birne – ohne angesetzten Hals – aus einem Stück gefertigt wurde. Als ein anderer Vorläufer gilt die **Fidel**. Bei den Fidel-Formen des 14. Jahrhunderts findet sich bereits die Trennung von Korpus und Hals.

Die **Violine** (Geige) stand in ihrer Form um 1560 fest und hat sich, bis auf kleine Änderungen, seit dem 17. Jahrhundert nicht mehr gewandelt, ist also sehr früh nahezu perfekt gewesen. Berühmte Geigenbauer waren Nicola Amati (1596–1684), Antonio Stradivari (ca. 1644–1737) und Guiseppe Guarneri (1698–1744), alle aus Cremona in Italien. In Tirol war es Jakob Stainer (ca. 1617–1683), in Mittenwald Mathias Klotz (1653–1743) und dessen Familie. Aber auch in anderen Ländern schufen Geigenbauer Meisterwerke der Instrumentenbaukunst.

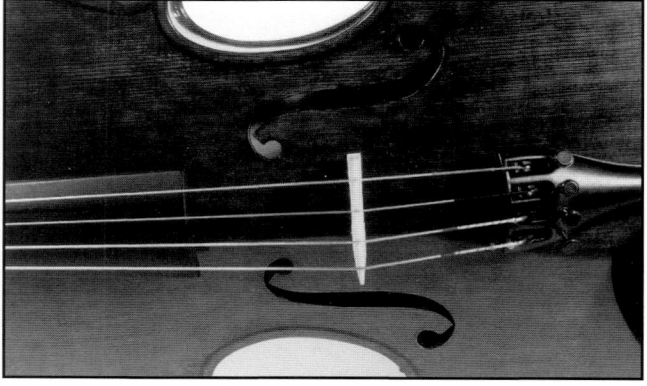

Das Instrument wiegt nur 400 g und besteht im Wesentlichen aus Holz. Es ist vom Material her gesehen demnach gar nicht besonders wertvoll. Die Violine ist das Sopraninstrument in der Streicherfamilie. Sie ist heute das bekannteste Streich- und eines der wichtigsten Orchesterinstrumente. Sie ist von umfangreicher Beweglichkeit: Es können auf ihr schnellste Passagen bis in äußerste Höhen, rasche Sprünge über große Tondistanzen, schwierige Doppelgriffe und noch vieles mehr gespielt werden.

Die **Viola** (Bratsche) ist das Altinstrument der Violinfamilie. Sie ist praktisch die maßstäbliche Vergrößerung der Geige und liegt eine Quinte tiefer. Ihr Klang ist gedeckter, dunkler, manchmal aber auch etwas näselnd.

Das **Violoncello** (Cello) ist das Tenor-Bass-Instrument der Violinfamilie. Es liegt eine Oktave unter der Bratsche. Seine Entstehungszeit wird auf die späten Jahre des 16. Jahrhunderts datiert. Durch die Länge des Korpus (ca. 75 cm) wurde das Instrument ursprünglich zwischen den Knien gehalten (Viola da Gamba); ab etwa 1860 wurde der Einsatz des „Stachels" üblich, mit dem man das Instrument auf den Boden stellt.

Im Orchestereinsatz wurde das Cello, zusammen mit dem Kontrabass, früher vor allem als begleitendes Bassinstrument eingesetzt. Erst im 18. Jahrhundert erlangte das Cello auch solistische Bedeutung (Cellosonaten und -konzerte).

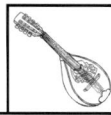

Kleine Instrumentenkunde – Saiteninstrumente

Der **Kontrabass** (Bass) ist das tiefste und zugleich größte (etwa 2 m) Streichinstrument. Normalerweise besitzt er vier Saiten. Es gab ihn aber auch mit drei, später mit fünf Saiten. Seine Stimmlage ist eine Oktave unter dem Cello. Das Klangbild des Basses erscheint geheimnisvoll-düster.
Im Jazz wird der Kontrabass vorwiegend zur Markierung des Grundrhythmus' (Schlagbass) und als harmonische Basis gezupft.

Die **heutigen Streichinstrumente** bestehen aus verschiedenen Holzarten. Dabei sind die Auswahl und die Bearbeitung des Materials von großer Bedeutung für den Klang des Instrumentes.
Der Boden besteht in der Regel aus härterem Ahorn, die Decke aus weichem Fichtenholz, das Griffbrett aus Ebenholz und die Wirbel aus Buchsbaum-, Rosen- oder Ebenholz. Die Saiten bestehen aus Darm, Metall oder Kunststoff.
Die erzeugten Schwingungen werden durch den Steg auf den Resonanzkörper übertragen. Der Steg ist abgerundet, sodass alle Saiten einzeln gestrichen werden können. Alle hier erörterten Streichinstrumente haben jeweils einen Satz von vier Saiten. Die leeren, d. h. die nicht mit den Fingern verkürzten Saiten werden auf folgende Töne gestimmt:

Violine:	g	d^1	a^1	e^2	
Viola:	c	g	d^1	a^1	(Stimmung in Quinten)
Cello:	C	G	d	a	
Bass:	E^1	A^1	D	G	(Stimmung in Quarten)

Indem der Spieler die Finger auf die Saiten setzt und gegen das Griffbrett drückt, kann er z. B. auf dem Cello, dessen tiefste Saite C ist, folgende Töne spielen: c d e f.
Wenn die Lage der Finger etwas verändert wird, entstehen die Halbtöne. Auf der C-Saite kann also die chromatische Skala c, cis, d, dis, e, f und fis gespielt werden. Auf der nächsten Saite wird die Skala fortgesetzt (z. B. leere Saite G: g, gis oder as, a, ais oder b usw.).
Natürlich kann man auf den Streichinstrumenten – da sie keine Bünde haben – auch jeden beliebigen Zwischenton spielen.

B. Zupfinstrumente

Bereits in frühester Zeit stellten die Menschen bei der Jagd fest, dass die Sehnen ihrer Bögen, wenn sie in Schwingung versetzt wurden, Töne erzeugten. Der Klang war jedoch sehr schwach, sodass später zum Beispiel leere Schildkrötenpanzer oder ausgehöhlte Kürbisse als Resonanzkörper verwendet wurden.
Die Klangerzeugung der Zupfinstrumente geschieht dadurch, dass die Saiten mit den Fingern, einem Plektron oder einem Schlagring in Schwingung versetzt werden.

Die **Gitarre** entstand aus der **Vihuela**, einem von spanischen Troubadours gespielten Instrument. Zunächst war die Gitarre 4-saitig, dann 5-saitig und ab dem 18. Jahrhundert wie heute üblich mit sechs Saiten bespannt. Die Gitarre war über Jahrhunderte ein Instrument der Volksmusik. Ihrer konzertanten Seite widmeten sich die Komponisten erst im 20. Jahrhundert.

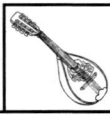

Kleine Instrumentenkunde – Saiteninstrumente

Das **Banjo** stammt ursprünglich aus Westafrika. Es war seit dem 18. Jahrhundert das wichtigste Instrument der schwarzen Sklaven Nordamerikas. Auf diese Weise fand es auch Eingang in die Jazzmusik.

Das Banjo ist eine Art Tamburin, über das 4–9 Saiten gespannt sind. In den späten 20er-Jahren des vergangenen Jahrhunderts verlor es weitgehend seine Bedeutung (zugunsten der Gitarre), wird aber heute wieder besonders von Dixieland-Bands eingesetzt.

Die **Balalaika** ist ein volkstümliches russisches Zupfinstrument, das etwa seit dem 17. Jahrhundert bekannt ist. Sie hat einen dreieckigen flachen Korpus mit einem verhältnismäßig langen Hals. Ihre drei Saiten werden mit einem Plektron angerissen. Die Balalaika wird in sechs Größen, von Pikkolo- bis Kontrabass-Balalaika, gebaut.

Die **Laute** ist die Vorläuferin der „bauchigen" Zupfinstrumente. Der älteste Lautentyp (Langhalslaute) ist in Mesopotamien seit dem 3. Jahrtausend v. Chr. nachweisbar. Nach Europa kam sie über den arabischen Raum. Ab dem 15. Jahrhundert nahm sie eine exponierte Stellung im Musikleben ein.

Die klassische Laute besitzt einen Resonanzkörper in Form einer halben Birne und ist aus Holzspänen (nur etwa 1 mm dick) gefertigt. Die Bespannung umfasst fünf Doppelsaiten und eine Einfachsaite. Bemerkenswert ist der nach hinten im rechten Winkel abgeknickte Wirbelkasten (Knickhalslaute).

Nachdem die Laute nach und nach von der Gitarre (aber auch vom Cembalo) verdrängt wurde, lebte sie erst in der musikalischen Spielkultur des 20. Jahrhunderts wieder auf.

Die **Mandoline** ist ein Lauteninstrument, das in Italien (neapolitanische Mandoline) seinen Ursprung hat. Sie weist vier metallene Doppelsaiten auf und wird mit einem Plektron gespielt. Das Bassinstrument der Mandoline ist der Mandolone. In der Kunstmusik wurde die Mandoline von den Komponisten nur spärlich beachtet, dafür fand sie stärkere Bedeutung in der Volksmusik (Mandolinenorchester).

Die **Zither** zählt zu den halslosen Saiteninstrumenten. Ihr Resonanzkörper entspricht in seiner Länge den Saiten. Die meist 42 Saiten (= 5 Melodie- und ca. 37 Begleitsaiten) werden mit einem am Daumen befestigten Metallring angeschlagen. Vorrangig wird die Zither in der alpenländischen Volksmusik verwendet.

Die **Harfe**, ursprünglich aus Ägypten stammend, wurde um das Jahr 1000 in Europa bekannt. Als Vorläufer ist im Prinzip der einfache Musikbogen (Bogenharfe) anzusehen. Der Musikbogen besteht aus einem elastischen, gebogenen Stab, der an beiden Enden durch eine Saite gespannt wird.

Bei der modernen Konzertharfe sind 46 bis 48 Saiten in einen Rahmen gespannt. Einige dieser Saiten sind gefärbt, um einzelne Noten besser zu finden. Die Saiten der Harfe werden mit den Fingerkuppen (aber auch mit den Fingernägeln) beider Hände angezupft und können durch 7 Pedale (Doppelpedalharfe) in ihrer Spannung – und damit tonal – verändert werden.

Die Harfe findet im klassischen Orchester, vorzugsweise in der Romantik bis hin zum Impressionismus, ihren Einsatz. Als Volksinstrument wird sie immer noch in Tirol gespielt. Typische Klangbilder sind das Arpeggio, d. h. die Töne eines Akkords werden nicht gleichzeitig, sondern nacheinander (gebrochen) gespielt, und das Glissando, eine Spielanweisung, über ein größeres Intervall – ohne feste Tonstufen – zu gleiten.

Unterrichtshinweise – Saiteninstrumente

Arbeitsblätter (AB)

AB 1: Um die Tonerzeugung bei den Streich- und Zupfinstrumenten erklären zu können, wäre es sinnvoll, eine Gitarre und eine Geige als Anschauungsmaterial zu zeigen.

Die Schüler/-innen stellen Vermutungen an, wie die Instrumente zum Klingen gebracht werden.
Sie sollen durch Probieren erkennen, dass die Saiten durch Streichen oder Zupfen zum Klingen gebracht und dadurch Töne erzeugt werden. Wozu der Resonanzkörper notwendig ist (Klangverstärkung), kann nochmals mit der Stimmgabel probiert und erklärt werden:

Versuch 1: Die Gabel wird nicht allzu kräftig mit den Zinken gegen eine Kante geschlagen und danach ans Ohr gehalten. Hält man die Gabel an die Lippen, bemerken die Schüler/-innen, dass es ein wenig kitzelt.
Sichtbar werden die Schwingungen, wenn man die angeschlagene Stimmgabel ins Wasser taucht.

Versuch 2: Schlägt man die Stimmgabel an und stellt sie etwa auf ein Klavier, werden die Schüler/-innen bemerken, dass der Ton lauter ist, d. h. das Klavier verstärkt als Resonanzkörper den Klang.

Die Ziele, die durch AB 1 erreicht werden sollen, sind:

- Die Erkenntnis, dass mithilfe eines gespannten Gummiringes (Angelschnur usw.) durch Verändern der Saitenlänge und der Spannung unterschiedlich hohe Töne erzeugt werden.

- Die Erkenntnis, dass Abhängigkeiten zwischen Länge der Saiten, Stärke der Saiten, Saitenspannung und Tonhöhe bestehen.

Eine Gummizither und ein Zupfbrett zu basteln, kann nach Erklärung auch als Hausaufgabe aufgegeben werden.
Die Schüler/-innen probieren mit ihren selbstgebauten Instrumenten die angegebenen Versuche 1–4 aus. Falls der Lehrer darauf verzichtet, die Instrumente bauen zu lassen, kann dies auch an einem Saiteninstrument veranschaulicht werden.
Danach setzen die Schüler/-innen die Wörter von Aufgabe 5 in die Lücken ein und schneiden die Streifen aus.
Die Zuordnung der Streifen zu 1–4 dürfte den Schüler/-innen dann nicht mehr schwer fallen.

AB 2: Um dieses Arbeitsblatt bearbeiten zu können, sollte die Tonerzeugung eines Saiteninstrumentes anhand einer Geige oder einer Gitarre nochmals veranschaulicht werden. Vor allem Begriffe wie Steg, Griffbrett, Wirbel etc. sollten möglichst zuvor erklärt werden. Es böte sich an, nach diesem Arbeitsblatt AB 7 einzusetzen.

AB 3/4: Das Textpuzzle wird ausgeschnitten und zusammengesetzt. Danach wird zunächst leise, dann laut vorgelesen. Der Satz „Der Spieler kann die Saiten nicht verlängern, sondern nur verkürzen. Er kann auf einer einzelnen Saite nicht tiefer spielen, als sie gestimmt ist." sollte genauer erklärt und anhand eines Saiteninstruments veranschaulicht werden.
Um AB 4 bearbeiten zu können, müssen die Schüler/-innen sehr genau lesen. Dazu sollten sie immer wieder AB 3 hinzuziehen.

 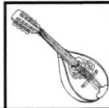

Unterrichtshinweise – Saiteninstrumente

AB 5: Vor der Bearbeitung werden noch einmal die Teile eines Saiteninstrumentes (AB 7) benannt. Die Schüler/-innen stellen durch Vergleichen fest, wo etwas fehlt. Denkbar wäre auch, zuvor Striche zu ziehen, sodass die Schüler/-innen nochmals die Instrumententeile benennen und aufschreiben.

AB 6: Es gehören immer drei Teile zusammen (Bild, Begriff, Beschreibung). Nach dem Vorwissen, das die Schüler/-innen besitzen, dürfte dieses Arbeitsblatt ohne weitere Erklärungen bearbeitet werden können. Der Lehrer/die Lehrerin kann zuvor etwas über die Bögen der Streichinstrumente erzählen.

Dazu eine kurze Information:
Der Geigenbogen besteht aus Stab, Frosch und Bezug. Der „Stab" besteht häufig aus leichtem, aber trotzdem hartem und vor allem elastischem Fernambukholz, manchmal auch aus Buchen- oder Kirschholz.
Am Fuß des Bogens ist der „Frosch" befestigt. An ihm werden die Haare, der „Bezug", mit einer Zwinge eingeklemmt.
Der „Bezug" besteht aus dem Schweifhaar von Schimmelhengsten. Er enthält ca. 120 bis 200 sehr sorgfältig ausgesuchte Haare, die gleichmäßig dick sind. Beim Kontrabassbogen benötigt man hingegen sehr kräftiges schwarzes Pferdehaar.
„Kolofonium" ist ein Harz, mit dem die Haare des Bogens bestrichen werden, damit sie einen besseren Widerstand leisten.

AB 7/8: Die Teile eines Saiteninstrumentes werden bei AB 7 an der richtigen Stelle eingetragen. Bei AB 8 schneiden die Schüler/-innen die Teile des Basses aus und setzen sie richtig zusammen. Die Schüler/-innen können AB 7 zu Hilfe nehmen.

AB 9/10/11: Bei AB 10 können die Schüler/-innen auch selbst ein Rätsel formulieren.

AB 12/13/14: Es wird nur kurz auf die Zupfinstrumente eingegangen. Durch ihr unterschiedliches Aussehen können die Schüler/-innen anhand der Beschreibung die Instrumente den Texten zuordnen. Bevor die Schüler/-innen die Texte lesen, sollen sie die Bilder betrachten und versuchen, Unterschiede festzustellen und zu beschreiben.
Bevor die Schüler/-innen die Tabelle ausfüllen, können sie in den Texten alles markieren, was über Saiten, Resonanzkörper und „Wo sie gespielt werden" zu finden ist.
Hinweis: Das Cembalo, bei dem die Saiten (Messing, Bronze oder Stahl) mit Feder-, Leder- oder Kunststoffkielen angerissen werden, wird bei den Tasteninstrumenten näher behandelt.

AB 15: Zur Wiederholung schreiben die Schüler/-innen noch einmal alle behandelten Streich- und Zupfinstrumente auf. Sie können die Bildkästchen durch zwei Farben nach den beiden Gruppen unterscheiden.

AB 1   **Wir bauen ein Saiteninstrument**

Materialliste: **Gummizither**   **Zupfbrett**

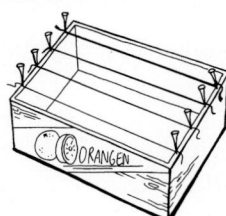
- Kiste als Klangkörper
- unterschiedlich starke Gummibänder
- kleine Nägel zum Spannen der Saiten

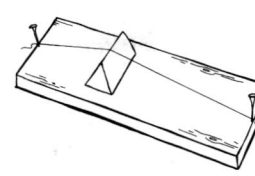
- Holzbrett
- Holzkeil (Bauklotz)
- Ringschrauben zum Spannen der Saiten
- Draht, Angelschnur, Geigen- oder Gitarrensaite

1. Zupfe bei der Gummizither die dickste und danach die dünnste Saite an.

2. Spanne die Saite des Zupfbrettes stärker und schwächer.

3. Verkürze die Saite, indem du den Holzkeil auf dem Zupfbrett verschiebst. Zupfe an!

4. Nimm ein Gummiband der Zither und spanne es mit der Hand. Zupfe es an!

----

5. Was hast du herausgefunden? Trage die richtigen Wörter ein: höher, tiefer, höher, tiefer, verstärkt, tiefer, höher. Klebe die Sätze zu den entsprechenden Versuchen.

Je stärker die Saite gespannt ist, desto _____ der Ton.

Je schwächer die Saite gespannt ist, desto _____ der Ton.

Je kürzer die Saite, desto _____ der Ton.

Je länger die Saite, desto _____ der Ton.

Je dicker die Saite, desto _____ der Ton.

Je dünner die Saite, desto _____ der Ton.

Der Klang wird durch den Resonanzkörper _____.

AB 2 — Streichinstrumente: Wie wird der Ton erzeugt?

 Setze in den Text folgende Wörter ein:

dicker – Resonanzkörper – verkürzt – Streichen – Schwingen – Schwingungen – Stimmgabel – Steg – vier – Fingern – Klavier – Zupfen – Drehen – tiefer – Resonanzkörper

Die Tonerzeugung bei sämtlichen Saiteninstrumenten geschieht dadurch, dass Saiten zum _____ gebracht werden, wobei der entstehende Klang durch den hohlen _____ verstärkt wird.

Das Schwingen der Saiten kann durch _____ oder _____ erzielt werden.

Ein kleiner Holzsteg, über den die Saiten gespannt sind, überträgt die _____ auf den _____ .

Die Streichinstrumente haben meist _____ Saiten. Jede Saite eines Streichinstrumentes hat eine andere Stärke. Je _____ die Saite, desto _____ der Ton. Auf einer Saite können höhere Töne erzielt werden, indem der schwingende Teil der Saite _____ wird. Dies geschieht dadurch, dass die Saite mit den Fingern der linken Hand auf das Griffbrett gedrückt wird und so die Saite nur noch zwischen den _____ und dem _____ schwingt.

Durch das _____ der Wirbel können die Saiten gestimmt werden. Man beginnt meist mit der a-Saite. Der Spieler hört den Ton „a" zum Beispiel von einer _____ oder einem _____ und spannt die Saite so, dass genau der Ton „a" erklingt. Die anderen Saiten werden nach dem Gehör gestimmt.

Was ist der Unterschied zwischen einem Geiger und einem Hund?
Der Hund weiß, wann er mit dem Kratzen aufhören muss.

AB 3 — Textpuzzle: Streichinstrumente

 Schneide die Textteile aus und klebe sie richtig zusammen.

Jedes Streichinstrument hat meist vier Saiten. Die langen, dicken Saiten des Basses erzeugen die tiefsten Töne, die kurzen, dünnen Violinsaiten die höchsten Töne.

Die Streichinstrumente ähneln sich in ihrer Größe, nicht aber in ihrem Bau. Lediglich der Kontrabass weicht in seiner Form etwas von den anderen Instrumenten ab.

Die Saiten des Kontrabasses sind gut 3-mal so lang wie die Saiten der Violine. Da der Musiker die Saiten nicht verlängern, sondern nur verkürzen kann, kann er auf einer Saite nicht tiefer spielen, als sie gestimmt ist. Indem der Spieler die Finger auf das Griffbrett drückt, kann er die Saite aber verkürzen und so höhere Töne spielen.

Die Violine (Geige) und die Viola (Bratsche), liegen auf der Schulter und werden vom Kinn gehalten. Das viel größere Violoncello (Cello) wird immer im Sitzen gespielt. Der Kontrabassist steht oder er sitzt auf einem hohen Stuhl. Der Bass ist ungefähr zwei Meter hoch.

Man kann die Saiten mit dem Bogen streichen oder sie mit den Fingern zupfen. Der Komponist schreibt dann „pizzicato" in die Noten. Man kann auch zwei Töne auf einmal erzeugen. Bei solch einem Doppelgriff streicht der Bogen gleichzeitig über zwei nebeneinanderliegende Saiten.

Vor jedem Spiel muss das Instrument wegen Feuchtigkeits- und Temperaturschwankungen neu gestimmt werden. Im Orchester gibt gewöhnlich die Oboe den Ton „a" an: Das ist der so genannte Kammerton. Nach diesem Ton müssen sich die anderen Instrumente einstimmen.

AB 4

Kennst du dich aus?

Lies den Text von AB 3 noch einmal genau durch.
Kreuze das Richtige an. Wenn du die Buchstaben der richtigen Antworten nacheinander in die unten stehenden Leerkästchen einträgst, erhältst du als Lösungswort einen Begriff aus der Instrumentenkunde.

☐	R	Mit der Violine kann man die höchsten Töne spielen.
☐	B	Das Cello ist das am tiefsten klingende Streichinstrument.
☐	A	Die Viola hat fünf Saiten.
☐	T	Die Violine nennt man auch Bratsche.
☐	E	Der Bass wird im Stehen oder im Sitzen gespielt.
☐	S	Die Bratsche liegt auf der Schulter auf und wird vom Kinn gehalten.
☐	K	Die Streichinstrumente haben fünf Saiten.
☐	O	Die Streichinstrumente haben in der Regel vier Saiten.
☐	N	Der Spieler kann auf einer einzelnen Saite nicht tiefer spielen, als das Instrument gestimmt ist.
☐	A	Streicht der Spieler über die dickste Saite, erzeugt er den tiefsten Ton.
☐	N	Der Spieler kann die Saite verkürzen.
☐	K	Die Violinsaiten sind lang und dick.
☐	Z	Der Kontrabass ist etwa zwei Meter hoch.
☐	K	Wenn der Spieler die Finger auf das Griffbrett drückt, verkürzt er die Saiten.
☐	Ö	Man kann die Saiten auch zupfen.
☐	L	Man kann die Saiten nur streichen.
☐	M	Den Doppelgriff nennt man auch „pizzicato".
☐	R	Man kann mit dem Bogen auch zwei nebeneinanderliegende Saiten gleichzeitig streichen.
☐	P	Vor dem Spielen muss das Streichinstrument gestimmt werden.
☐	N	Nur selten stimmt man das Instrument.
☐	X	Im Orchester gibt der Kontrabass den Ton „a" an.
☐	E	Im Orchester werden die anderen Instrumente meist nach der Oboe gestimmt.
☐	R	Das Cello wird im Sitzen gespielt.

Lösung: ☐ ☐ ☐ ☐ ☐ ☐ ☐ ☐ ☐ ☐ ☐ ☐ ☐

AB 5 — **Da fehlt doch was!**

1. Die unten abgebildeten Instrumente sind nicht vollständig. Insgesamt fehlen neun Teile. Zeichne sie ein.

2. Schreibe die Namen neben die Instrumente.

3. Die Meisterfrage: Wer ganz genau hinsieht, wird feststellen, dass noch etwas fehlt. Was wurde bei allen Instrumenten nicht eingezeichnet?

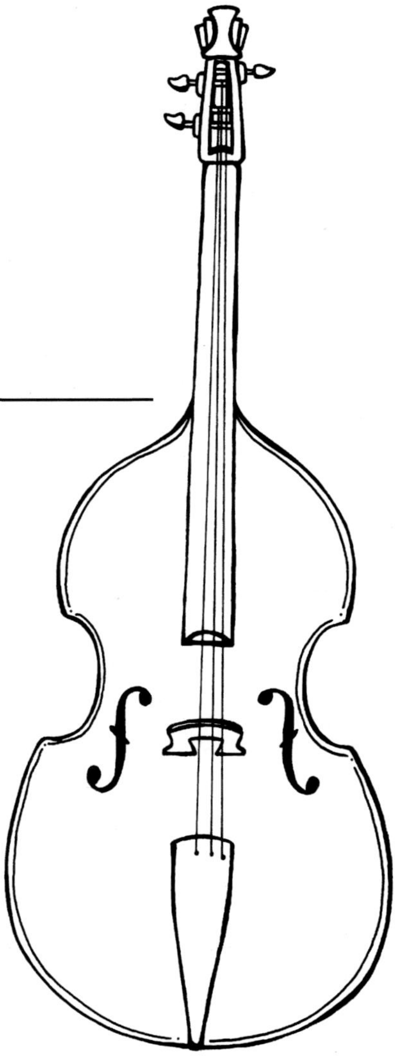

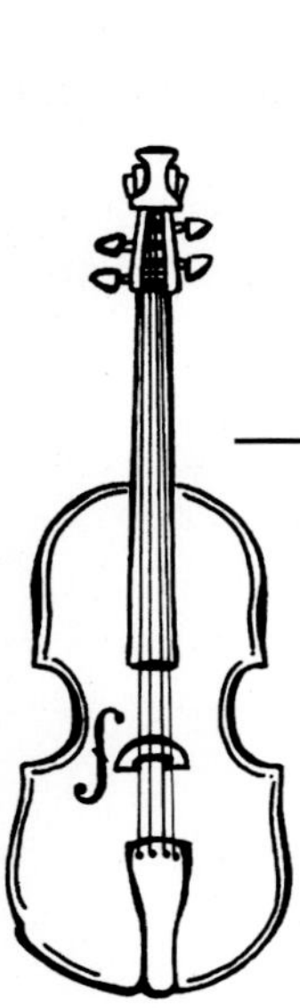

AB 6 Welche Instrumententeile sind gemeint?

Hier ist einiges durcheinander geraten: neun Instrumententeile jeweils mit Zeichnung, Erläuterung und Begriff.
Schneide die einzelnen Kärtchen aus und füge sie wieder zusammen.

Zeichnung	Erläuterung	Begriff
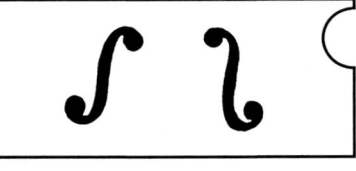	Ein Hohlkörper zur Verstärkung der Töne. Er besteht aus Decke, Boden und seitlich verbindenden Zargen.	Wirbel
	Man drückt mit den Fingern darauf und verkürzt so die Saiten.	Griffbrett
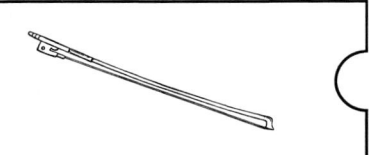	Dadurch werden die Saiten gehalten.	Schnecke
	Zwei Öffnungen in der Decke der Violine (Schallloch).	Bogen
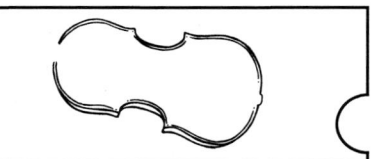	Damit streicht man über die Saite. Er ist mit 120 – 200 Pferdehaaren bespannt, die alle von gleicher Dicke sind.	Steg
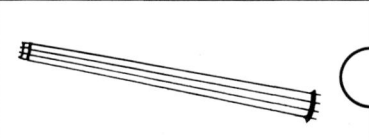	Sie ist oberhalb der Wirbel angebracht. Früher waren auch Menschen-, Drachen- und Tierköpfe üblich.	F-Löcher
	Sie werden aus Darm, Stahl oder Nylon hergestellt und durch Streichen oder Zupfen in Schwingung gebracht.	Saitenhalter
	Die Saiten ruhen darauf. Er überträgt die Schwingungen auf den Resonanzkörper.	Saiten
	Man spannt damit die Saiten und stimmt sie.	Resonanzkörper

AB 7  **Wie heißen die Teile der Geige?**

 Eine Geige besteht aus vielen Teilen. Kannst du sie benennen?
Trage die folgenden Begriffe ein:

Resonanzkörper – Saiten – Wirbel – Schnecke – Kinnhalter – Saitenhalter – Steg – Griffbrett – F-Loch

Ein Kontrabass-Puzzle

Setze den Kontrabass wieder richtig zusammen.

Ein Geiger und ein Bassist gehen Schnecken suchen. Nach zwei Stunden hat der Geiger einen ganzen Korb voll mit Kriechtieren, der Bassist hat kein einziges. Da meint er etwas traurig: „Die Biester waren ziemlich schnell. Immer, wenn ich mich gebückt habe, waren sie schon weg."

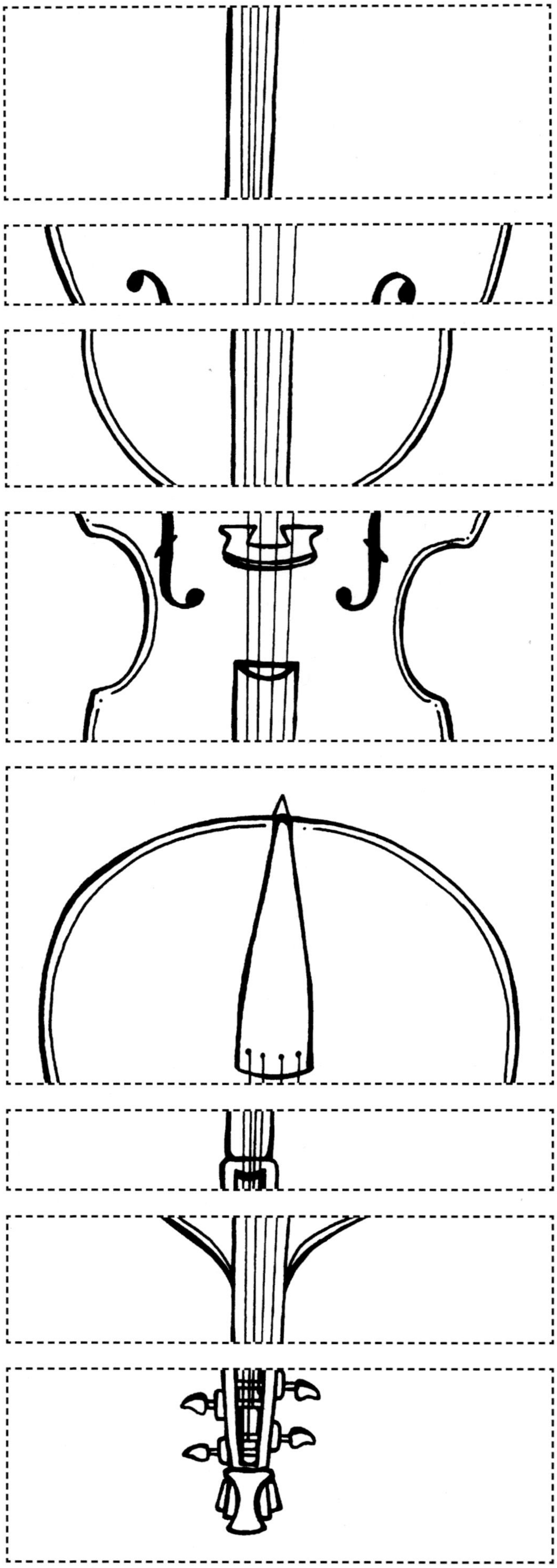

AB 9

Ein Bilderrätsel

 Auf den ersten Blick sind beide Bilder gleich. Wenn du aber genau hinsiehst, kannst du im unteren acht Fehler entdecken. Findest du sie?

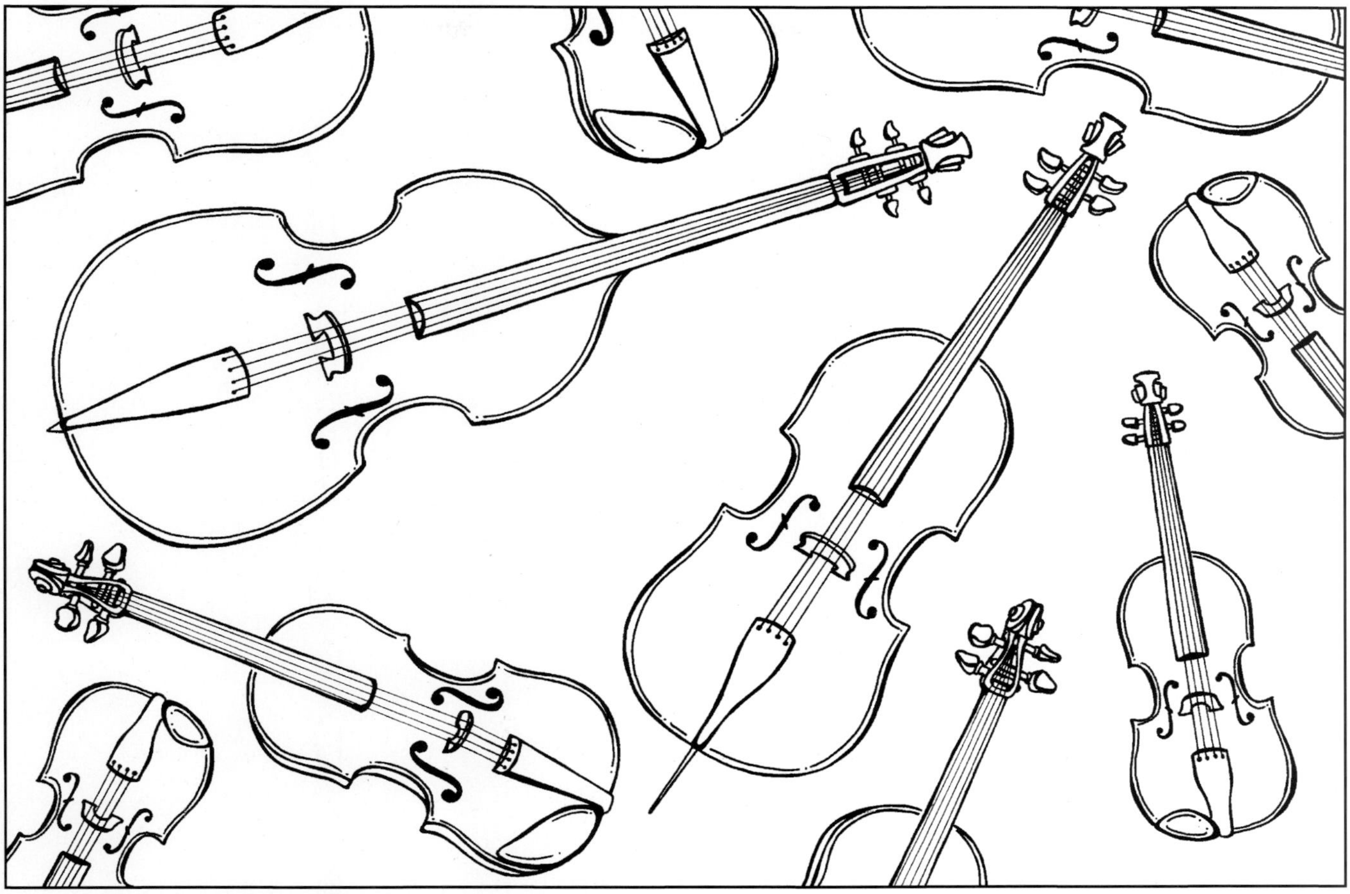

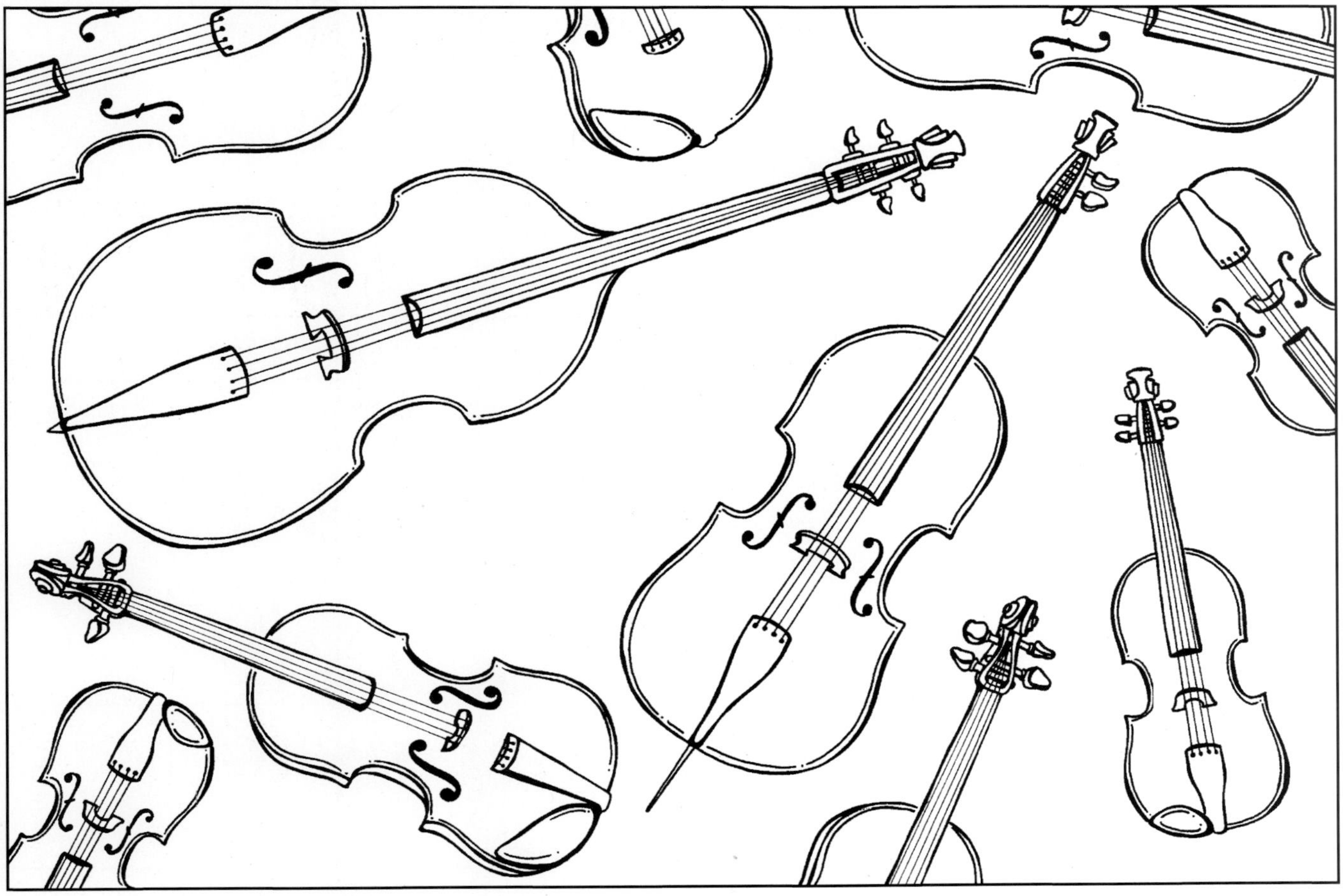

| AB 10 | **Ein Suchbild mit Geige** |  |

In einem Kasten liegen die Instrumente kreuz und quer durcheinander.

1. Suche die Geige, die
   - rechts von einer Kesselpauke,
   - über einem Horn,
   - unter einer Harfe
   - und links von einem Saxofon liegt.

2. Suche die Geige, die
   - unter einer Trompete,
   - links von einem Horn,
   - über einer Kesselpauke
   - und rechts von einem Schellenkranz liegt.

3. Schreibe eine eigene Suchanzeige.

84

Angelika Rehm / Dieter Rehm: Von Pauken und Trompeten, 3. – 6. Klasse
© Persen Verlag

AB 11

Wie viele Geigen findest du?

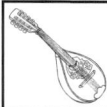

✏️ Finde heraus, wie viele Geigen der Dirigent im Orchester hat.

Es sind _____ Geigen.

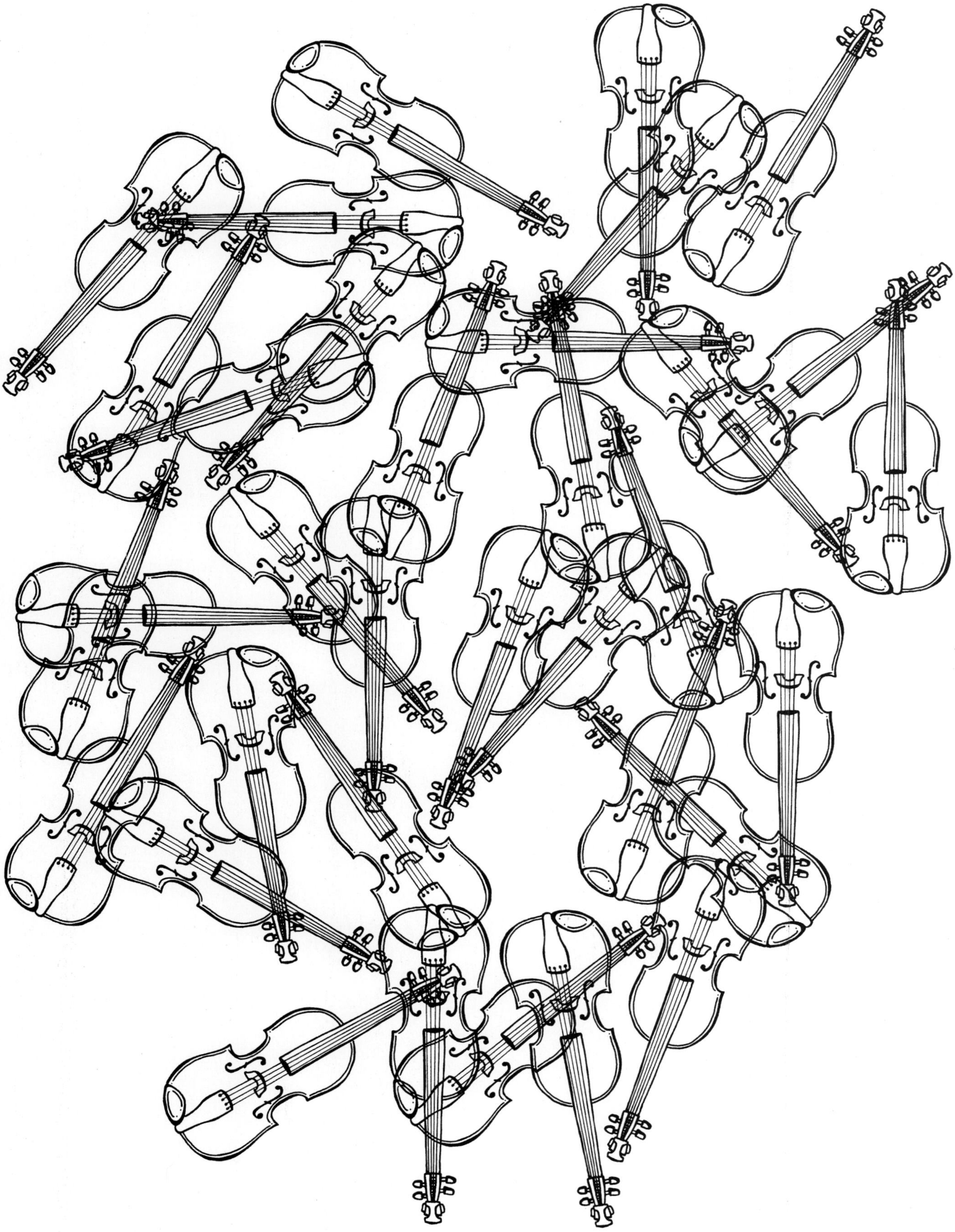

AB 12   **Instrumente, die man zupft – Teil 1**

1. Lies die Texte durch und vergleiche sie mit den Bildern von AB 14.

2. Schneide die Instrumente von AB 14 aus und klebe sie zum passenden Text. Fülle die Lücken aus.

Die _____ ist ein bekanntes und beliebtes Instrument. Sie hat einen geschwungenen Resonanzkörper. Bei der klassischen Konzert-_____ werden die sechs Saiten mit den Fingerkuppen und den -nägeln angezupft.
Bei der Rhythmus-_____ schlagen die Fingerspitzen über alle Saiten. Das kann auch mit einem Plektron (Plastikplättchen) geschehen.

Es gibt viele Arten von _____.
Die Knickhals-_____ hat einen bauchigen Schallkörper. Der Hals mit den Wirbeln ist nach hinten abgeknickt. Sie besitzt fünf Doppelsaiten und eine Einfachsaite.
Sie ist ein sehr altes Instrument, das heute aber nur selten zu hören ist. Ihr Klang ist voller und weicher als der der Gitarre.

Das _____ brachten die schwarzen Sklaven nach Nordamerika mit. Es hat einen langen Hals. Die vier Saiten sind über ein Tamburin gespannt. Das _____ ist ein wichtiges Instrument im Jazz und in der Country-Musik. Es erzeugt scharfe, trommelartige Töne.

Instrumente, die man zupft – Teil 2

Die _____ ist ein besonders in Italien bekanntes kleines Zupfinstrument. Ihr bauchiger Schallkörper ähnelt dem der Laute. Die vier Doppelsaiten werden mit einem Plektron angerissen und gezupft. Der typische Klang entsteht dadurch, dass der Spieler das Plektron rasch über die Saiten hin- und herbewegt und somit die Töne mehrmals wiederholt werden. Sie wird in der italienischen Volksmusik sehr geschätzt. In vielen Ländern gibt es _____-Orchester.

Bereits 2700 v. Chr. kannte man in Ägypten die Bogen-_____. Im heutigen Orchester wird die große _____ eingesetzt, die auf dem Boden steht. Sie hat einen langen (bis 1,5 m), nach oben hin schmaler werdenden Resonanzkörper und sieben Pedale, mit denen man die ca. 47 Saiten verkürzen kann. Sie wird nicht nur in der klassischen Musik eingesetzt, sondern auch in der Volksmusik (Bayern, Tirol, Südamerika).

Die Saiten verlaufen quer über einen flachen Resonanzkörper. Die _____ wird besonders in der Volksmusik der Alpenländer benutzt. Mit einem Metallring am Daumen der rechten Hand werden die fünf Melodiesaiten angerissen. Die Begleitsaiten (35 bis 38) werden mit den übrigen Fingern angezupft.

AB 14

Instrumente, die man zupft – Teil 3

✏️ Trage in die Tabelle ein, was du dem Text entnommen hast.

Instrument	Wie viele Saiten hat das Instrument?	Wie sieht der Resonanzkörper aus?	Was weißt du noch über dieses Instrument?
Mandoline			
Laute			
Banjo			
Gitarre			
Harfe			
Zither			

 -

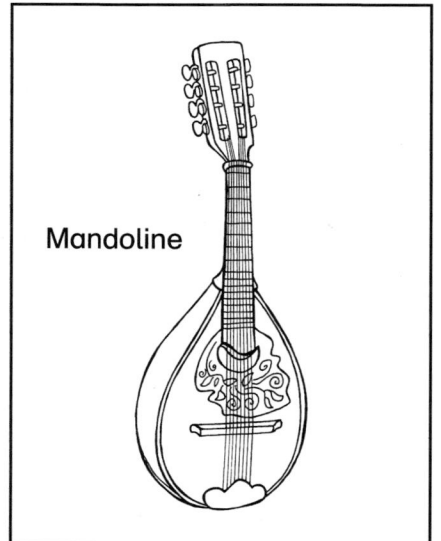

Mandoline

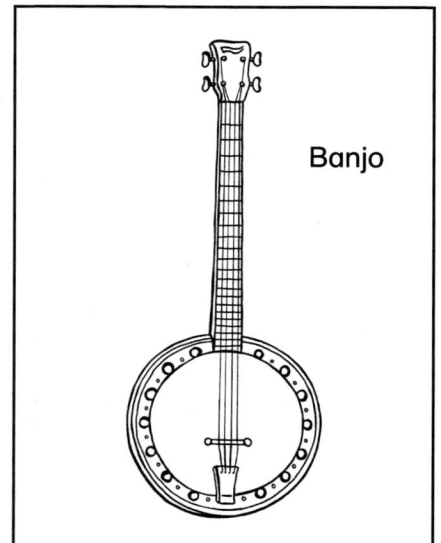

Banjo

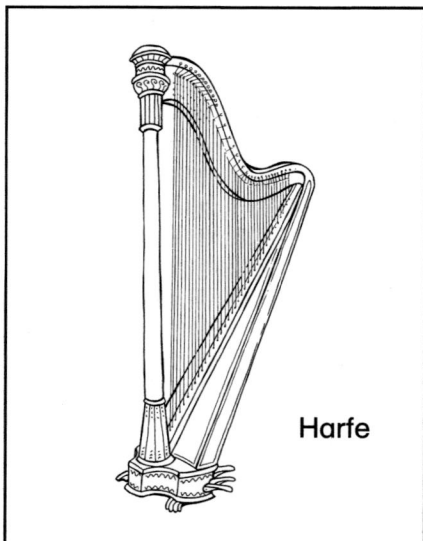

Harfe

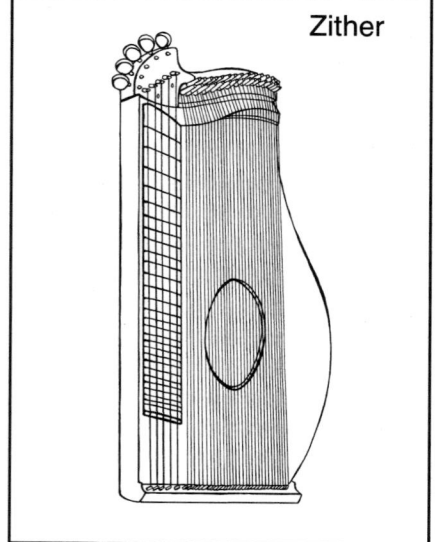

Zither

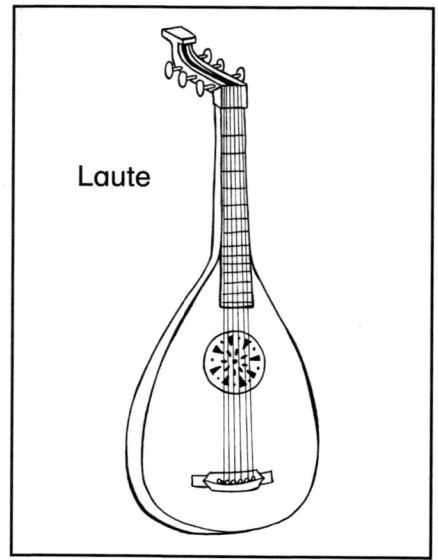

Laute

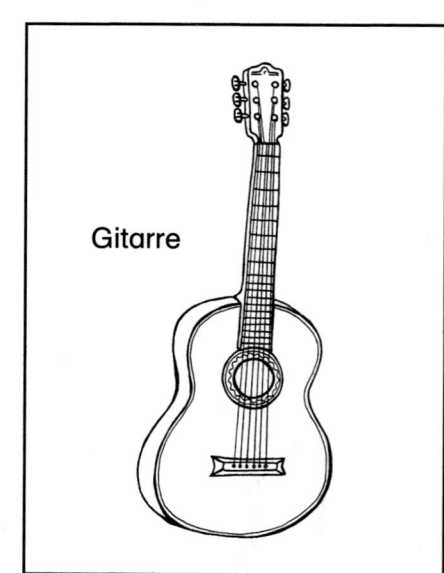

Gitarre

Silbenrätsel mit vielen Saiten

✏ Wie heißen die abgebildeten Instrumente? Du kannst ihre Namen aus den Silben in der Mitte zusammensetzen. Schreibe ihre Namen auf.

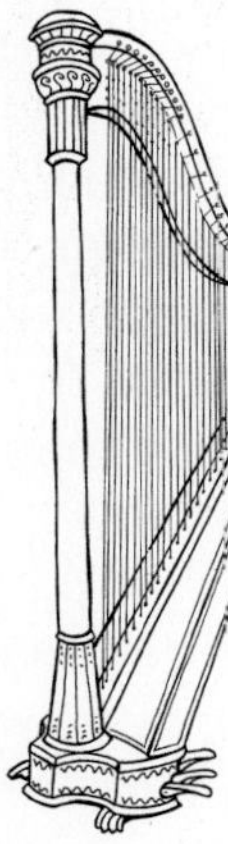

Man bass Ban
lo fe Lau
ne ther jo
Kon
Cel ge te tar
li do Gi Har
Gei Zi re tra

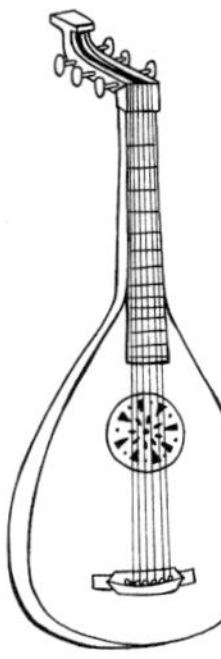

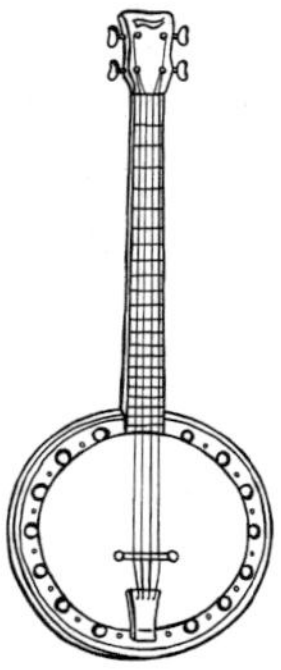

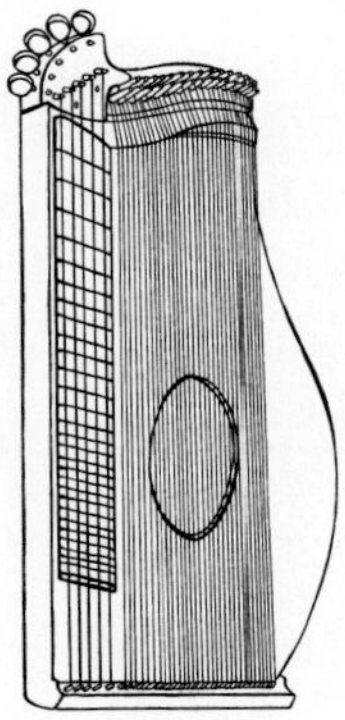

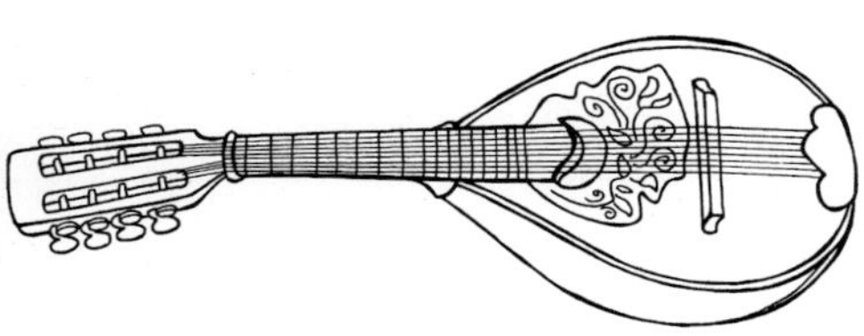

_____ _____ _____

_____ _____ _____

_____ _____ _____

Kleine Instrumentenkunde – Tasteninstrumente

Vorbemerkungen

Es wurde bereits erwähnt, dass die Art der Tonerzeugung das primäre Prinzip einer Gliederung der Instrumente im musikwissenschaftlichen Sinne ist; erst sekundär das des Baus oder der Spielweise.

Wenn wir also mit Rücksicht auf das Verständnis der Kinder die „Tasteninstrumente" als eigenständige Rubrik erörtern, so erwächst daraus die Verpflichtung, bei den einzelnen Instrumenten jeweils auf die Art der Tonerzeugung einzugehen. So können Sie als Lehrkraft „korrigierend" entsprechende Hinweise anfügen.

Tasteninstrumente, die gezupft werden

Das **Cembalo** hatte seinen Ausgangspunkt wahrscheinlich im **Psalterium**, einem griffbrettlosen Kasten mit Schalllöchern, über den Saiten gespannt wurden. Im Mittelalter war es vielfach mit dem Hackbrett identisch, dessen Saiten allerdings mit Klöppeln angeschlagen wurden.

Durch Hinzufügen einer Tastatur mit Kielmechanik, die über einen Dorn die Saite anzupft, war dann das Cembalo entstanden. Der Dorn bestand ursprünglich aus Vogelfedern oder Leder (heute aus Kunststoff), daher auch der Name **Kielflügel** für das Cembalo.

Nach seiner ersten Erwähnung um 1400 hatte es sehr früh seine endgültige Form. Bereits im 15. Jahrhundert besaß es einen Tonumfang von vier Oktaven. Im 17. Jahrhundert erfuhr das Cembalo seine größte Beliebtheit und erreichte im 18. Jahrhundert fünf Oktaven.

Die Klaviatur besteht, wie beim Klavier, aus zwölf Tasten für jede Oktave. Größere Instrumente besitzen zwei (in Ausnahmefällen bis zu vier) Manuale und verschiedene Register.

Das Cembalo war in der Barockzeit neben der Orgel wegen seiner klaren Tongebung als Melodie- wie als Generalbassinstrument das wichtigste Tasteninstrument.

Kleine Formen von Kielinstrumenten sind das **Virginal** und das **Spinett**.

Tasteninstrumente, die angeschlagen werden

In der zweiten Hälfte des 18. Jahrhunderts wurde das Cembalo mehr und mehr vom **Klavier** verdrängt.

Der Florentiner Bartolomeo Cristofori entwickelte 1709 die Hammermechanik (Hammerklavier). Wegen seiner Möglichkeit, laut und leise spielen zu können, wurde es auch Fortepiano oder Pianoforte (kurz: Piano) genannt.

Die Hämmer, die durch Tastendruck ausgelöst werden und auf die Saiten prallen, waren zunächst mit Leder, später mit Filz überzogen.

Das linke Pedal hat die Funktion, die Töne zu dämpfen, d. h. leiser zu spielen; das rechte hebt die Dämpfer ab und verlängert so den Klang.

Die heutige Form des Klaviers ist das **Pianino** mit vertikal gespannten Saiten – im Unterschied zum **Flügel** mit horizontal gespannten Saiten.

Beim **Klavichord** werden die Saiten ebenfalls über Tasten angeschlagen. Dabei berührt der Tastenhebel mit einem Metallstift (Tangente) die Saite und bringt so einen Teil davon zum Schwingen, während der andere Teil durch Filzstreifen gedämpft wird. Bereits im 15. Jahrhundert bekannt, erlebte dieses Instrument seine Blütezeit im 18. Jahrhundert.

Kleine Instrumentenkunde – Tasteninstrumente

Die **Celesta** ist ein Stahlstabklavier, bei dem abgestimmte Stahlplatten über einen Resonanzkörper aus Holz durch Filzhämmer angeschlagen werden. Es ist das jüngste Instrument dieser Art: 1886 erstmals gebaut.
Der zarte, fast ätherische Klang eignet sich kaum für Forte-Stellen im großen Orchester, hat jedoch bei leisen Passagen eine koloristische Wirkung.

Nachdem wir gezupfte und angeschlagene Tasteninstrumente gestreift haben, kommen wir zur dritten Gruppe dieser Art: den mechanisch angeblasenen Instrumenten.

Tasteninstrumente, die angeblasen werden
Die **Orgel** wird von manchen als „Königin der Instrumente" apostrophiert. Verkürzt könnte man sagen, die Orgel ist eine Reihung von Blasinstrumenten (Pfeifen), die über die von den Tasten (Manuale) ausgelöste gleichmäßige Windzufuhr (früher manuell, heute elektrisch betätigte Windwerke) zum Klingen gebracht werden.

Eine Pfeifenreihe, die den gleichen Klangcharakter aufweist, wird Register genannt. Die Pfeifen gliedern sich in Lingual- (Zungenpfeifen) und Labialpfeifen (Lippenpfeifen), deren Tonhöhe durch ihre Abmessungen (Mensur) bestimmt wird. Bei den Lingualpfeifen wird der Ton durch die Schwingung einer Metallzunge, bei den Labialpfeifen wird er durch die Schwingung der Luftsäule erzeugt.
Die Gesamtheit der Register wird in Teilwerke (z. B. Hauptwerk, Oberwerk, Brustwerk, Pedalwerk) gegliedert, die jeweils von einem zugehörigen Manual oder dem Pedal zu bedienen und im Grunde in sich geschlossene Orgeln sind. Bereits im 3. Jahrhundert v. Chr. waren erste Vorformen der Orgel (Wasserorgel) bekannt, später wurde die Luftzufuhr über Blasebälge erzeugt.

Im 9. Jahrhundert fand die Orgel Eingang in die Kirchen. Im 17. und 18. Jahrhundert erreichte der Orgelbau seine Blütezeit (Arp Schnitger, Gebrüder Silbermann).

Das **Harmonium** wird ebenfalls mechanisch angeblasen (Blasebälge). Allerdings weist es keine Pfeifen auf, sondern die Tonerzeugung erfolgt über frei schwingende (durchschlagende), d. h. frei in einem Luftstrom schwingende Metallzungen.
Das Harmonium, 1840 von Alexandre François Debain konstruiert, diente in kleineren Kirchen als Orgelersatz, fand aber auch in der Unterhaltungsmusik (Salonorchester) Verwendung.

Kleine Instrumentenkunde – Tasteninstrumente

Der Unterschied zwischen Harmonium und den **Ziehharmonikas** ist im Wesentlichen nur durch die Größe und durch die Art der Winderzeugung (hier durch Hände/Arme) gekennzeichnet.
Heute gibt es zwei Grundtypen: die diatonischen (wechseltönigen), die unter dem Sammelnamen **Handharmonika** zusammengefasst werden, und die chromatischen (gleichtönigen), für die man die Bezeichnung **Akkordeon** verwendet.
Bei der Handharmonika werden bei Druck und Zug des Faltenbalgs verschiedene Töne durch Knopftasten erzeugt.

Das **Piano-Akkordeon** besitzt auf der rechten Melodieseite eine Klaviatur; die linke Bassseite wird über Knöpfe bedient.
Die genannten Balginstrumente wie Handharmonika und Akkordeon spielen in der Kunstmusik kaum eine Rolle, dafür sind sie mit universellem Einsatz in der Volksmusik fest verwurzelt.

Der Begriff **Keyboard** ist in den Englisch sprechenden Ländern eine Sammelbezeichnung für alle möglichen Tasteninstrumente (auch die Tastatur des Computers).
In unserem Sprachgebrauch versteht man darunter elektronische Tasteninstrumente mit eingebautem Lautsprecher. Auf Tastendruck spielt das Keyboard selbstständig eine automatische Begleitung. Dazu können unterschiedliche, bereits programmierte Schlagzeug-Rhythmen abgerufen werden.

Eine Weiterentwicklung ist das **Bandoneon**, das in der argentinischen Musik häufige Verwendung findet.

Unterrichtshinweise – Tasteninstrumente

Vorbemerkung

Im Sinne eines kindlichen Verständnisses haben wir die Rubrik „Tasteninstrumente" als eine eigenständige Gruppe behandelt, wiewohl die Art der Tonerzeugung sehr unterschiedlich ist.

Tasteninstrumente eignen sich besonders gut – über Bilder oder noch besser anhand eines Instrumentes –, den Zusammenhang zwischen Tasten und Notennamen zu erörtern und verschiedene Tonleitern kennenzulernen und zu erarbeiten.

Arbeitsblätter (AB)

AB 1/2: Auf diesen beiden Arbeitsblättern werden das Cembalo, das Spinett, das Klavier, der Flügel, die Orgel, das Akkordeon und das Keyboard kurz vorgestellt. Lediglich auf das Klavier und die Orgel wird vertiefter eingegangen.
Aufgrund der kurzen Beschreibungen der Instrumente können die Schüler/-innen die Abbildungen den Texten zuordnen. Dabei dürfte die Unterscheidung von Spinett und Cembalo am schwierigsten sein (s. Saitenverlauf).
Am Beispiel eines Klaviers kann die Tonerzeugung (Hammermechanik) anschaulich erklärt werden (siehe Foto S. 90).
Reizvoll wäre es, mit einem Organisten einen Besuch in einer nahe gelegenen Kirche zu vereinbaren, um das verhältnismäßig schwierig zu erklärende Instrument „Orgel" den Schüler/-innen verständlich zu machen.

AB 3: Zieht man von diesem Arbeitsblatt eine Folie und schneidet die Texte und die Bildkärtchen aus, so können die Schüler/-innen die Kärtchen auch auf dem OHP zuordnen. Die etwas schwer zu verstehende Art der Tonerzeugung wird die des Akkordeons sein, bei dem Metallzungen in Schwingung gebracht werden (s. Foto S. 90).

AB 4: Die Teile eines Klaviers oder eines Flügels sollten am Instrument erklärt werden, bevor die Schüler/-innen sie eintragen.
Dieses Arbeitsblatt könnte auch z. B. für eine Einladung zu einem musikalischen Vortrag etc. benutzt werden (evtl. vergrößern). Die Linien für die Instrumententeile werden für diesen Zweck wegretuschiert. Auf die Innenseite können die Schüler/-innen das Programm schreiben, auf die Außenseite die Angaben des „Wer – wo – wann – was".

AB 5/6: Der Lesetext zum Klavier sollte intensiv erarbeitet werden, um den Lückentext zu bewältigen. Wichtige Textstellen beim Lesen markieren lassen.

AB 7/8: Der Lesetext von AB 7 eignet sich nur für Schüler/-innen, die bereits über ausreichende Kenntnisse in Musiktheorie verfügen bzw. ein Instrument spielen. Anhand einer Tastatur können augenfällig Tonleitern und Tonarten erklärt werden, da die Ganz- und Halbtonabstände sichtbar sind.
- Die Schüler/-innen spielen die Tonleiter von c bis zum darüber liegenden c. Danach von c bis h. Sie werden bemerken, dass, wenn sie mit c abgeschlossen wird, die Tonfolge beendet ist, während, wenn sie mit h abschließen, ein Gefühl der Unvollkommenheit entsteht. So kann man weiter verfahren:
- Die Schüler/-innen spielen g bis g. Sie erkennen, dass der 7. Ton (f) zu tief klingt. Aus f wird fis.
- Die Schüler/-innen spielen von f bis f. Sie erkennen, dass der 4. Ton (h) zu hoch klingt. Aus h wird b.

Unterrichtshinweise – Tasteninstrumente

- die Schüler/-innen spielen von d bis d. Sie erkennen, dass der 3. (f) und 7. (c) Ton zu tief klingen. Aus f wird fis, aus c wird cis.
  Schlussfolgerung: Ein # erhöht den Ton, ein b erniedrigt den Ton.

Der Aufbau von Dur-Tonleitern, die aus der Reihe $1 + 1 + \frac{1}{2} + 1 + 1 + 1 + \frac{1}{2}$ besteht, kann anhand der Tastatur gut erklärt werden.
Die Schüler/-innen erkennen, dass sich zwischen e und f, sowie h und c keine schwarze Taste befindet. Hier ist also schon ein Halbton vorgegeben.
Ansonsten befindet sich zwischen zwei weißen immer eine schwarze Taste, somit sind zwischen den Tönen c – d, d – e, f – g und a – h Ganztonschritte. Natürlich kann auch auf die parallelen Moll-Tonarten eingegangen werden, wo die Ganz- und Halbtonschritte anders angeordnet sind: $1 + \frac{1}{2} + 1 + 1 + \frac{1}{2} + 1 + 1$

Außerdem kann die chromatische Tonleiter behandelt werden, die aus zwölf Halbtonschritten besteht, oder die pentatonische Tonleiter mit fünfstufiger Tonreihe ohne Halbtöne, z. B. c – d – e – g – a; ebenso die Ganztonleiter, z. B. die Reihe, c – d – e – fis – gis – ais – c.

AB 9: Anhand des Tastaturstreifens sind verschiedene Übungen möglich:

- Wie viele Oktaven hat die Tastatur? (7 $\frac{1}{4}$)

- Malt alle c blau an, alle d grün usw.

- Zieht Linien und schreibt die D-Dur-Tonleiter auf ($d^1 - d^2$).

- Schreibt auf: fis = ges, ais = b usw.

- Malt auf die Ganztonleiter von $c^1 - c^2$ rote Punkte usw.

AB 10: Dieser Text ist sehr anspruchsvoll und sollte nur behandelt werden, wenn eine Orgel vor Ort besichtigt werden kann.

AB 11: In sehr vereinfachter Form wird hier die Orgel erklärt. Die Schüler/-innen lernen die wesentlichen Teile der Orgel kennen und zuzuordnen.

Fragt der Lehrer in der Schule: „Kinder, wer von euch kann mir sagen, welches das älteste Instrument ist?"
Meldet sich Peter: „Das Akkordeon!"
„Das Akkordeon?", wundert sich der Lehrer, „warum das denn?"
„Ja, es hat doch die meisten Falten!"

AB 1 — Die Tonerzeugung bei Tasteninstrumenten – Teil 1

 Lies die Texte genau durch und ordne die Abbildungen von AB 2 den Texten zu. Schneide sie dafür aus und klebe sie in die Kästchen.

Aus der Bezeichnung „Tasteninstrumente" geht nicht hervor, auf welche Weise der Ton erzeugt wird. Sie besagt nur, dass die Töne durch einen Mechanismus ausgelöst werden, deren sichtbarer Teil die Tastatur ist.

Das **Cembalo** ist ein Instrument in Flügelform. Vom 16. bis zum 18. Jahrhundert war es ein wichtiges Solo- und Begleitinstrument. Beim Niederdrücken der Tasten werden die Saiten des Instrumentes mit Feder-, Leder- oder Kunststoffkielen gezupft. Die Lautstärke kann beim Cembalo kaum verändert werden.

Das **Spinett** zählt zu den kleineren Formen der Tasteninstrumente. Die Saiten werden ebenso wie beim Cembalo mit einem Kiel angerissen. Im Gegensatz zu diesem verlaufen die Saiten des Spinetts schräg zur Tastatur.

Klavierinstrumente, bei denen die Saiten in Richtung der Tastatur (waagerecht) verlaufen, nennt man **Flügel**.

Das **Klavier** wurde Anfang des 18. Jahrhunderts entwickelt. Die senkrecht angebrachten Saiten werden von kleinen Filzhämmerchen angeschlagen. Das Hämmerchen schnellt gegen die Saite und fällt sofort wieder zurück. Solange die Taste gedrückt bleibt, klingt der Ton nach. Lässt man die Taste los, so drückt sich der Dämpfer (ein Filzplättchen) auf die Saite und bringt sie zum Verstummen.

AB 2 — Die Tonerzeugung bei Tasteninstrumenten – Teil 2

Bei der **Orgel** wird der Ton in den Pfeifen durch einen zugeführten Luftstrom hervorgerufen. Der Orgelspieler bringt durch Tastendruck eine Pfeife zum Erklingen.

Beim **Akkordeon** wird mit der rechten Hand die Melodiestimme auf der Tastatur gespielt. Die Begleitstimme entsteht durch Drücken der Knöpfe mit der linken Hand. Der Falten- und Blasebalg wird auseinandergezogen und zusammengedrückt. Durch Zug und Druck strömt Luft in das Innere des Instrumentes und versetzt Metallzungen in Schwingungen.

Keyboard ist im Englischen der Sammelname für alle Tasteninstrumente. Gemeint ist aber hier ein elektronisches Tasteninstrument mit eingebauten Lautsprechern und Begleitautomatik.

✂ --

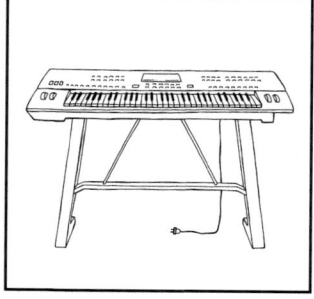  

AB 3

Wie wird der Ton erzeugt?

✏️ Wie entsteht ein Ton bei **Klavier, Cembalo, Keyboard, Akkordeon und Orgel**?
Schreibe die Namen der Instrumente zu den vorgegebenen Texten und
klebe die unten stehenden Bilder dazu.

Welches Instrument ist gemeint?	Was bewirkt der Tastendruck?	Welches Bild passt?
_____	Ein Federkiel wird so bewegt, dass er eine Saite anzupft.	
_____	Luft wird in eine Pfeife geblasen.	
_____	Die Luft bringt Metallzungen zum Schwingen.	
_____	Ein Hämmerchen wird bewegt, das die Saiten anschlägt.	
_____	Durch Tastendruck wird elektrischer Strom freigegeben, der den Ton verstärkt.	

✂️ -

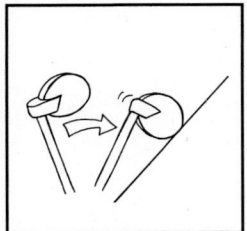 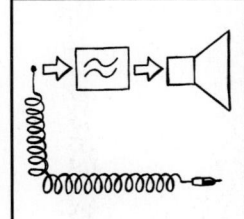 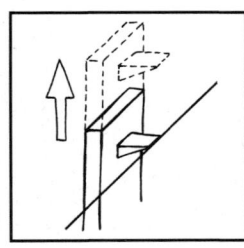 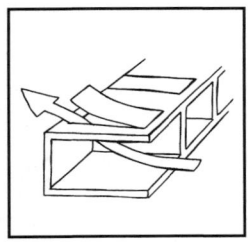 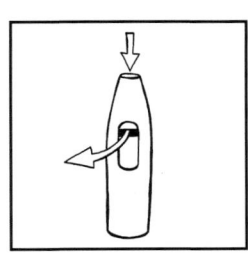

AB 4 — **Ein Flügel hat viele S(a)eiten**

1. Schneide den Flügel aus und falte ihn in der Mitte.
2. Benenne alle Teile (**Dämpfer, Resonanzboden, Saiten, Metallrahmen, Deckel, Klaviatur**).
3. Klebe das Bild des Komponisten Franz Schubert auf die Vorderseite des Flügeldeckels.
4. Schreibe weitere Tasteninstrumente auf die Vorderseite.

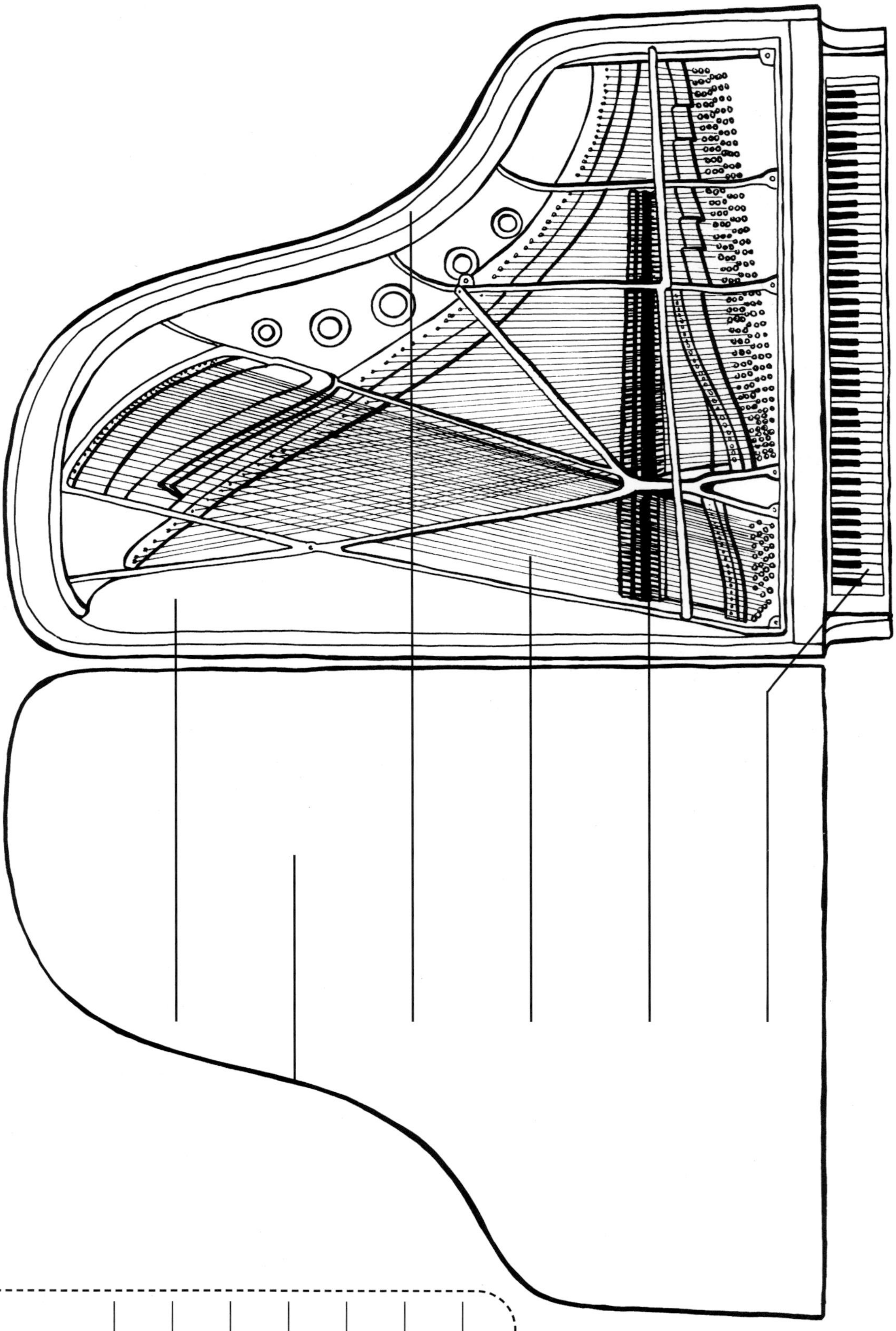

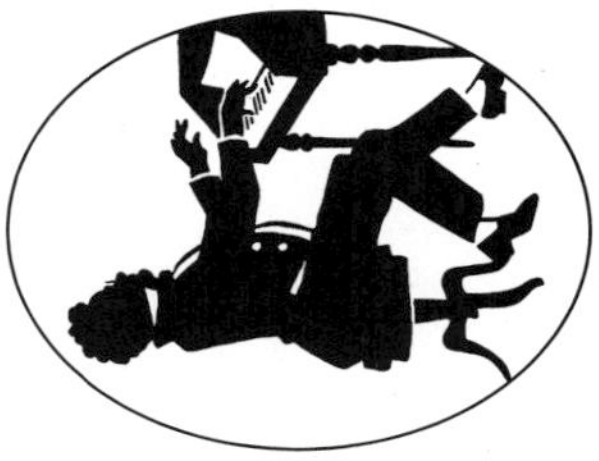

Lesetext zum Klavier

Das Klavier hat unter allen Tasteninstrumenten die weiteste Verbreitung gefunden. Seine Saiten verlaufen senkrecht, im Gegensatz zum Flügel, bei dem sie waagerecht angebracht sind. Natürlich unterscheidet sich der Flügel vom Klavier auch durch seine Form und Größe, womit er eine größere Klangfülle erreicht. Doch der Klang wird bei beiden Instrumenten auf dieselbe Art erzeugt.

Zu jeder Taste gehört eine Saite oder auch eine Gruppe von zwei oder drei gleichgestimmten Saiten. Das Klavier hat (meist) 88 Tasten. Mit jeder Taste kann ein Ton erzeugt werden. Bei der tiefsten Oktave (eine Oktave umfasst 12 Tasten) gehört je eine dicke Saite aus Metall zu einer Taste, denn je dicker die Saite ist, desto tiefer ist der Ton, der auf ihr erzeugt wird. Zur nächsthöheren Oktave gehören zwei dünne Saiten zu einer Taste, und in den nach oben folgenden Oktaven werden durch eine Taste gleichzeitig drei Saiten angeschlagen. Auf diese Weise werden kraftvollere Töne erzeugt.

Während das Cembalo über eine Kielmechanik die Saiten anzupft, hat das Klavier eine Hammermechanik, das heißt, die Saiten werden mit Filzhämmerchen angeschlagen. So lange die Taste gedrückt bleibt, klingt der Ton nach. Wird sie losgelassen, drückt sich ein Filzplättchen, der Dämpfer, gegen die Saite. Das bringt sie zum Verstummen.

Die Dämpfung kann aber auch durch das rechte Pedal aufgehoben werden. Auf diese Weise kann man die angeschlagenen Töne länger halten. Dieses Pedal nennt man daher Haltepedal. Das linke Pedal ist dazu da, die Lautstärke zu verringern.

Beim Cembalo konnte die Lautstärke durch den Tastendruck nicht verändert werden. Erst die Erfindung der Hammermechanik machte dies beim Klavier möglich. Je nach Stärke des Anschlags einer Taste werden die Bezeichnungen „forte" für laut und „piano" für leise verwendet. Das führte zu den Begriffen „Fortepiano" und „Pianoforte" oder abgekürzt: „Piano". Der Klavierspieler heißt daher auch „Pianist".

Die mit der Zeit immer größer gewordenen Konzertsäle brachten es auch mit sich, dass das Cembalo – weil die Lautstärke nicht ausreichte – mehr und mehr vom Klavier verdrängt wurde.

Die meisten großen Komponisten waren auch hervorragende Pianisten: Wolfgang Amadeus Mozart, Ludwig van Beethoven, Franz Schubert, Frédéric Chopin, Franz Liszt, Sergej Prokofieff (auch: Prokofjew) und viele andere.

Das Klavier ist nicht nur ein Konzertinstrument, sondern auch eines der wichtigsten Begleitinstrumente von Liedvorträgen. Bei den Proben, etwa zu einer Oper, ersetzt es ein ganzes Orchester. Dafür werden vom Notenmaterial für das Orchester auch immer besondere Fassungen nur für das Klavier erstellt, mit denen man dann Arien oder Chorlieder einstudiert.

Lückentext

Setze die folgenden Wörter ein:

W. A. Mozart – angezupft – nicht – Lautstärke – leiser – Klavier – senkrecht – eine – kraftvollere – Piano – waagerecht – zwei – 88 – Klavier – tiefer – drei – angeschlagen – Frédéric Chopin – Begleitung – Hammermechanik – Pianoforte – Dämpfer – Haltepedal – lauter – Orchester – Fortepiano – Konzertinstrument

Das _____ ist das verbreitetste unter den Tasteninstrumenten. Beim Flügel verlaufen die Saiten _____, während sie beim Klavier _____ verlaufen.

Normalerweise hat das Klavier _____ Tasten. Zur untersten Oktave gehört zu jeder Taste _____ dicke Saite. Je dicker die Saite, desto _____ der Ton. Zur nächsthöheren Oktave gehören zu jeder Taste _____ Saiten, zu den übrigen _____. Auf diese Weise lassen sich _____ Töne erzeugen. Beim Cembalo konnte die Lautstärke _____ verändert werden, während dies beim Klavier durch die _____ möglich wurde.

Die Saiten des Cembalos werden _____, beim Klavier werden sie durch Filzhämmerchen _____. Der Ton klingt so lange nach, wie die Taste gedrückt bleibt. Wird sie losgelassen, drückt sich ein Filzplättchen als _____ gegen die Saite, was sie zum Verstummen bringt. Die Dämpfung kann durch das rechte Pedal, das _____, aufgehoben werden. So kann der Ton angeschlagener Saiten länger gehalten werden. Das linke Pedal verringert die _____. Das Klavier nennt man auch _____, _____ oder _____. Diese Begriffe besagen, dass je nach Stärke des Anschlags einer Taste, _____ oder _____ gespielt werden kann.

Bekannte Komponisten, die auch hervorragende Pianisten waren, sind _____ und _____.

Das Klavier ist ein _____. Es wird auch zur _____ von Liedvorträgen eingesetzt. Bei Proben, etwa zu einer Oper, ersetzt es ein ganzes _____. Deshalb gibt es neben den Orchesterpartituren auch immer eine Fassung für das _____.

Lesetext: Die Klaviatur

Die Klaviatur besteht aus weißen und schwarzen Tasten, wobei jeweils auf eine Gruppe von zwei schwarzen Tasten eine Gruppe von drei schwarzen Tasten folgt. Insgesamt gibt es auf dem Klavier (meistens) 88 Tasten.

Das a, das in der Mitte der Klaviatur liegt, nennt man a^1. Nach acht Tönen aufwärts (der Anfangston wird mitgezählt) kommt man zu a^2. Nach einer weiteren Oktave (Abstand von acht Tönen) folgt das a^3. Eine Oktave unter a^1 liegt das a, darunter das A, das A^1 und schließlich das A^2. Der tiefste Ton auf dem Klavier ist das A^2, der höchste c^5.

Geht man von einer Taste zur unmittelbar neben ihr liegenden weiter, so macht man einen Halbtonschritt. Jeder Ton kann halbtönig erhöht oder erniedrigt werden. Erhöht man den Ton, so wird ein Kreuz (#) vorgezeichnet. Erniedrigt man einen Ton, so wird ein b vorgesetzt.

Nun kann es passieren, dass auf diese Weise derselbe Ton zwei verschiedene Bezeichnungen bekommt. Ein Beispiel:

Man erhöht den Ton „c" um einen Halbtonschritt und erhält cis. Man erniedrigt den Ton d um einen Halbtonschritt und erhält des. Da aber c und d nebeneinander liegen und sich praktisch durch die Erhöhung einerseits und die Erniedrigung andererseits in der Mitte treffen, hört man bei cis und des den gleichen Ton.

Auf der Tastatur kann man einen Ganztonschritt daran erkennen, dass sich zwischen zwei weißen Tasten immer noch eine schwarze Taste befindet. Zwischen den Tasten e und f und h und c gibt es keine schwarze Taste. Hier ist also schon ein Halbtonschritt vorgegeben.

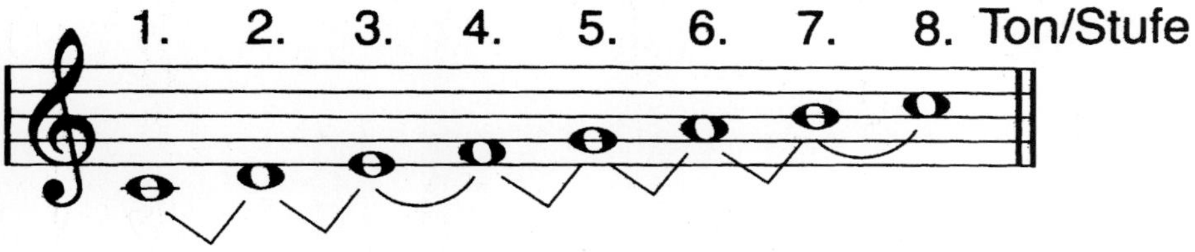

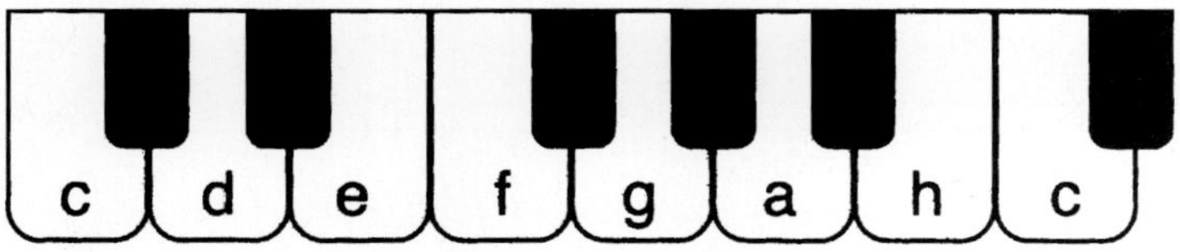

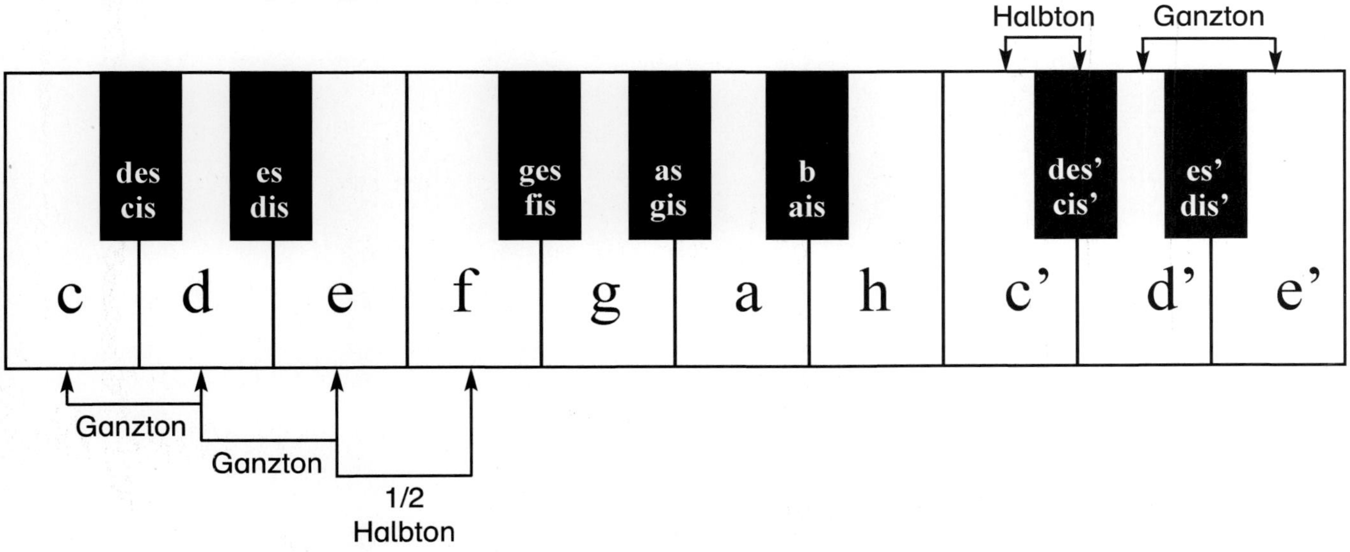

AB 8

Die Dur-Tonleiter

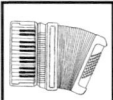

Fast genau in der Mitte der Klaviatur liegt bei den meisten Instrumenten der Ton c^1. Das nächste c liegt acht Töne höher (eine Oktave); der Ausgangston wird mitgezählt. Spielt man die weißen Tasten von einem c zum nächsten c, erhält man die C-Dur-Tonleiter.
Die Tonleiter ist eine Folge von Tönen in Ganz- und Halbtonschritten innerhalb einer Oktave. Die Tonleiter beginnt und endet mit demselben Ton, nach dem sie ihren Namen hat. Diesen nennt man den Grundton.
Um die richtige Abfolge der Ganz- und Halbtonschritte für die Dur-Tonleitern zu erreichen, sind die Versetzungszeichen # und b notwendig. Ein # erhöht den Ton um eine halbe Stufe; ein b erniedrigt den Ton um eine halbe Stufe.
Die Abfolge von Ganz- und Halbtonschritten ist bei den Dur-Tonleitern:

1	**1**	**1/2**	**1**	**1**	**1**	**1/2**
v	v	◡	v	v	v	◡

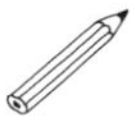

1. Trage die Ganztonschritte (v) und die Halbtonschritte (◡) bei der G- und F-Dur-Tonleiter ein.
2. Zeichne die Violinschlüssel links ein und die Note, die erhöht oder erniedrigt wird.
3. Schreibe die Noten der G-Dur- und der F-Dur-Tonleiter auf.
   Denke an die Abfolge von Ganz- und Halbtonschritten und an die Vorzeichen.
4. Fülle die Lücken aus.

C-Dur-Tonleiter:

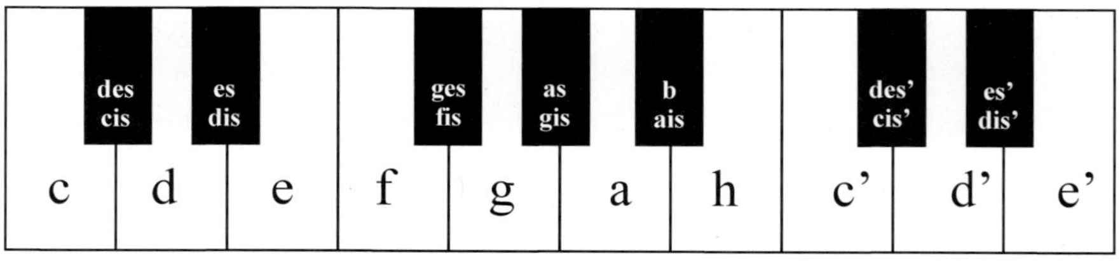
des cis
es dis
ges fis
as gis
b ais
des' cis'
es' dis'
c
d
e
f
g
a
h
c'
d'
e'

v	v	◡	v	v	v	◡
1	**1**	**1/2**	**1**	**1**	**1**	**1/2**

G-Dur-Tonleiter:

Das f muss um einen

______Ton _______

werden. Aus f wird

_______ .

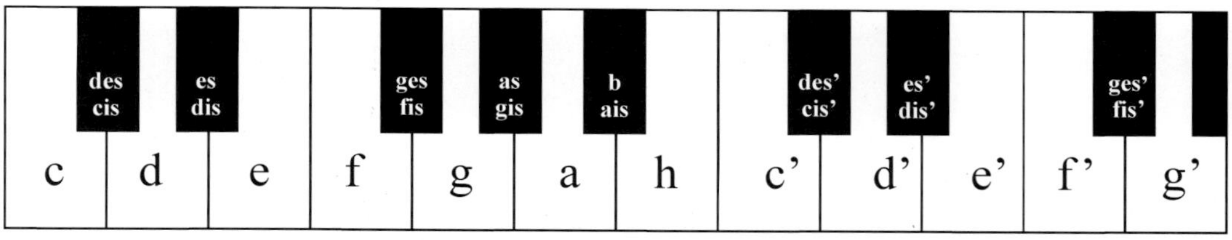
des cis
es dis
ges fis
as gis
b ais
des' cis'
es' dis'
ges' fis'
c
d
e
f
g
a
h
c'
d'
e'
f'
g'

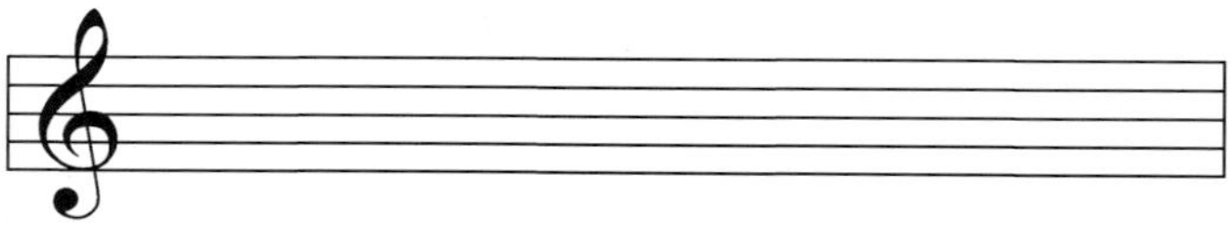

F-Dur-Tonleiter:

Das h muss um einen

_______ Ton ______

werden. Aus h wird

________ .

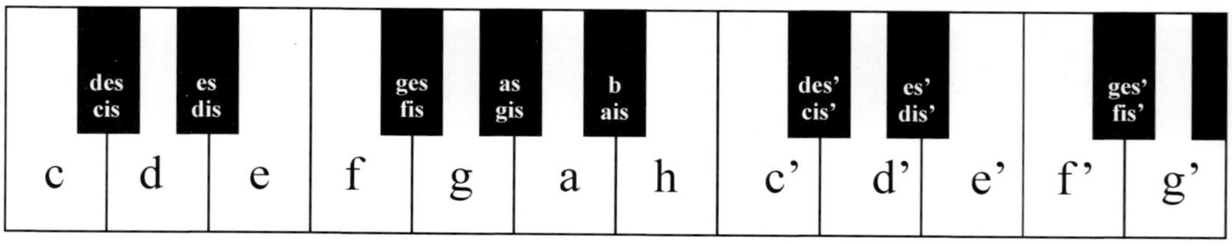
des cis
es dis
ges fis
as gis
b ais
des' cis'
es' dis'
ges' fis'
c
d
e
f
g
a
h
c'
d'
e'
f'
g'

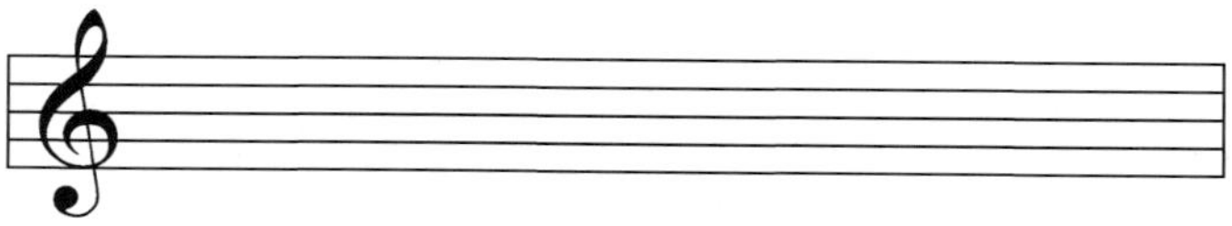

Tastatur und Notennamen

1. Schneide die Tastatur aus und klebe sie in der richtigen Reihenfolge zusammen. Einen kleinen Hinweis hast du ja schon.
2. Schreibe auf jede Taste den entsprechenden Notennamen.

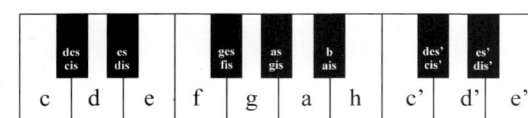

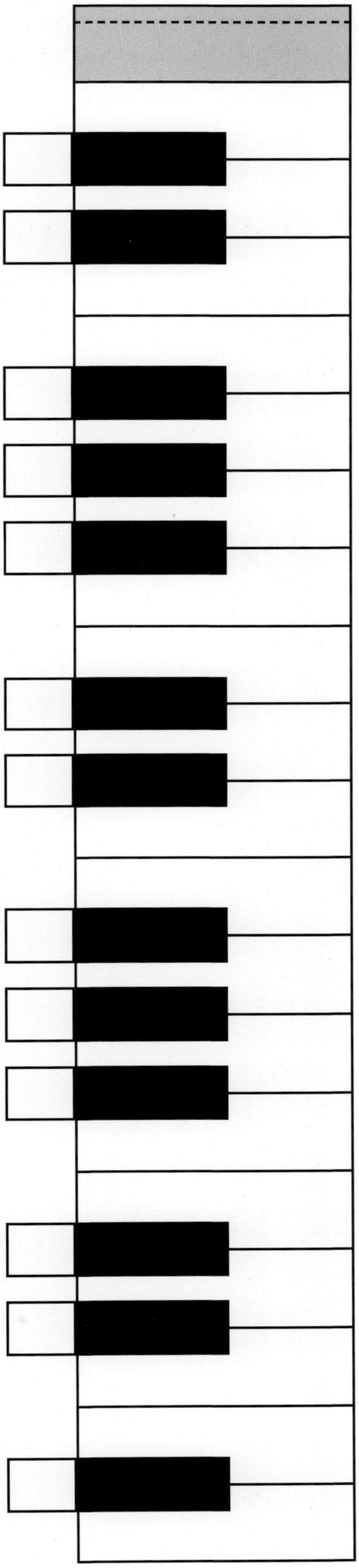

Zur Erinnerung:
Der tiefste Ton ist A_2, der höchste c^5.

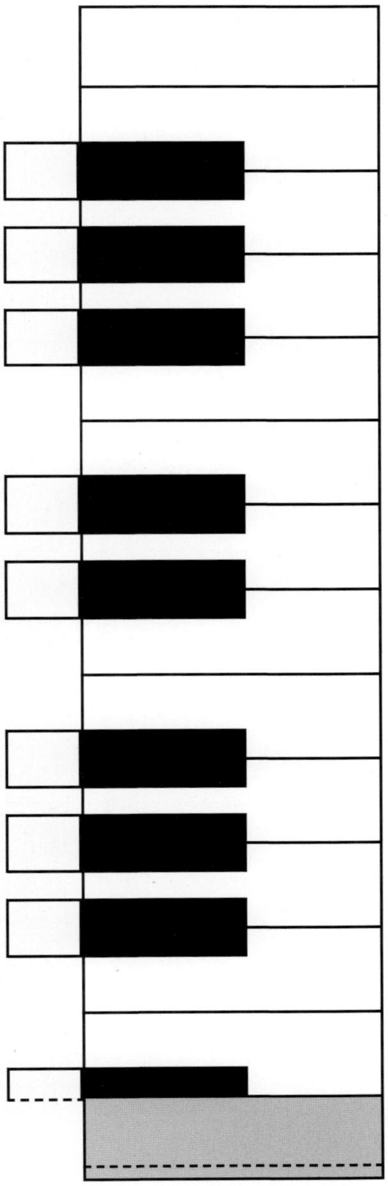

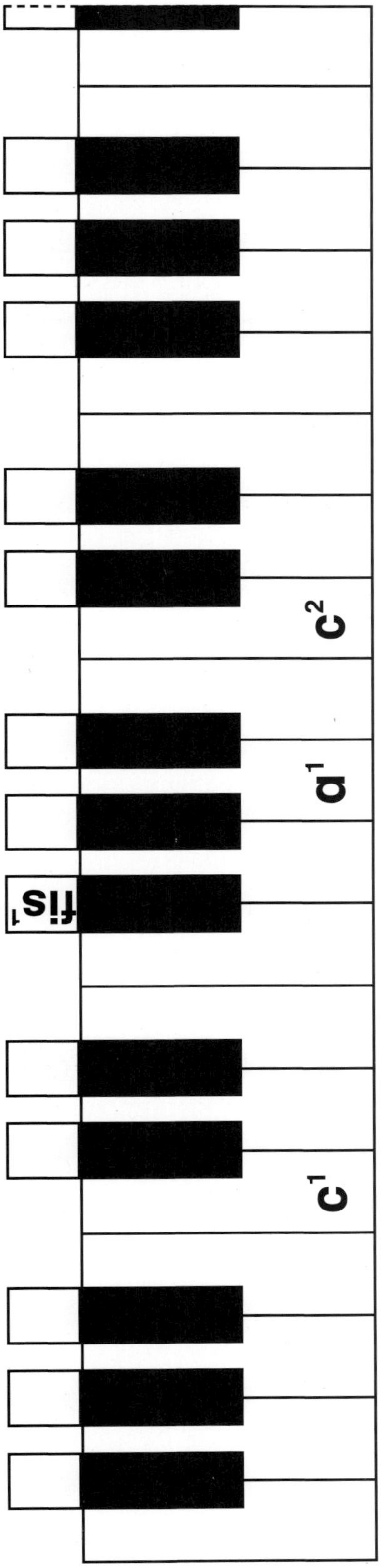

Angelika Rehm / Dieter Rehm: Von Pauken und Trompeten, 3. – 6. Klasse
© Persen Verlag

Lesetext: Orgel

Die Orgel besteht aus drei Funktionseinheiten:
1. Pfeifenwerk
2. Windwerk
3. Regierwerk

Das Pfeifenwerk setzt sich aus einer Vielzahl von Pfeifen zusammen, durch die zur Klangerzeugung Luft geblasen wird. Sie ist also eigentlich eine Zusammenstellung von Blasinstrumenten. Dabei gibt es zwei Arten von Pfeifen: die Lippenpfeifen, die mit einer Blockflöte vergleichbar sind, und die Zungenpfeifen, die ähnlich wie die Rohrblattinstrumente funktionieren. Jede dieser Pfeifen, die aus Holz oder Metall bestehen können, erzeugt nur einen bestimmten Ton.

Eine Gruppe von Pfeifen gleicher Bauart und mit gleichem Klangcharakter nennt man Register. Kleine Orgeln haben etwa 10 Register mit 500 Pfeifen und größere Orgeln weisen bis zu 70 Register mit etwa 3500 Pfeifen auf. Die Länge der Pfeifen kann nur wenige Zentimeter betragen, aber auch bis zu 10 Meter erreichen.

Die Register sind auf mehrere Teilwerke verteilt. Die Bezeichnungen dafür ergeben sich hauptsächlich aus der Bauweise: Das Hauptwerk ist direkt über dem Orgelspieler angebracht und enthält die meisten Register. Das Oberwerk liegt über dem Hauptwerk, das sogenannte Rückpositiv hinter dem Organisten.

Das Windwerk besteht aus einem Gebläse, das den Pfeifen die Luft zuführt. Früher wurde der Winddruck mit einem fußgetretenen Blasebalg erzeugt, heute geschieht dies mit einem elektrisch betriebenen Gebläse.

Das Regierwerk befindet sich in einem von den übrigen Orgelteilen getrennt aufgestellten Spieltisch, der in der Regel 2 bis 4 Manuale (Klaviaturen) aufweist. Die tiefen Tonlagen sind den Pedalen vorbehalten, denen der meist seitlich angebrachte Pedalturm zugeordnet ist. Die Registereinstellung geschieht über das Herausziehen oder Hineindrücken von Knöpfen.

Die Orgel ist ein sehr altes Instrument. Bereits im 3. Jahrhundert vor Christus gab es ein orgelähnliches Instrument, bei dem der Winddruck durch einen Wasserverschluss reguliert wurde. Erst später entwickelte man Bälge aus Tierhaut.

Seit dem 9. Jahrhundert ist die Orgel ein Kircheninstrument. Im 14. bis 15. Jahrhundert fand sie schon fast ihre heutige Form. Orgeln finden sich vorrangig in Kirchen, aber auch große Konzertsäle sind oft damit ausgestattet.

Berühmte Orgelbauer waren die Brüder Andreas (1678–1734) und Gottfried Silbermann (1683–1753) und Arp Schnitger (1648–1719).

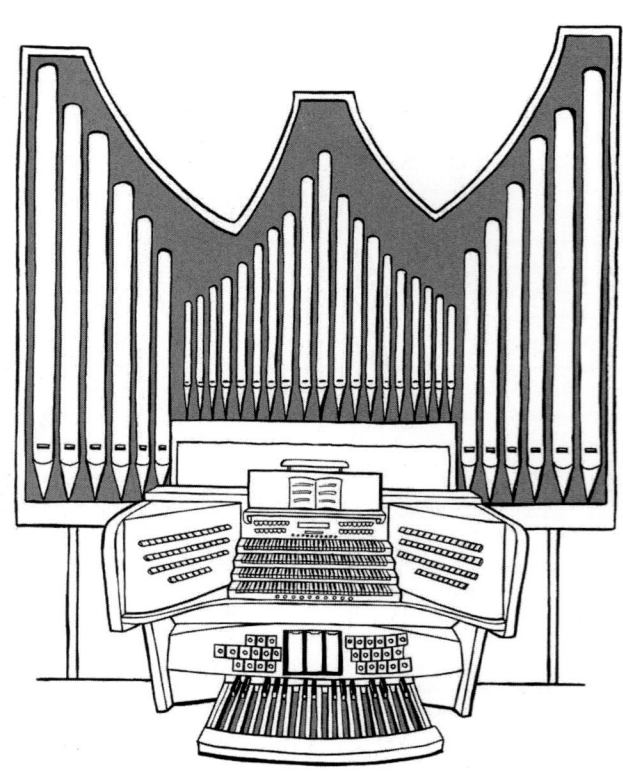

Bauweise der Orgel

 1. Lies den Text durch. Danach beschrifte alle Teile.

Eine Orgel kann Tausende von **Pfeifen** haben. Manche sind so klein wie ein Lineal, andere bis zu zehn Meter groß. Die Pfeifen sind nach Registern in verschiedenen Stockwerken geordnet. Register sind Pfeifen mit gleichartigen Klangfarben, die andere Instrumente nachahmen, zum Beispiel Flöte, Trompete usw. Der Ton in den Pfeifen wird durch einen zugefügten Luftstrom erzeugt. Der Organist spielt auf zwei bis vier übereinander angeordneten **Manualen** (Tastaturen). Seitlich davon befinden sich viele **Registerzüge**. Diese Knöpfe erzeugen, wenn sie ein Stück herausgezogen werden, verschiedene Klangfarben. Mit den Füßen spielt der Organist auf **Pedalen**, die sehr tiefe Töne erzeugen können.

Das Orchester – Eine kurze Einführung

A. Begriff und Geschichte

Der Begriff **Orchester** leitet sich her aus dem Griechischen (orchestra = Tanzplatz). Er definiert sich zunächst also nur als der Raum – etwa ein Theaterspielplatz –, wo gespielt wird. So bezeichnet „Orchester" auch den Platz, an dem die Instrumentalisten in der Oper sitzen (Orchestergraben).

Erst im 18. Jahrhundert setzte er sich allmählich als Bezeichnung für ein Spielerensemble durch. Er charakterisiert heute ein Ensemble, das Instrumentengruppen zusammenfasst und meistens von einem Dirigenten geleitet wird.

In der **Renaissance** schrieben die Komponisten ihre Partituren noch ohne genaue Instrumentalbestimmung; man spielte mit dem, was vorhanden war. Erst Claudio Monteverdi (1567 – 1643) schrieb Einzelstimmen und fügte seinen Kompositionen auch Anmerkungen zu bestimmten Klangeffekten bei.

Im **Barockorchester** wurden von den Komponisten die Partituren mit den zugehörigen Instrumenten geschrieben. Dabei standen sich prinzipiell zwei Gruppen gegenüber:

a. Generalbassinstrumente: Cello, Laute, Fagott, Cembalo, Orgel etc.

b. Diskantinstrumente: Violine, Flöte, Oboe etc.

Der Dirigent leitete die Aufführung vom Cembalo aus.

In der zweiten Hälfte des 18. Jahrhunderts entwickelte sich das **klassische Orchester** (von Mannheim und Paris ausgehend) in der Sitzordnung, die auch heute noch anzutreffen ist.

Im 19. Jahrhundert wuchs das **romantische Orchester** mehr und mehr an. Dies sowohl zur Erzielung einer größeren Klangfülle als auch zur Entfaltung breiterer Klangfarben. In der Spätromantik nahmen die Orchester in einer gewissen Gigantomanie ungeheure Ausmaße an. Das änderte sich in einer Art „Besinnung" im 20. Jahrhundert mit einer Tendenz zu kleineren, kammermusikalischen Besetzungen.

B. Besetzungen

(Alle nachfolgenden Zahlen sind ungefähre Angaben.)

Barock: Je 2–3 erste und zweite Violinen, 4 Bratschen, 2 Celli, 1 Kontrabass, 2–3 Oboen, 1–2 Fagotte, 1–2 Flöten, gelegentlich 2 Trompeten, 1 Pauke.

Klassik: Je 4 erste und zweite Violinen, 2 Bratschen, 2 Celli, 2 Kontrabässe, 2 Oboen, 2 Fagotte, 1–2 Flöten, 2 Hörner, 2 Trompeten und 2 Pauken. Hinzu kamen bei einzelnen Kompositionen Klarinetten, Posaunen, Tuben, Schlaginstrumente etc.

Diese Näherungszahlen für das Konzertorchester wurden jedoch vom größeren **Sinfonie-** und/oder **Opernorchester** weit übertroffen: Je 16 (meist 12) erste Violinen, 14 (10) zweite Violinen, 12 (8) Bratschen, 10 (8) Celli, 8 (6) Kontrabässe, 4 Oboen, 4 Fagotte, 4 Flöten, 4 Klarinetten, 4 (6) Trompeten, 6 Hörner, 4 Posaunen, 1 Tuba, 4 Pauken und weiteres Schlagwerk wie große und kleine Trommel, Becken, Triangel, Xylofon, Glockenspiel, Gong u. a., bei Bedarf noch 1–2 Harfen, Klavier(e), Orgel, Saxofon u. a.

Romantik: Insbesondere wurden Holz- und Blechbläsergruppen erweitert, ebenso das Schlagwerk, sodass das ehemals ca. 40-köpfige Orchester auf 100 und mehr Musiker anschwoll. So war etwa H. Berlioz der Ansicht, Beethoven-Sinfonien nach Möglichkeit mit Orchestern von einer Stärke von 450 Instrumentalisten auszustatten.

C. Spielpraxis

Nach der Besetzung unterscheidet man Streich-, Kammer-, Blas-, Blechblas- und Sinfonie-Orchester voneinander; nach den Aufgaben Bühnen-, Kirchen-, Unterhaltungs- (Tanz-, Kur-, Zirkus-), Rundfunk- und Jazzorchester (Big Bands), sowie Militärkapellen u. a.

D. Sitzordnung

Der in früheren Zeiten weniger gute Ausbildungsstand der zweiten Geiger schlug sich auch in der Sitzordnung des Orchesters nieder, d. h. die 2. Violinen saßen, aus der Sicht des Dirigenten, hinter den 1. Violinen.

Das Orchester – Eine kurze Einführung

Mit zunehmendem Können und auch einer vermehrten kompositorischen Beachtung, etwa durch Mozart und Beethoven, kam es zu einer stärkeren räumlichen Trennung: In der alten (deutschen) Sitzordnung saßen die 1. Violinen links und die 2. Violinen rechts.

Mitte des 20. Jahrhunderts schuf Leopold Stokowski die neue (amerikanische) Sitzordnung. Hier werden die 2. Violinen wieder hinter die 1. Violinen positioniert, sodass die Streicher von links nach rechts sowohl in der Reihenfolge sinkender Tonlagen als auch in der Abfolge der Partitur angeordnet sind.

Diese Praxis hat sich bei der überwiegenden Mehrheit der europäischen Orchester durchgesetzt, wenn auch akustische (auf den Zuhörer bezogen) und musikalische (den Intentionen des Komponisten oft widersprechende Klangergebnisse) Einwände dagegen erhoben werden.

E. Vom Dirigieren

Im Renaissance- und Barockorchester leitete meist der Komponist selbst die Aufführung vom Cembalo aus. Auch noch im Zeitalter der Klassik haben Mozart und Beethoven ihre Klavierkonzerte als Solisten gespielt und gleichzeitig das Orchester geleitet.

Später ging die verantwortliche Leitung auf einen Violinisten (= Konzertmeister) über, der mit dem Bogen den Takt angab und die verschiedenen Einsätze anzeigte.

Größeren Orchestern, diffizileren Klangfarben und der intensiveren Probenarbeit in der Romantik konnte diese „rudimentäre" Praxis nicht mehr Genüge tun. Einer der ersten Dirigenten, der sich mit einer Partitur vor das Orchester stellte, war Johann Friedrich Reichardt (1752–1814). Diese Entwicklung hatte auch zur Folge, dass nicht mehr nur die Komponisten selbst ihre Werke dirigierten, sondern sich auch der Berufsstand des Dirigenten herausbildete. Dem Dirigenten fällt heute die Aufgabe zu, das Notenmaterial (Lautstärke, Klangcharakter etc.) zu interpretieren und dem Orchester zu vermitteln. Durch Gestik und Mimik gibt er dabei Takt und Tempo vor.

F. Stimmton

Normalerweise wird im Orchester nach der Oboe (a^1 = 440 Hz bei 20°C) gestimmt, d.h. sie ist bestimmend für die Anfangsfrequenz.

Im Verlaufe eines Konzertes verändern sich jedoch meistens die physikalischen Bedingungen (Temperatur), sodass eine Steigerung der Tonhöhe von bis zu einem Prozent entstehen kann. Die Norm von 440 Hz war nicht immer selbstverständlich. Erst seit 1939 ist sie allgemein gültig.

Unterrichtshinweise – Orchester

Vorbemerkung

Im Orchester finden sich weitgehend alle Instrumente im großen Zusammenschluss. Dabei gibt es (siehe kurze Einführung) entwicklungsgeschichtlich unterschiedliche Besetzungen, sowohl hinsichtlich der Instrumentierung als auch im Hinblick auf die Anzahl der Instrumente. Je nach Klangabsicht des Komponisten werden bestimmte Instrumente weggelassen (etwa die Harfe) oder auch hinzugefügt (etwa die Pikkoloflöten).

Generell gibt es also keine Norm, d. h. den Schülern und Schülerinnen sollte vermittelt werden, dass alle Angaben zur Quantität und zur Art der Besetzung nur eine grobe Richtschnur sein können.

Arbeitsblätter (AB)

AB 1/2: Die Schüler/-innen schneiden die Instrumentenkärtchen von AB 1 aus.
Mögliche Erarbeitung:
- Die Schüler/-innen ordnen die Kärtchen nach Instrumentengruppen (Streich-, Holzblas-, Blech-, Schlaginstrumente).
- Danach liest der Lehrer AB 2 als vollständigen Text (siehe Lösungsteil) vor, und die Schüler/-innen legen und kleben die Instrumente in den Leerplan.
- Zusätzlich kann der Lückentext von AB 2 bearbeitet werden.

AB 3: Alternativ oder in Ergänzung kann dieses Arbeitsblatt eingesetzt werden. Die Schüler/-innen benennen die Instrumente und bearbeiten danach den Lückentext von AB 2.

AB 4–7: Mit diesen Arbeitsblättern soll den Schülern/-innen die Vorstellung über die Größenordnung eines Opernorchesters räumlich vermittelt werden. Geeignet ist diese Bastelarbeit besonders für Gruppen.

Die Instrumente werden ausgeschnitten (AB 4 und 5) und jeweils an der durchgezogenen Linie gefalzt. Den Orchesterplan (AB 6 und 7 = DIN A3) kleben die Kinder auf eine Pappe (Zeichenblockpappe). Danach kleben sie die Instrumente senkrecht stehend auf. Dass die Orchestermusiker nicht alle auf einer Ebene sitzen, kann veranschaulicht werden, indem die Schüler/-innen mitgebrachte kleine Schachteln (Medikamentenschachteln etc. vorher bekleben) auf die Pappe kleben und erst dann die Instrumentenkärtchen entsprechend anbringen. Die Sitzordnung sollte den Schüler/-innen vorher bekannt sein.

AB A–F: Mit diesen Arbeitsblättern verbinden sich Wiederholung und Zusammenfassung. Zunächst werden vorder- und rückseitige Kopien (jeweils die Blätter A/B - C/D - E/F) erstellt, entsprechend der Seitennummerierung zusammengetragen, gefaltet und anschließend getackert. Das Deckblatt – es sollte von den Kindern farbig gestaltet werden – bietet einen Sprechanlass über die abgebildeten Instrumente. Zunächst werden die Saiteninstrumente besprochen. Die Unterscheidung zwischen Zupf- und Streichinstrumenten sollte nochmals ins Gedächtnis gerufen werden.
Erörterung der Frage: Weshalb werden im Orchester so viele Violinen und Bratschen und weniger Blasinstrumente benötigt?
Blasinstrumente werden nach Holz- und Blechblasinstrumenten unterschieden. Bei den Blechblasinstrumenten wird auf das Aussehen und den Klang eingegangen, bei den Holzblasinstrumenten auf die Unterscheidung zwischen Anblasloch, einfachem und doppeltem Rohrblatt.

Eine spielerische Übung (Was gehört nicht zum Orchester?) folgt.
Bei den Schlaginstrumenten steht das Hören im Vordergrund. Nachdem die Instrumentengruppen wiederholt wurden, werden die Instrumente durch Markieren nach Gruppen

Unterrichtshinweise – Orchester

geordnet. Wiederholung: Instrumente werden in den Sitzplan eingetragen. Die Instrumentenanzahl (AB/C und AB/F) bezieht sich auf eine klassische Orchesterbesetzung.

Zum Schluss werden klanglich nicht so einfach zu unterscheidende Instrumente als Hörbeispiel noch einmal vorgestellt. Der Lehrer kann vier Hörbeispiele vorspielen, ebenso aber auch 8, 12 oder 16.

Folgender Hinweis zur **Mundharmonika**, die hier erstmals abgebildet wird: Sie ist ein Volksinstrument. Die Tonerzeugung erfolgt durch abwechselnd eingeblasenen und abgesaugten Luftstrom. Beim Einatmen und Ausatmen werden durchschlagende Metallzungen zum Schwingen gebracht. Der Tonumfang beträgt meist 2–3 Oktaven in diatonischer, chromatischer oder diatonisch-chromatischer Tonreihung.

Die erste Probe eines Amateurorchesters für ein neues Stück ist angesetzt. Der Dirigent steht mit bedeutungsvoller Miene vor seinen Musikern: „Männer, das neue Stück ist sauschwer. Wir spielen es deshalb zunächst mal ganz langsam und ohne Vorzeichen."

Ein Mann geht in eine Tierhandlung, um sich einen Papagei zu kaufen. „Der grüne da oben gefällt mir. Was kostet der?"
„150 Euro", antwortet der Händler. Als der Mann die Stirn runzelt, meint der Händler: „Immerhin kann er Flöte spielen."
„Der rote Papagei da hinten wäre auch nicht schlecht. Was kostet der?"
Der Händler: „250."
„Um Gottes willen! Aber was kann der denn?"
„Ja", meint der Händler, „der spielt Geige."
Dem Mann ist das alles viel zu teuer, deshalb fragt er: „Aber der graue da vorn, der ist doch sicher billiger?"
Der Händler lacht: „Nein, nein, mein Herr, der kostet 500 Euro!"
„Ja und ...?", bemerkt der Mann schon etwas kleinlaut, „was kann der?"
„Nichts", entgegnet der Händler, „aber die anderen nennen ihn ‚Maestro'!"

Zum Geburtstag hat Felix eine Mundharmonika geschenkt bekommen. Als seine Mutter ihn fragt, warum das Instrument denn schon in der Ecke liegt, antwortet Felix: „Da ist ja nicht mal meine Lieblingsmelodie drauf!"

AB 1 **Allgemeine Sitzordnung des Orchesters**

✏️ Schneide die Kärtchen aus und klebe sie so in den Plan, wie es dir der vorgelesene Text geschildert hat.

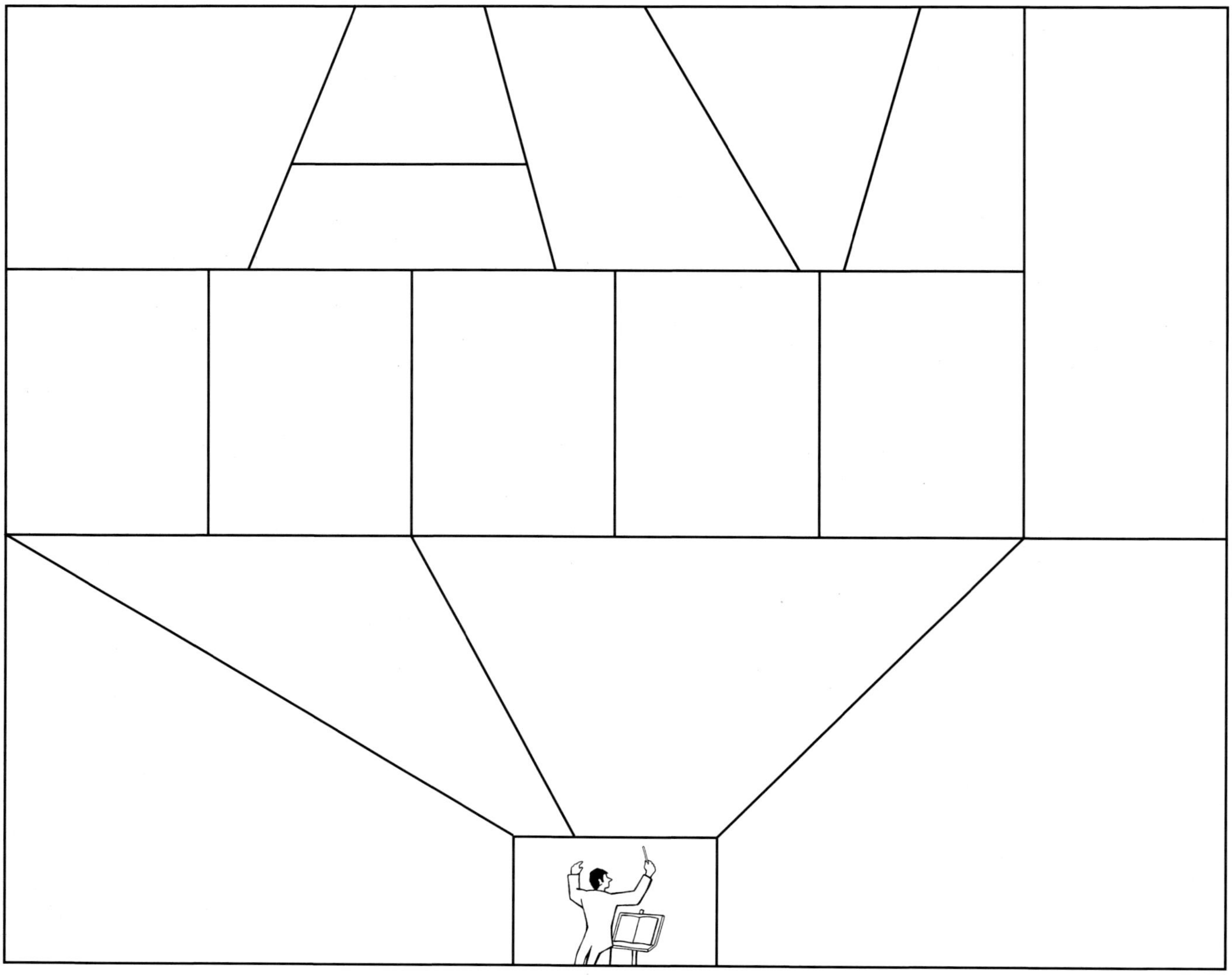

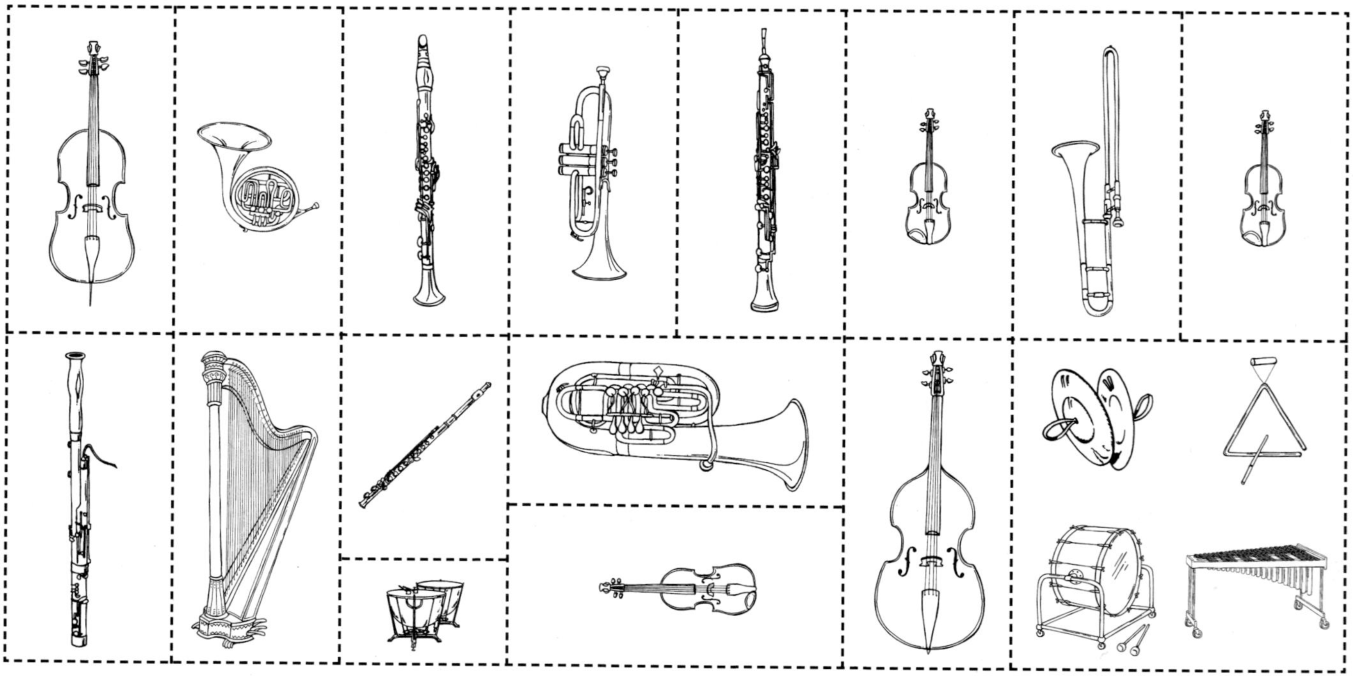

110

Angelika Rehm / Dieter Rehm: Von Pauken und Trompeten, 3. – 6. Klasse
© Persen Verlag

AB 2 — **Das Orchester – ein Lückentext**

 1. Trage die folgenden Wörter ein:

Celli – Trompeten – Harfe – Dirigent – Querflöten – Kontrabässe – Tuben – Fagotte – Schlagzeuger – 1. Violinen – Klarinetten – Posaunen – Oboen – 2. Violinen – Hörner – Bratschen

Das ist schon eine ganz schön große Gruppe von Musikern in einem Sinfonieorchester. Ohne eine Ordnung gäbe es wahrscheinlich ein Chaos von Tönen. Also muss es jemanden geben, der die Kompositionen auswählt, einstudiert und zur Aufführung bringt. Dieser Leiter des Orchesters heißt _____ . Er steht, damit ihn auch alle sehen können, vor dem Orchester und gibt mit Armen und Händen das Tempo und die Lautstärke der Musik sowie die Einsätze der verschiedenen Gruppen an. Gleich links von ihm sitzen die _____ mit ihren himmlischen Klängen, rechts daneben die _____ . Vor dem Orchesterleiter, der auch manchmal ehrfurchtsvoll „Maestro" (= Meister) genannt wird, sind die _____ angesiedelt. Weiter rechts daneben die tieferen _____ und dahinter die ganz tiefen _____ . In der mittleren „Etage" ganz links hinter den Streichern sitzt die Zupferin oder der Zupfer an einer _____ . Rechts davon die Musikanten, die mit Luft und Holz den Klangkörper bereichern: _____ , _____ , _____ und _____ . Hinter den Holzbläsern sitzt die Gruppe, die noch mehr Puste benötigt. Von links nach rechts gesehen: _____ , _____ , _____ und _____ . Ganz links oben kracht's gelegentlich. Dort haben es sich die _____ bequem gemacht.

 2. Nun kannst du von den folgenden Gruppen sicher (fast) alle Instrumente nennen. Schreibe sie auf:

Streicher: _____

Holzbläser: _____

Blechbläser: _____

Schlagzeuger: <u>(Nenne sechs.)</u> _____

Angelika Rehm / Dieter Rehm: Von Pauken und Trompeten, 3. – 6. Klasse
© Persen Verlag

AB 3 — **Eine übliche Orchesteraufstellung**

Orchester-Aufstellungen können je nach Werk, nach Vorgabe des Dirigenten oder nach räumlichen Gegebenheiten geändert werden. Dies ist eine übliche Sitzordnung:

Schreibe die Namen zu den Instrumenten:

- Dirigent
- Kontrabässe
- Pauken
- Hörner
- Querflöten
- Tuben
- Klarinetten
- Oboen
- Fagotte
- Harfe
- Xylofon
- Triangel
- Trommel
- Trompeten
- Posaunen
- 1. Violinen
- 2. Violinen
- Bratschen
- Celli
- Becken

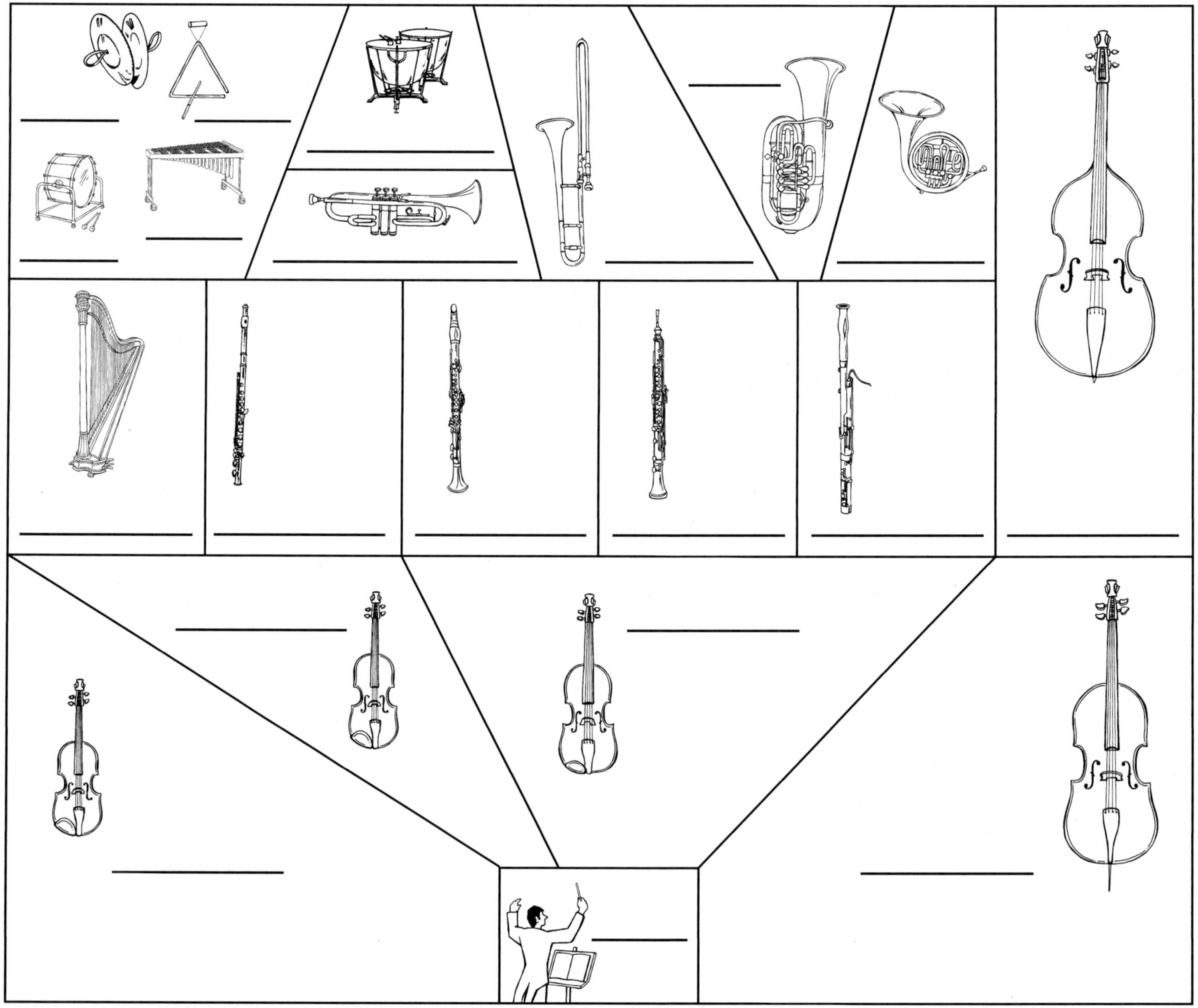

Angelika Rehm / Dieter Rehm: Von Pauken und Trompeten, 3. – 6. Klasse
© Persen Verlag

Das Orchester – Ausschneidebögen Instrumente 1

 Schneide die Instrumentenkärtchen aus. Knicke sie am Falz und klebe sie auf AB 6/7, dem Plan einer Orchestersitzordnung, auf.

Das Orchester ist besetzt mit je 8 ersten und zweiten Violinen, 4 Bratschen, 4 Celli, 4 Kontabässen, 4 Hörnern, 1 Harfe, 2 Oboen, 2 Klarinetten, 2 Fagotten, 2 Querflöten, 2–4 Trompeten, 3 Posaunen, 1 Tuba, Pauke und Schlagwerk.

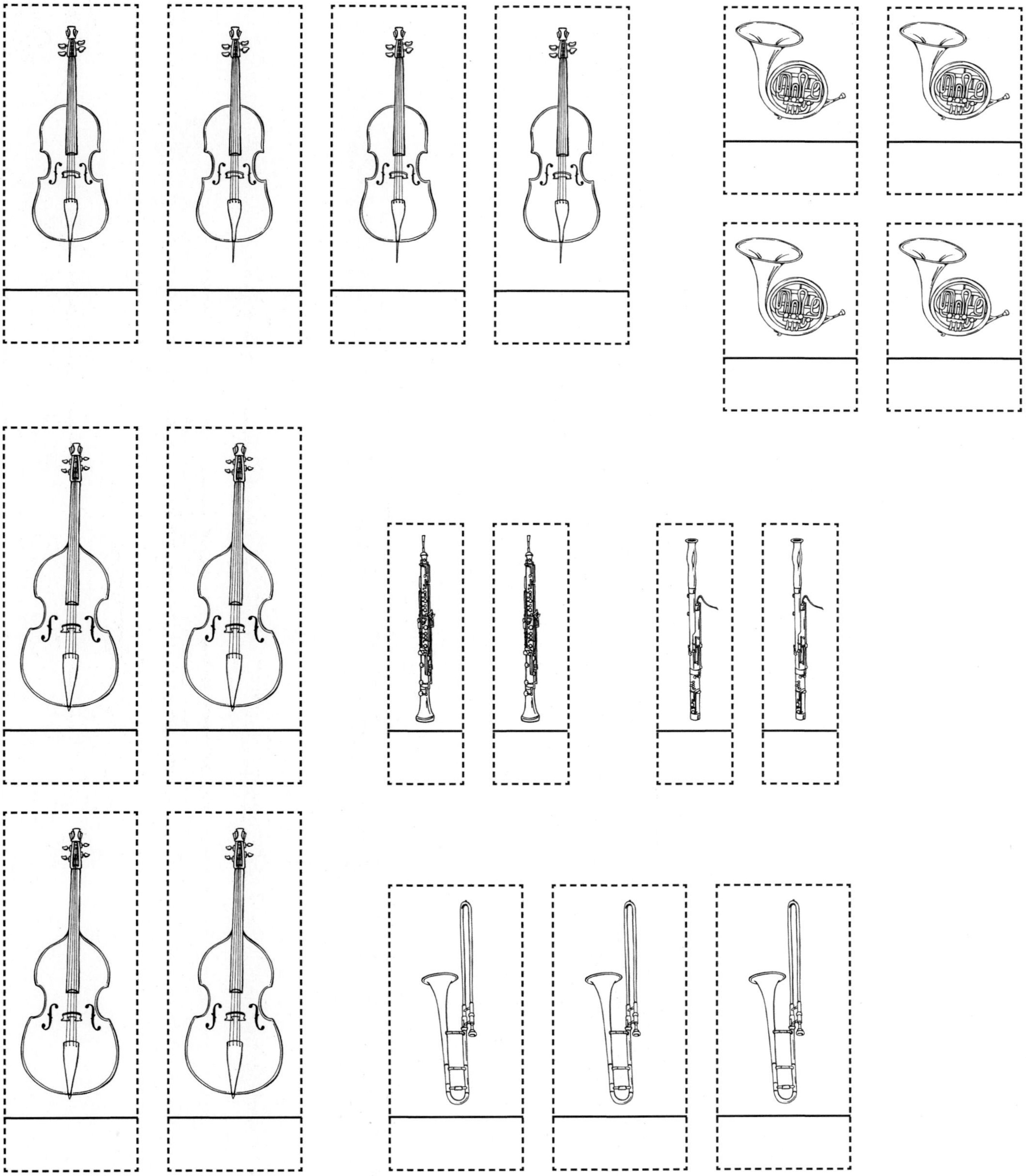

AB 5 Das Orchester – Ausschneidebögen Instrumente 2

  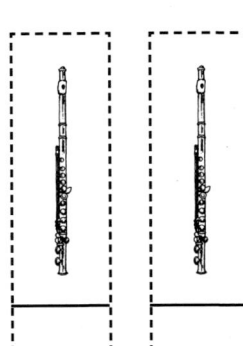 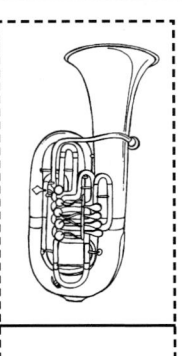 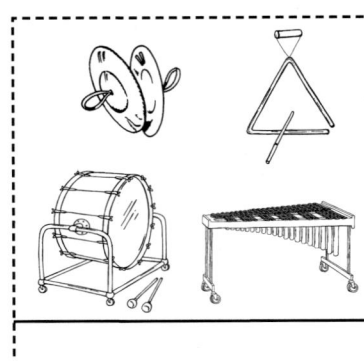
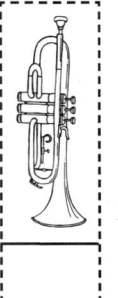 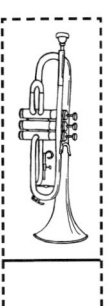 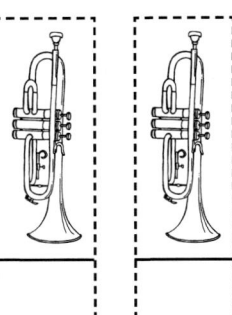  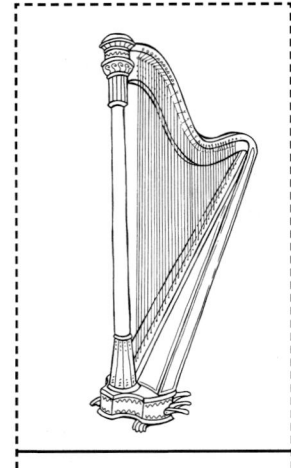
   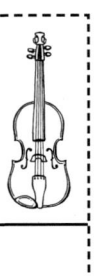

      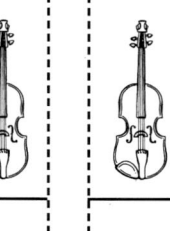 

AB 6 Sitzplan für das Orchester – Teil 1

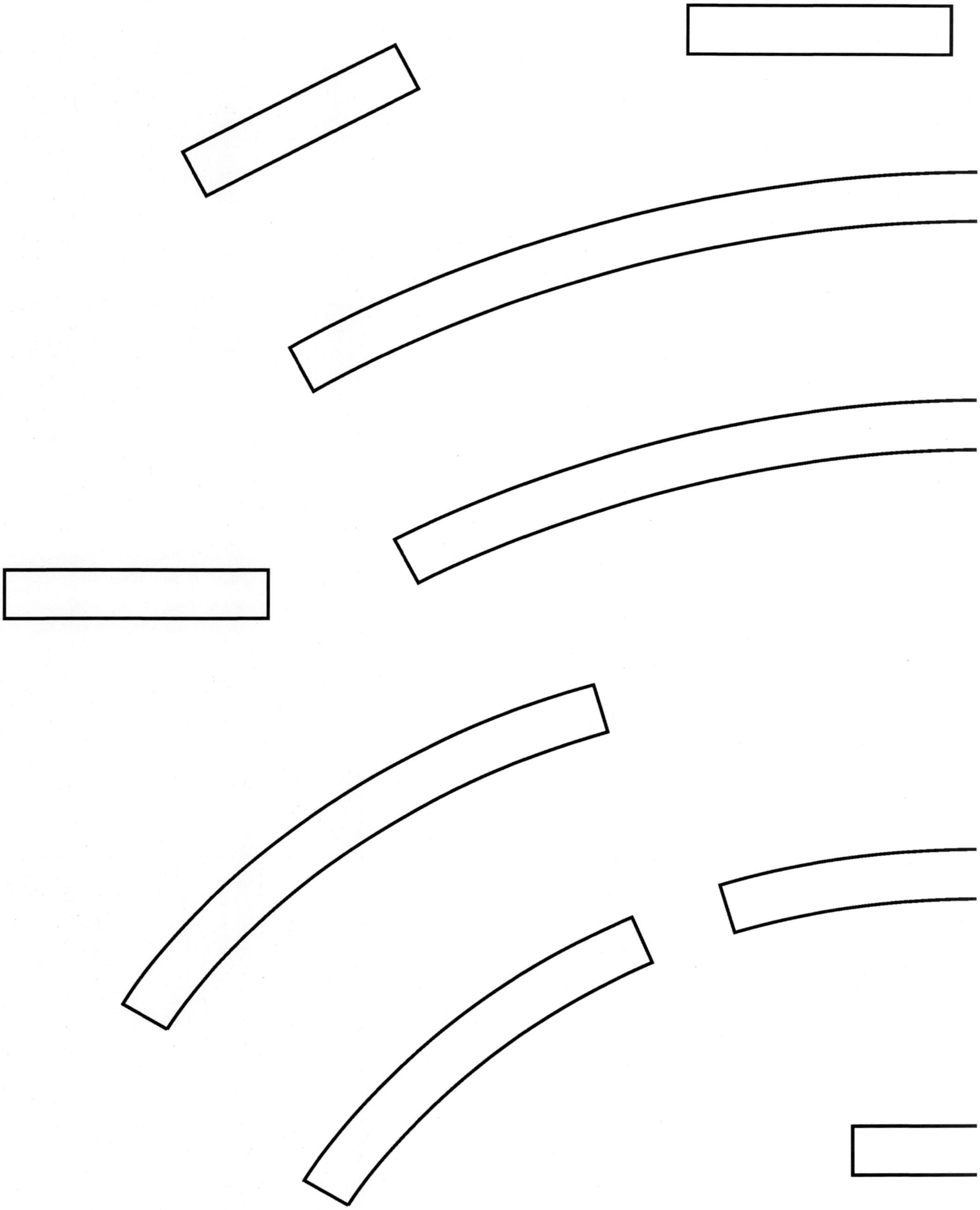

Sitzplan für das Orchester – Teil 2

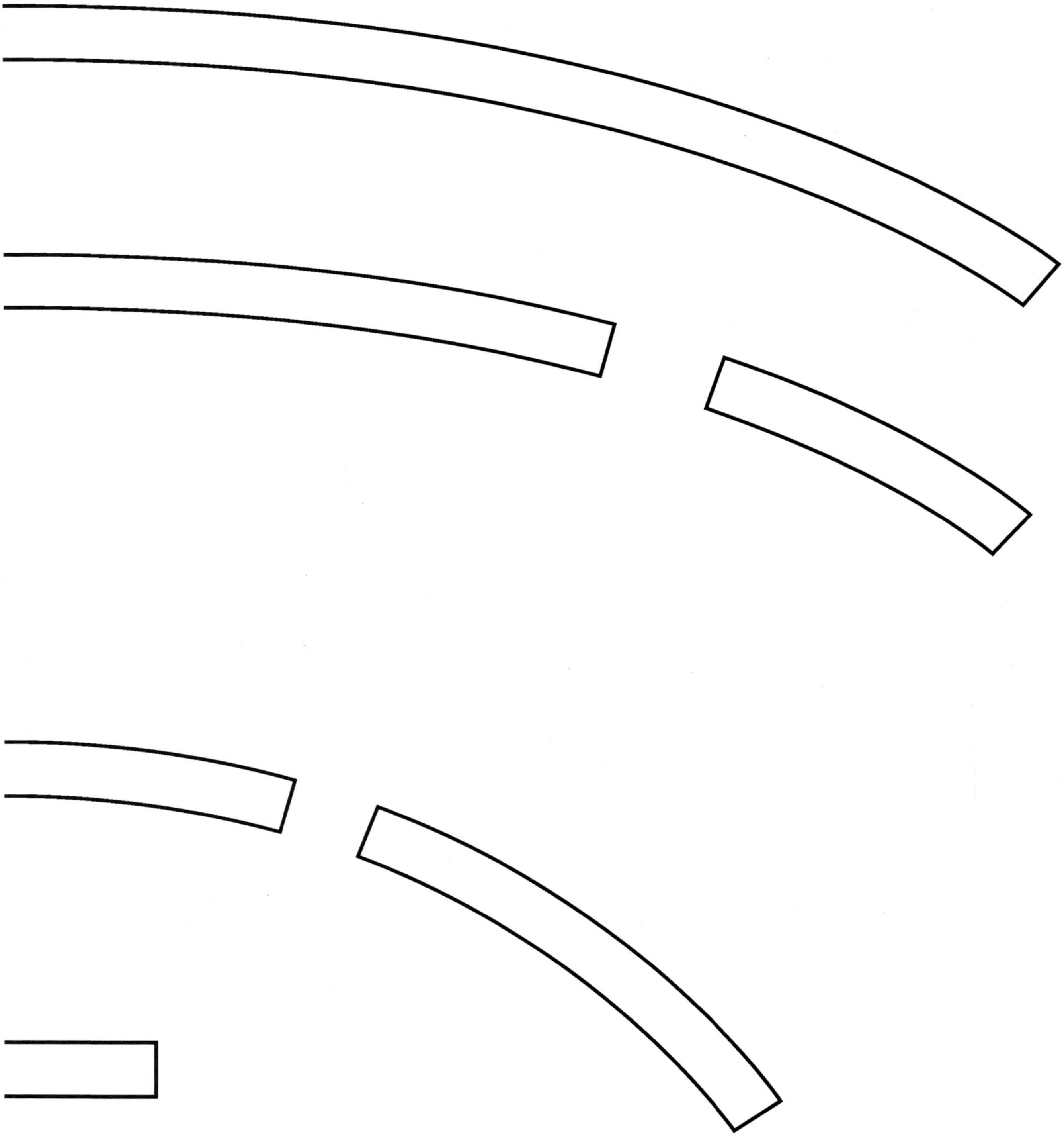

Das Sinfonieorchester

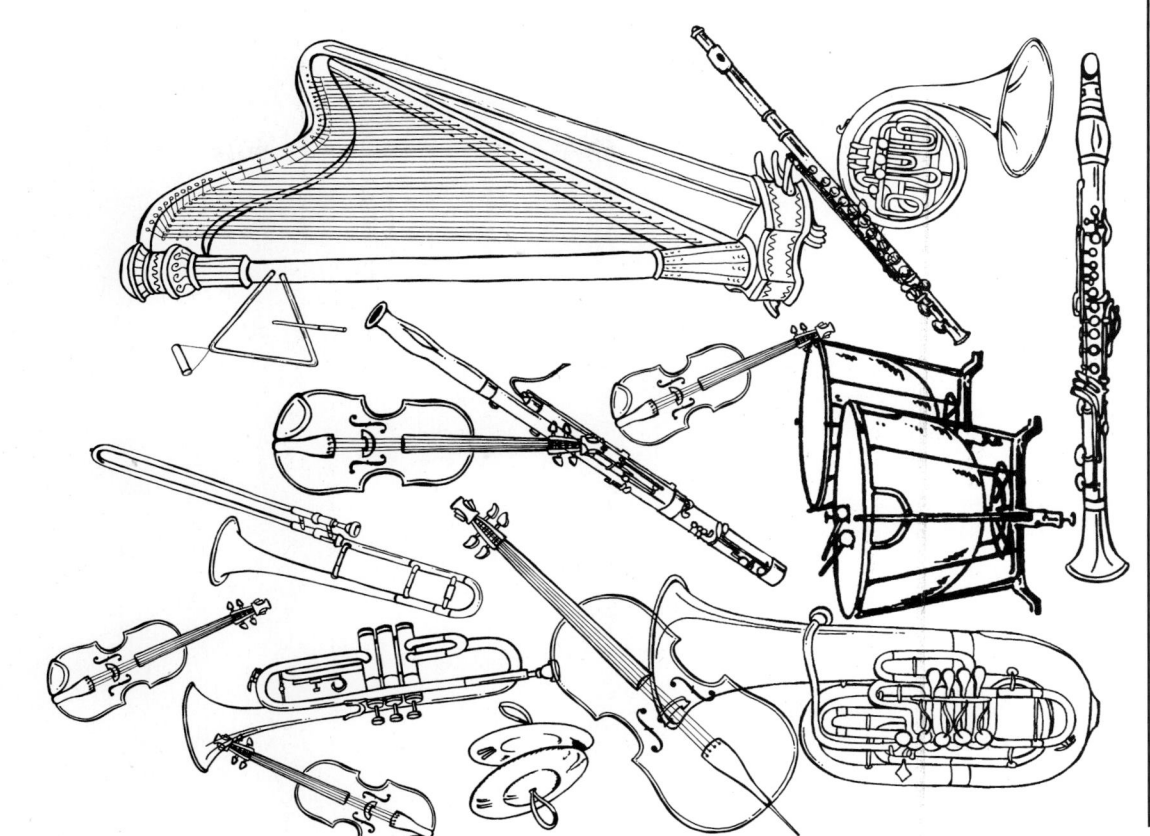

Mögliche Hörbeispiele: 29, 45, 27, 39 / 29, 45, 39, 31 / 59, 45, 27, 29 / 59, 47, 34, 29

Aufgabe 11: Du hörst vier Musikbeispiele.
Welche Instrumente hörst du nacheinander?
Markiere den richtigen Weg farbig.

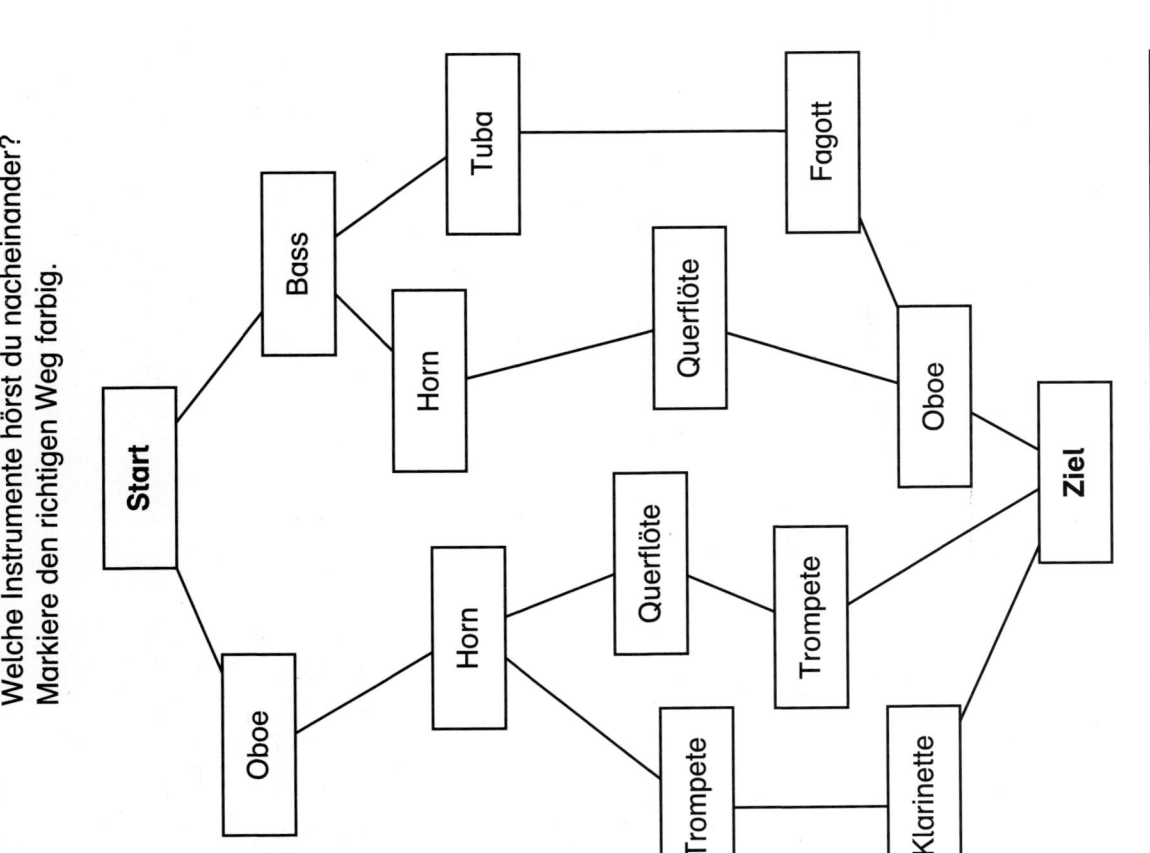

Saiteninstrumente

Aufgabe 1: Setze die unten stehenden Wörter ein.

In der ersten Reihe vor dem _____ sitzen die _____ . Zu ihnen gehören die _____, die _____ und die _____.

Zu den Saiteninstrumenten gehört auch die _____, die gezupft wird.

Alle Streichinstrumente können auch gezupft werden. Man nennt dies _____ . Die Streichinstrumente unterscheiden sich in ihrer _____ , kaum in ihrem _____ voneinander.

Das kleinste Streichinstrument ist die _____ , das größte der _____ .

Kontrabass – Harfe – Dirigenten – 1. Violinen – Streicher – 2. Violinen – pizzicato – Größe – Bratschen – Bau – Kontrabässe – Violine – Kontrabass

---

Das Sinfonieorchester

Aufgabe 10: Trage die Instrumente ein.

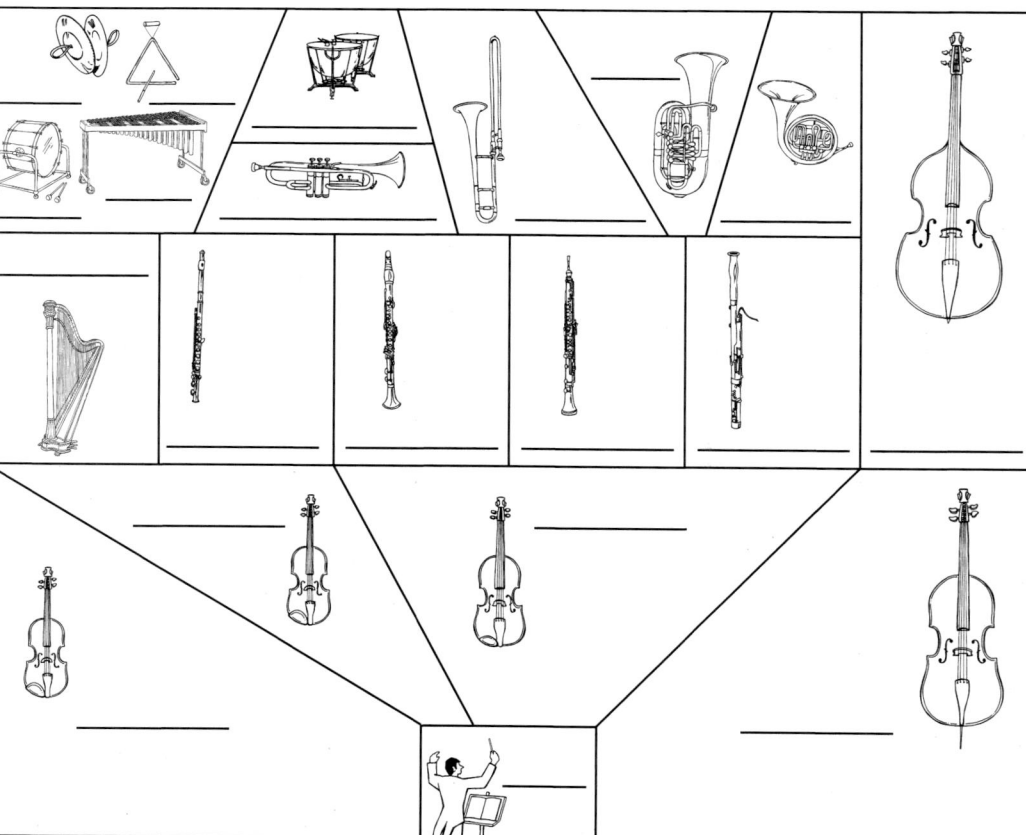

Sitzordnung – Streichinstrumente

Aufgabe 2: Trage die Namen der Instrumente ein

4–14

_____

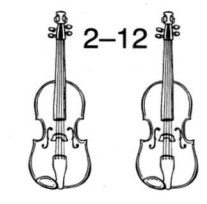
2–12

_____

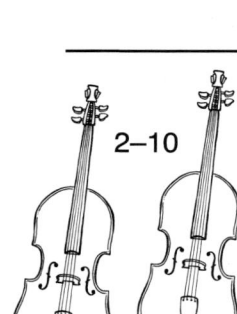
2–8

_____

4–16

_____

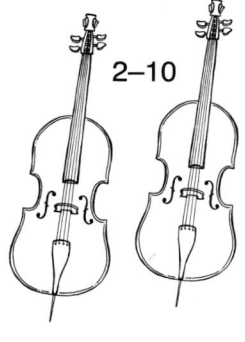
2–10

_____

Orchestergruppen

Aufgabe 9: Markiere die Instrumente, die zu einer Gruppe gehören, in der gleichen Farbe.

Pauke   Tuba

Trompete   Xylofon

Harfe   Triangel

Fagott   Cello

Oboe   Klarinette

1. Violine   Horn

Querflöte   Trommel

Posaune   2. Violine

Kontrabass   Bratsche

Holzblasinstrumente

In der Mitte des Orchesters sitzen die Holzbläser. Bei Holzblasinstrumenten unterscheidet man Instrumente mit einem Anblasloch (Querflöte, Pikkoloflöte), einem einfachen Rohrblatt (Klarinette, Saxofon) und einem doppelten Rohrblatt (Oboe, Fagott).

Aufgabe 3: Zu welchem Instrument passt welches Mundstück? Verbinde!

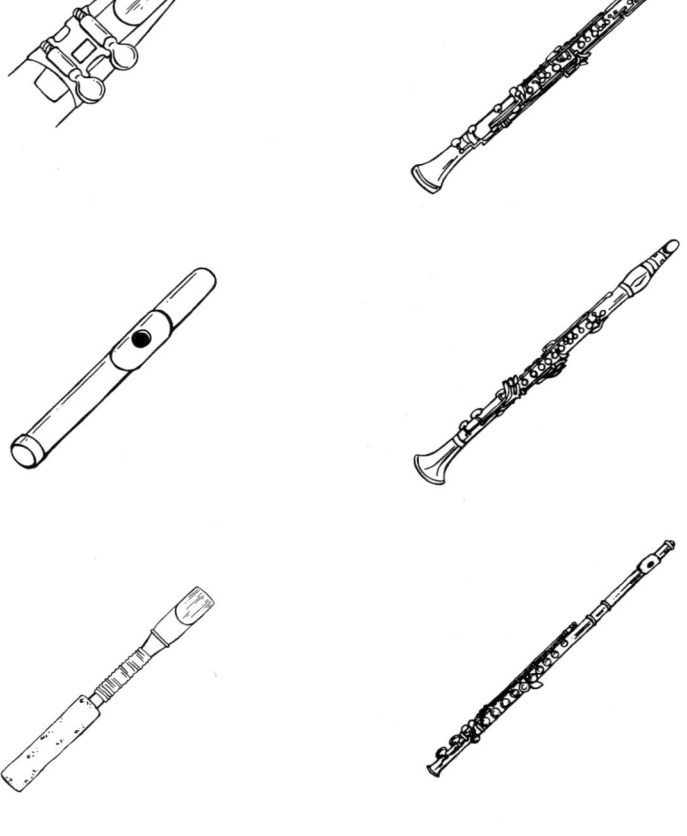

Was gehört nicht ins klassische Orchester?

Aufgabe 8: Schreibe die Namen der Instrumente auf die Linien.

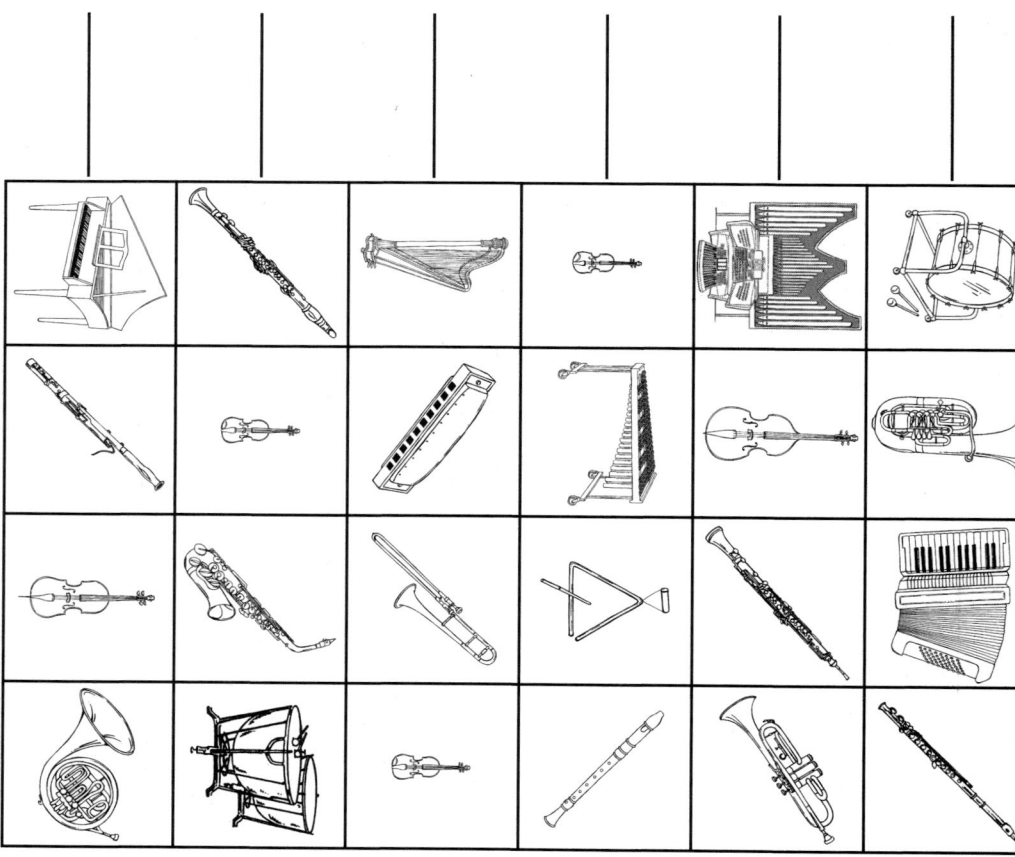

Blechblasinstrumente

Aufgabe 4: Trage die Namen der Instrumente ein.

Sie ist das klanghöchste Instrument und besitzt 3 Ventile. Sie hat einen hellen, strahlenden Klang.

Sie wurden früher als Signalinstrumente benutzt. Sie haben einen sehr weichen Ton und meist 3 Ventile.

Sie hat statt der Ventile einen Zug. Dadurch kann der Bläser die Länge der Röhre verändern. Ihr Ton ist kraftvoll und feierlich.

Sie ist das größte Blechblasinstrument mit 3-5 Ventilen. Sie hat einen sehr vollen, tiefen Klang.

Hörbeispiel: 84

Hörübung Schlaginstrumente

Benjamin Britten stellt in seinem „Orchesterführer für junge Leute" Schlaginstrumente vor.

Aufgabe 7: Nummeriere in der Reihenfolge des Gehörten.

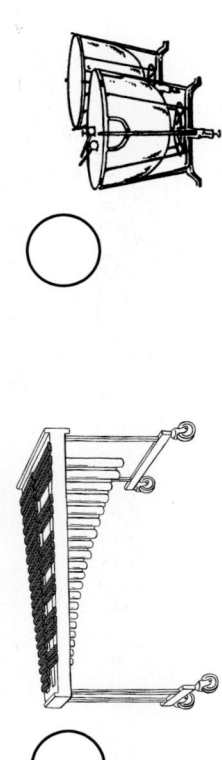
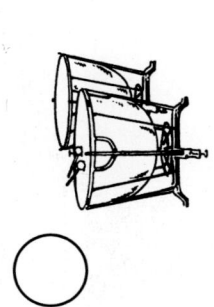
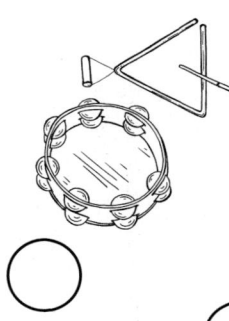
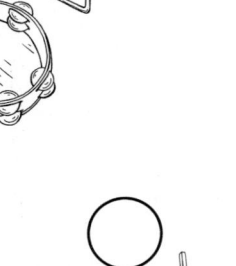
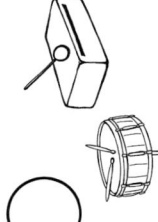
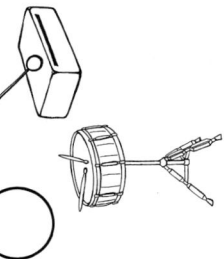
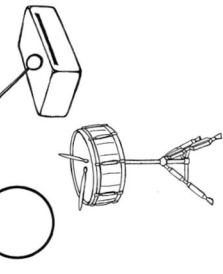

Sitzordnung Bläser

Aufgabe 5: Trage die Namen der Instrumente ein.

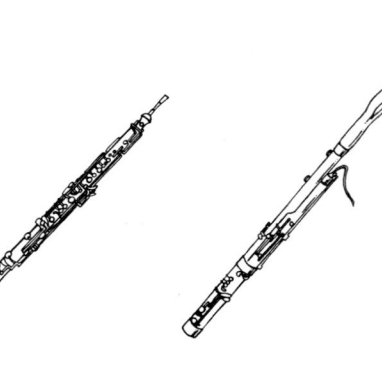

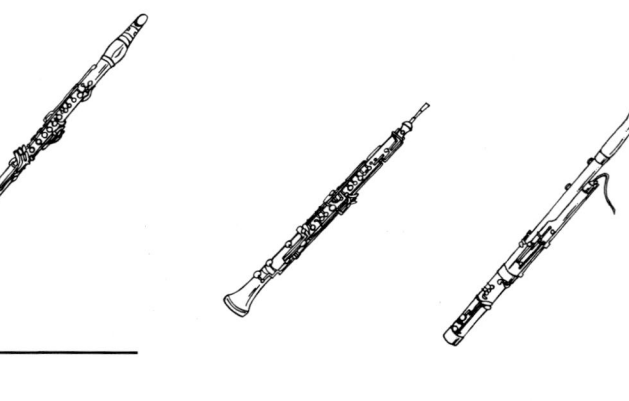

Schlaginstrumente

Im Orchester ist Schlagzeug eine Sammelbezeichnung für Geräusch- und Rhythmusinstrumente. Es gehören zum Beispiel folgende Instrumente dazu:

Aufgabe 6: Verbinde Name und Instrument mit einem Pfeil:

Xylofon

Pauke

Große Trommel

Gong

Becken

Triangel

Kastagnetten

Peitsche

Kleine Trommel

Großes Kreuzworträtsel / Raster

Großes Kreuzworträtsel / Text

Waagerecht: *

1. Der ... macht die Musik.
3. Werden in der „Mehrzahl" gespielt, d. h. mit den Handballen oder Fingern geschlagen und vorwiegend in der Tanz- und Jazzmusik eingesetzt.
5. Das Werkzeug des Musikers.
7. Sagt der Engländer zur Kuhglocke.
9. Ein Zupfinstrument, das mit Tasten angeschlagen wird.
11. Sieht aus wie eine Gurke.
13. Tasteninstrument, bei dem die Saiten mit Filzhämmern angeschlagen werden.
15. Kommt ursprünglich aus Ostasien, ist rund, aus Bronze gegossen und kann zum Beispiel die Uhrzeit ansagen.
17. Gehört zu den Holzstabspielen. Ihr habt es in der Schule bestimmt im Orff-Instrumentarium.
19. Hat eine Tastatur und viele Falten.
21. Bringt die höchsten Töne bei den Blechbläsern.
23. Mit Glöckchen versehener kleiner „Reifen".
25. Instrument, das gern bei der Jagd geblasen wird.
27. Das sind die Musiker, die viel Luft benötigen, um Töne zu erzeugen.
29. Tellerförmige Metallscheiben, die gegeneinander geschlagen werden oder mit einem Schlägel oder Besen in Schwingungen geraten.
31. Große Bronzeplatte, die in der Mitte einen Buckel hat.

Senkrecht: *

2. Blechblasinstrument, mit dem ziemlich tief gespielt werden kann.
4. Sieht aus wie ein Tamburin, hat aber noch einen langen Hals und Saiten und wird hauptsächlich in der Tanz- und Jazzmusik eingesetzt.
6. Doppelrohrblasinstrument, das näselt und dem Orchester den Kammerton „a" angibt.
8. Wird auf Deutsch auch „Bratsche" genannt.
10. Anderes Wort für Rassel.
12. Die Kurzform von „Kontrabass".
14. Ein altes Zupfinstrument, das aussieht wie eine halbe Birne und einen abgeknickten Hals hat.
16. Ein Instrument, das ähnlich dem Xylofon Holzplatten als Klangerzeuger hat, unter denen Metallröhren zur Tonverstärkung angebracht sind.
18. Sagt der Deutsche zur „Violine".
20. Wird mit dem Stachel auf den Boden gestellt und im Sitzen gestrichen.
22. Blasinstrument aus Metall mit einfachem Rohrblatt, das in der Jazzmusik eine bedeutende Rolle spielt.
24. Man hält sie quer und kann damit ganz schön hohe Töne blasen.
26. Kann in der Gruppe der Saiteninstrumente die tiefsten Töne erzeugen.
28. Zupfinstrument, das vor allem in der spanischen Musik, aber auch beim Wandern gespielt wird.
30. Ein Stahlstab, der zu einem Dreieck geformt ist und angeschlagen wird.
32. Blechblasinstrument, das die verschiedenen Töne durch Hin- und Herschieben von Metallröhren entstehen lässt.
34. Altes Instrument mit kastenförmigem Körper. Die Saiten werden mit einem Metallring angerissen.
36. Eine Trommel, die mit den Fingern geschlagen wird. Kommt aus Afrika und wird in der südamerikanischen und in der Jazz-Musik verwendet.

* Ö = OE / Ä = AE

AB 3 — **Bilderrätsel**

Schreibe die Namen der abgebildeten Instrumente in die nummerierten Kästchenreihen. Dann übertrage die gesuchten Buchstaben unten in die Kästchen für das Lösungswort; den Ziffern entsprechend. Viel Spaß!*

Nr.		gesuchter Buchstabe
1.		6. Buchstabe
2.		2. Buchstabe
3.		10. Buchstabe
4.		5. Buchstabe
5.		5. Buchstabe
6.		6. Buchstabe
7.		7. Buchstabe
8.		4. Buchstabe
9.		1. Buchstabe
10.		5. Buchstabe
11.		2. Buchstabe
12.		10. Buchstabe
13.		5. Buchstabe

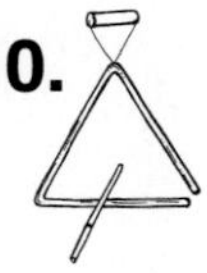

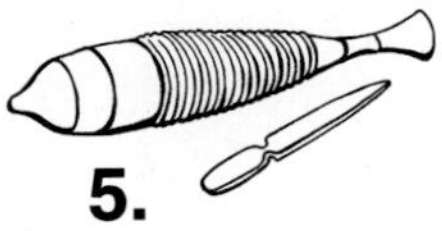

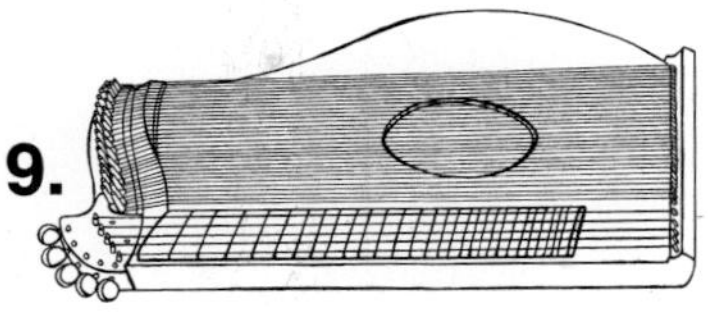

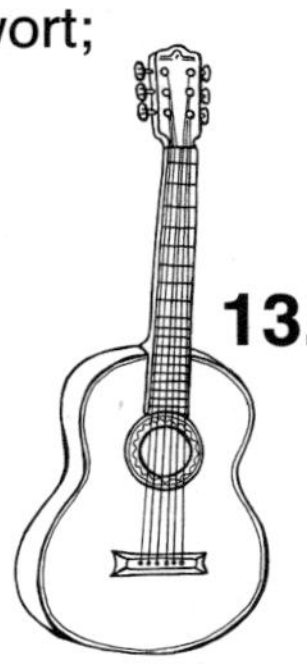

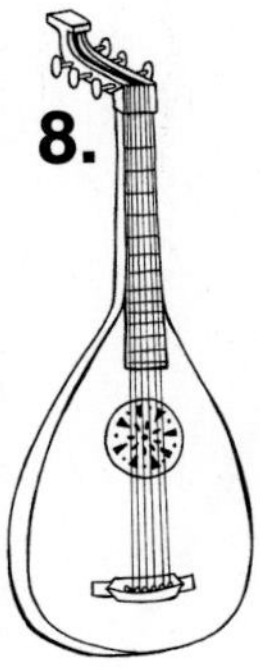

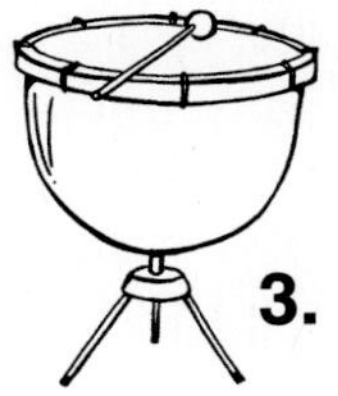

Als Lösungswort erhältst du eine „Abendmusik am Teich":

4	13	11	12	7	1	3	5	10	9	6	2	8

* Ö = OE

AB 4 Puzzle: „Verflixte Dreiecke"

Schneide die Dreiecke aus und klebe sie nach dem unten stehenden Muster zusammen.
An den Seitenlinien innerhalb der Dreiecke findest du jeweils die Art der Tonerzeugung,
mit der eines der Instrumente in den benachbarten Feldern gespielt wird.
Auch die verschiedenen Kreisausschnitte in den Spitzen helfen dir weiter.
Viel Erfolg beim Puzzeln!

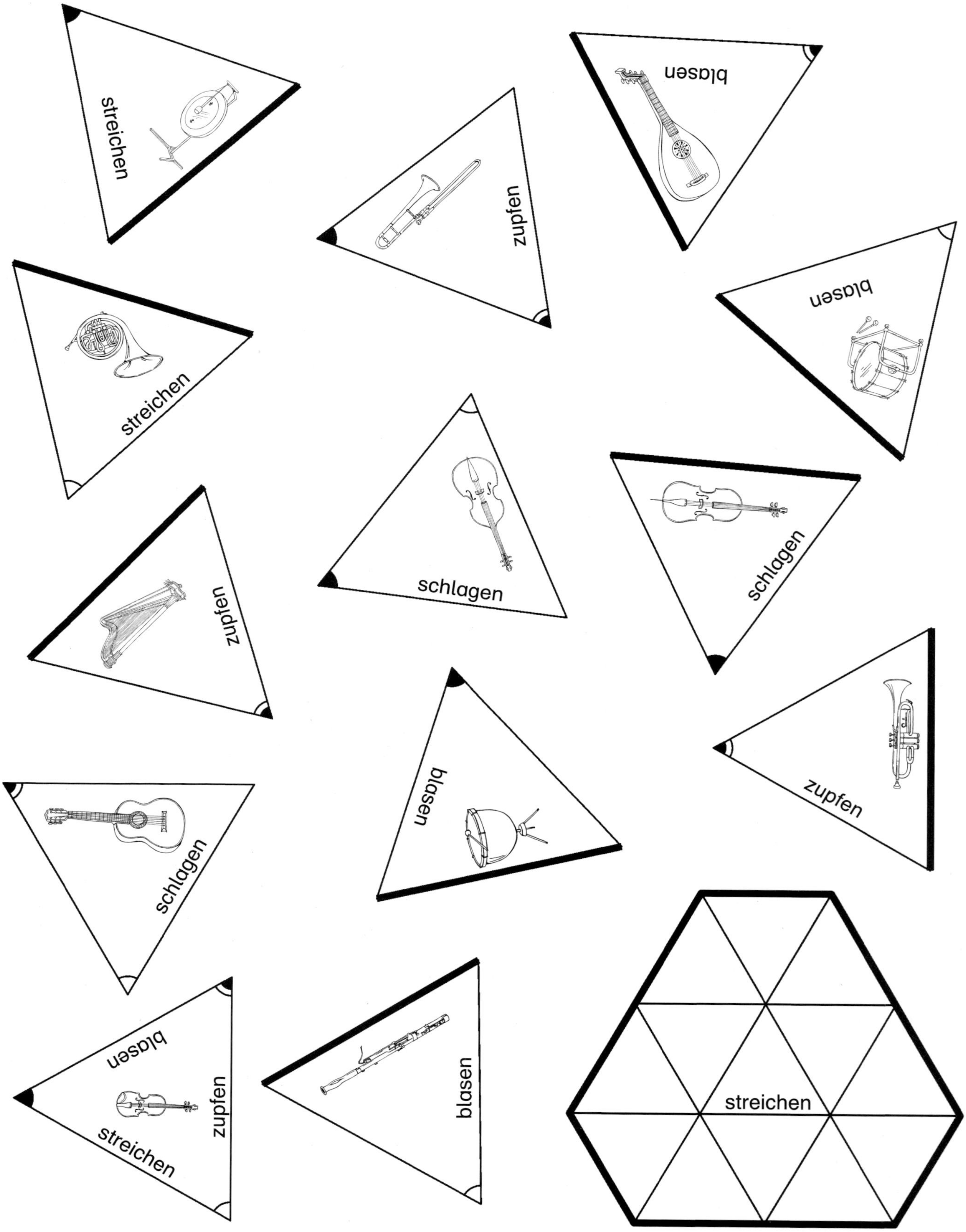

AB 5

Kreisdomino

Schneide die Kärtchen aus und lege sie so zu einem Kreis, dass das Instrument (z. B. ein Zupfinstrument) zu der Art der Tonerzeugung (z. B. zupfen) auf dem folgenden Kärtchen passt. Wort und Bild sind also auf zwei verschiedenen Dominokarten.
Gib acht bei den „Tasteninstrumenten"!

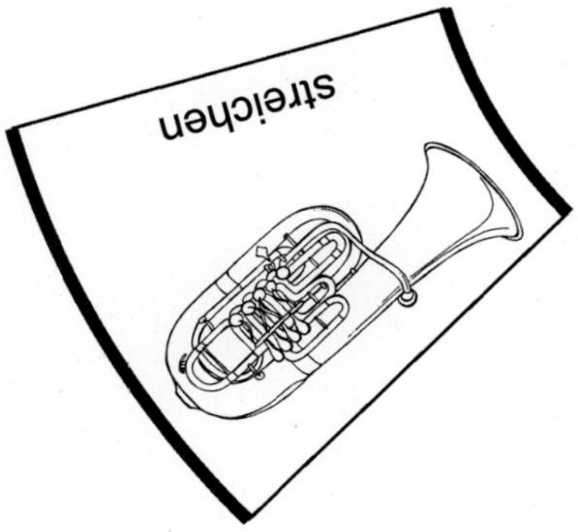

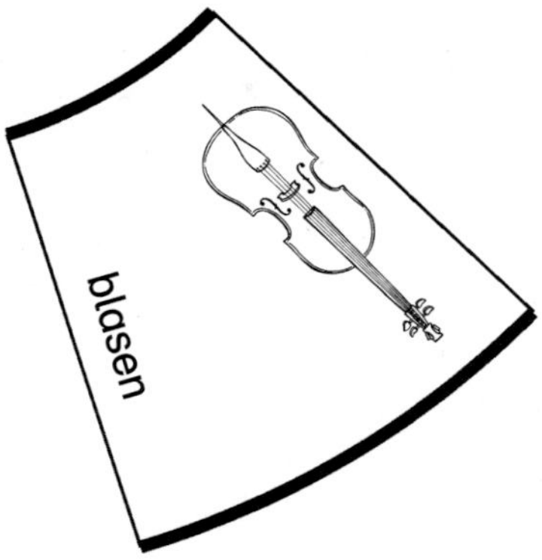

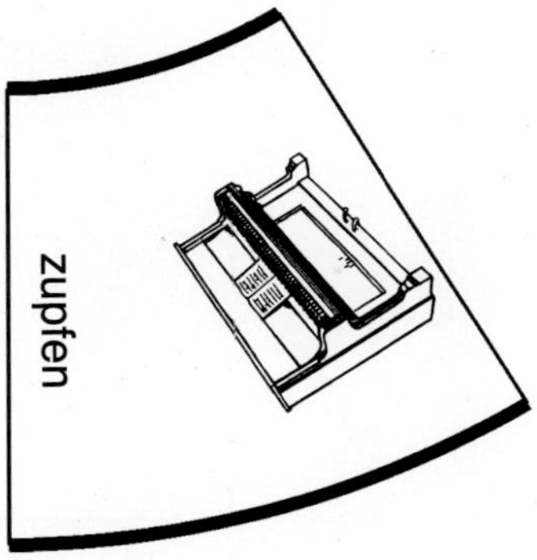

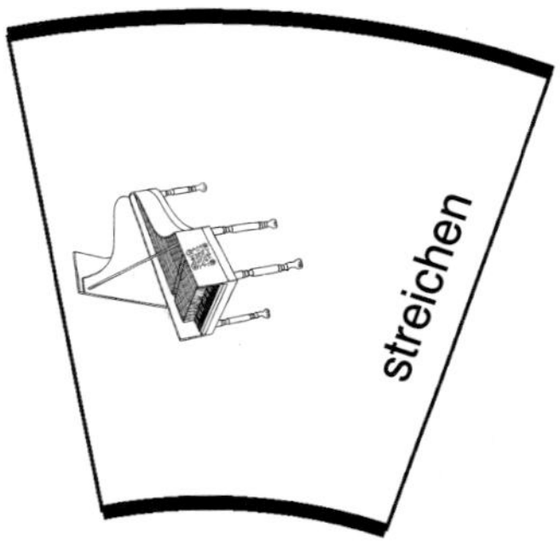

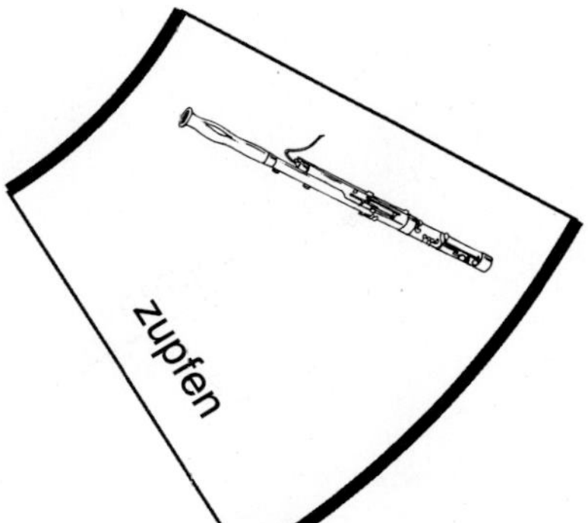

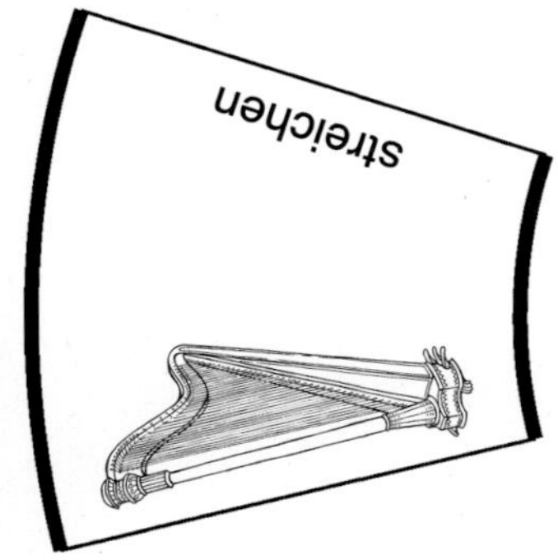

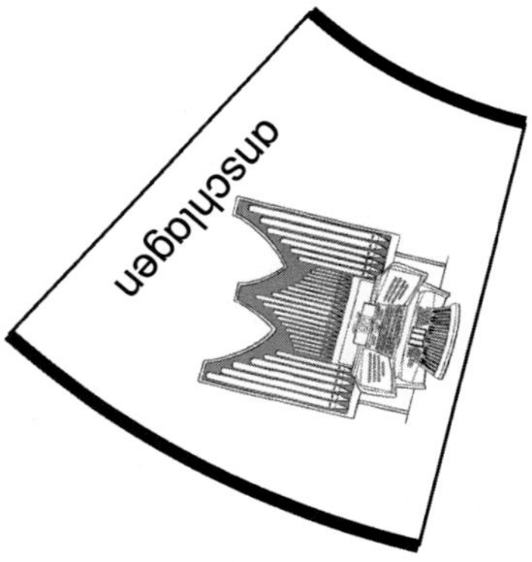

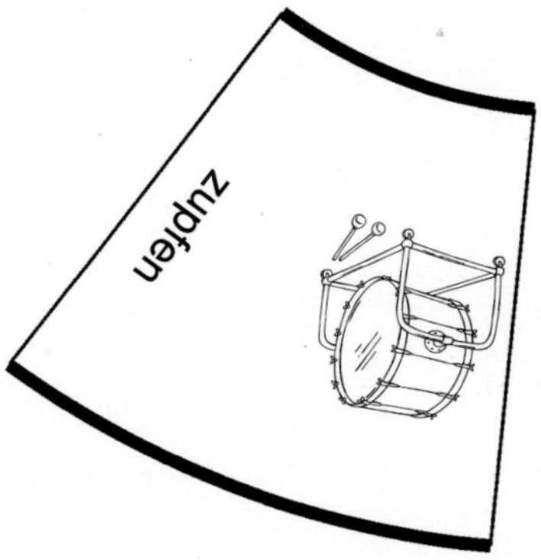

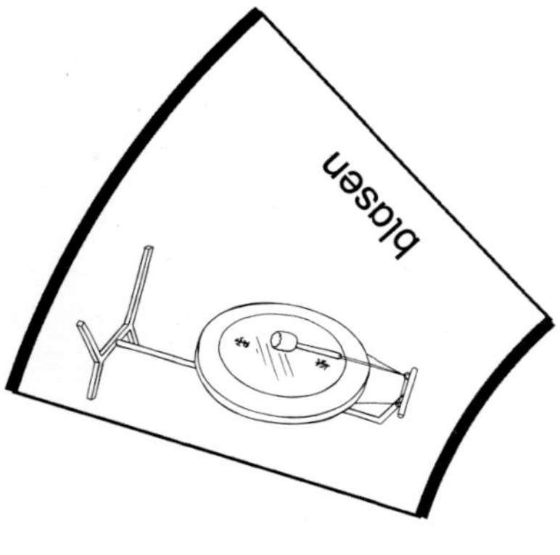

Quartett-Spiel – Teil 1

Schneidet alle Instrumentenbilder aus und klebt sie auf einen etwas stärkeren Karton. Nun habt ihr 24 Karten mit 6 verschiedenen Gruppen. Denkt daran, dass die Saiten- und Blasinstrumente je zwei Gruppen haben. Und schon geht's los!

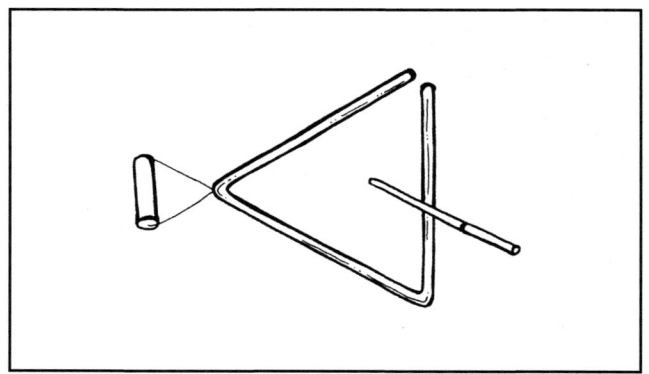

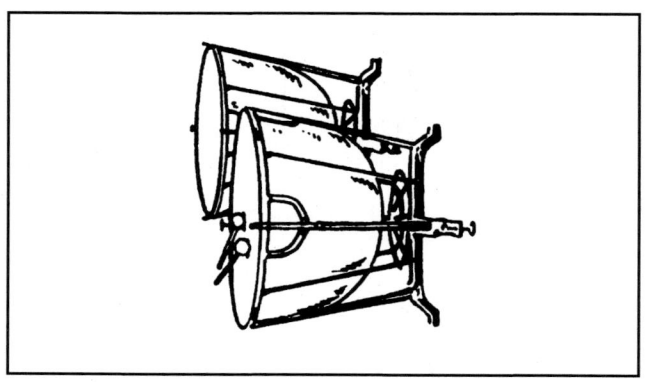

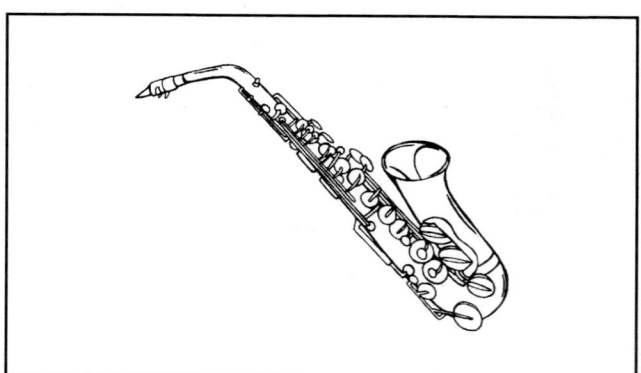
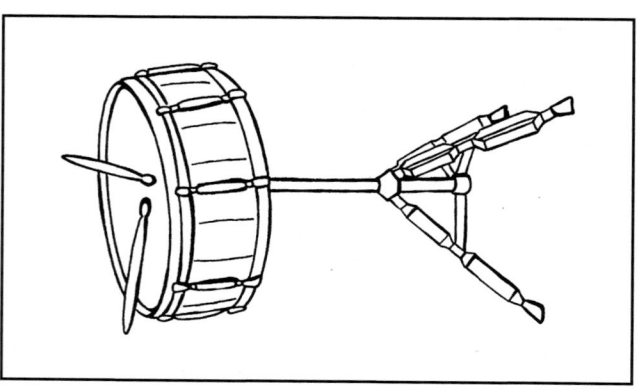
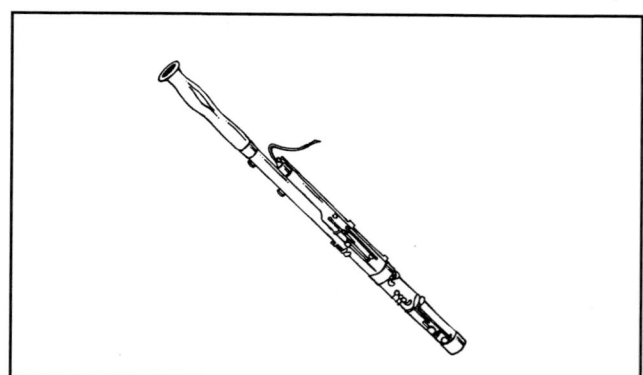

AB 7 Quartett-Spiel – Teil 2

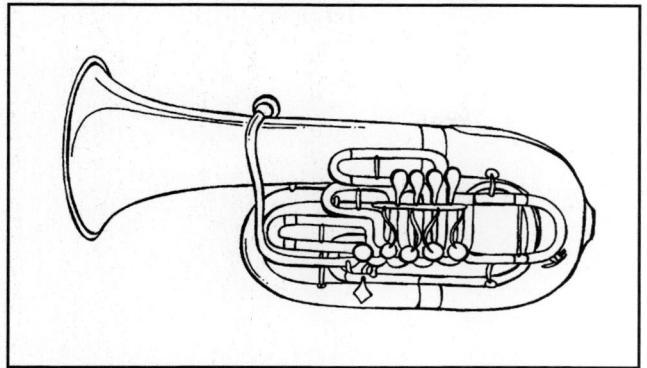
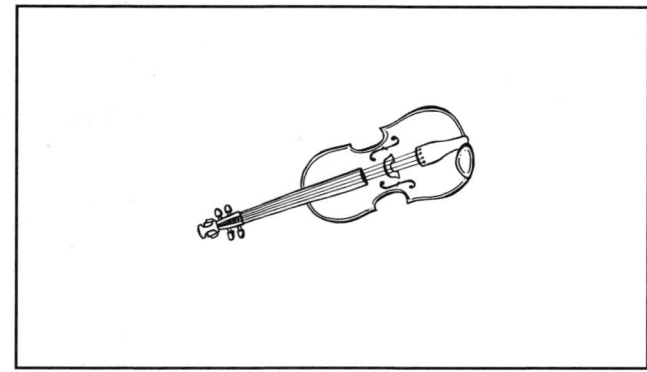
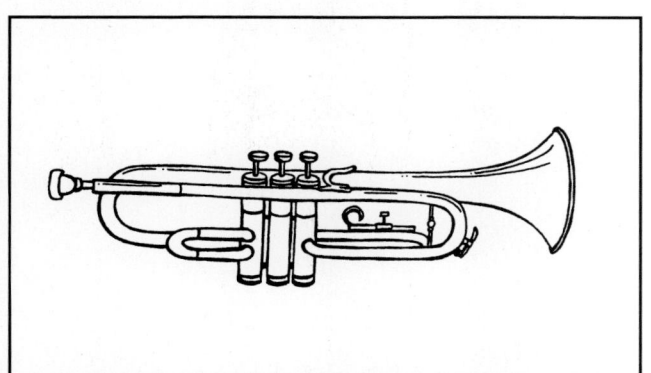
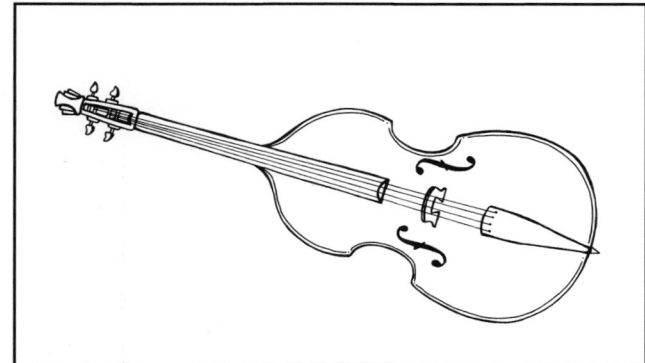
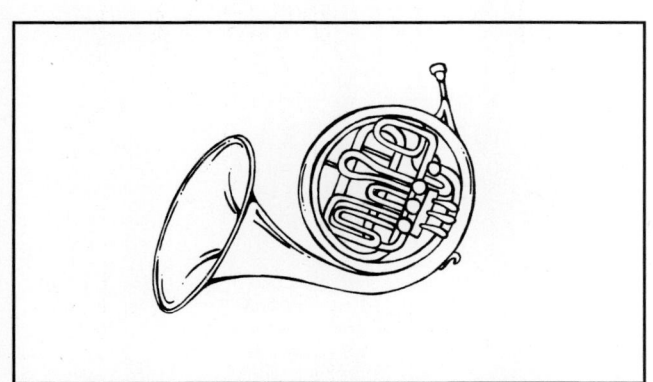
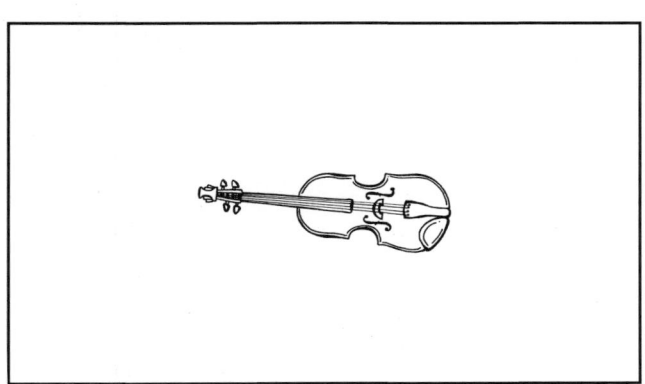
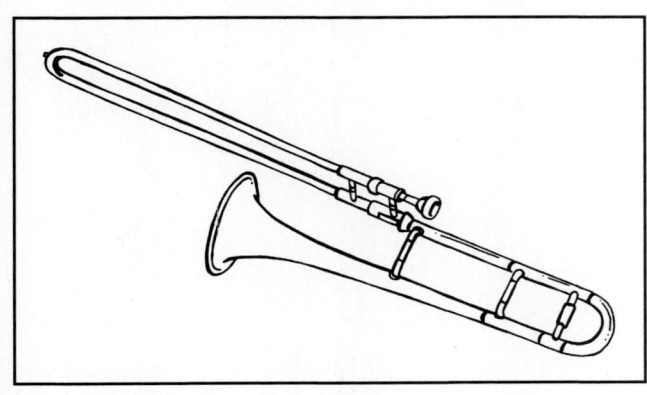

 Wie man Quartett spielt, wisst ihr alle. Stellt euch aber einmal vor, jemand kennt es nicht. Wer von euch verfasst eine Spielanleitung, die für jeden verständlich ist?
So könnt ihr vorgehen: Zahl der Mitspieler – Spielablauf – Wer hat gewonnen?

Quartett-Spiel – Teil 3

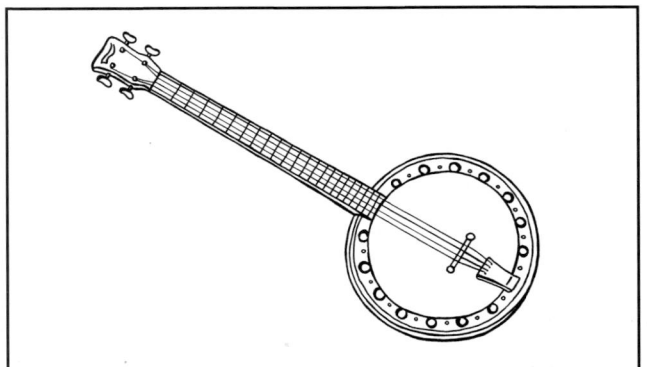
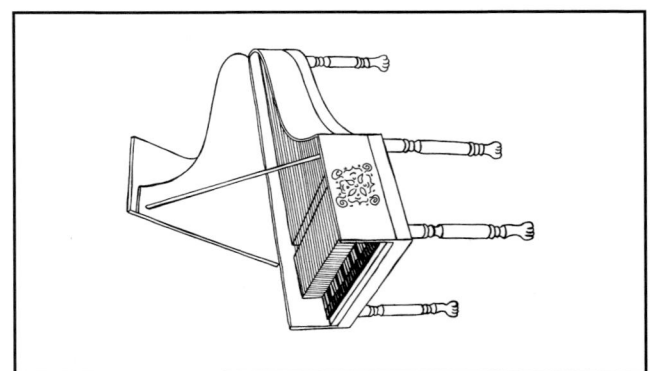
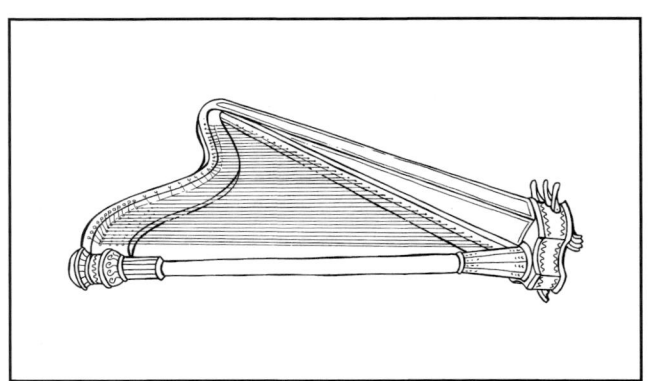
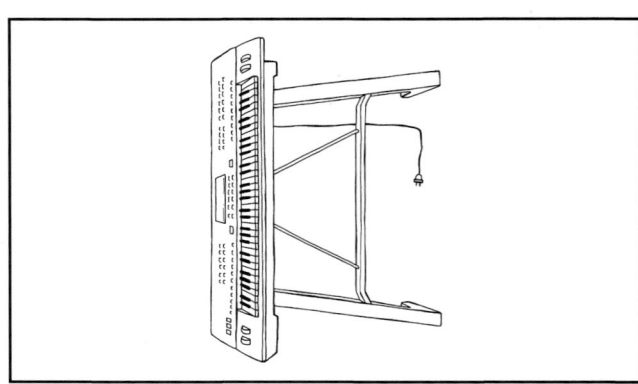

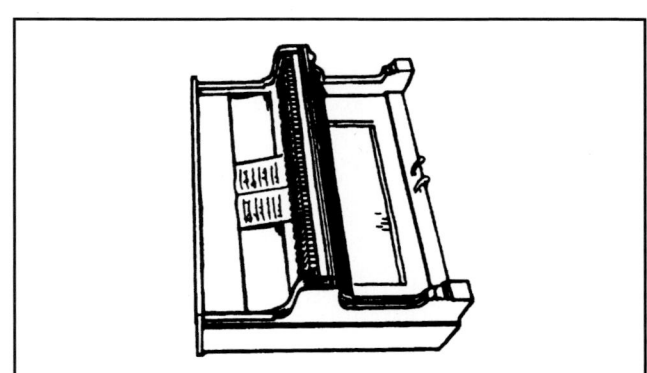

Kleines Schüler-Lexikon Schlaginstrumente

Becken

Das Becken ist ein aus tellerförmigen Metallscheiben bestehendes Schlaginstrument, das mit einem Schlägel angeschlagen wird. Es können auch zwei Becken gegeneinander geschlagen werden. Beim Drum-Set werden die Becken einzeln auf Ständer montiert oder als Hi-Hat übereinander. Das Hi-Hat hat zusätzlich noch ein Fußpedal (Fußmaschine).

Bongos

Bongos bestehen aus zwei mit nur jeweils einem (oberen) Fell bespannten Trommeln, die ungefähr die gleiche Höhe, aber verschiedene Durchmesser haben. Beide Trommeln sind miteinander verbunden (Zwillingstrommeln) und werden mit den Handballen oder den Fingern geschlagen.
Bongos stammen aus dem afrokubanischen Raum und werden in der Tanzmusik und im Jazz eingesetzt.

Conga

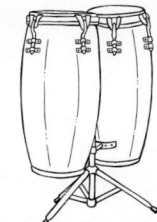

Die Conga ist eine sich nach unten verjüngende Trommel mit einer Höhe zwischen 70 und 90 cm und einem Durchmesser von ca. 25 cm. Sie hat nur oben ein Schlagfell und ist afrokubanischer Herkunft. Wie die Bongos wird sie mit den Fingern oder den Handballen angeschlagen.

Cowbell

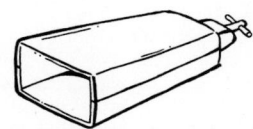

Im Gegensatz zur normalen Glocke haben Cowbells keine Klöppel. Sie werden aus Metall hergestellt und mit dem Trommelstock oder einem Holzstab angeschlagen.

Glockenspiel

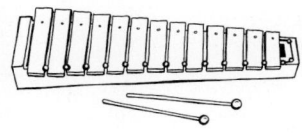

Ursprünglich bestand das Glockenspiel aus nebeneinander aufgehängten Glöckchen, die mit einem Hämmerchen oder Stab angeschlagen wurden. Ab dem 17. Jahrhundert wurden die Glocken durch Metallplättchen oder -röhren ersetzt.

Gong

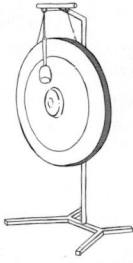

Der Gong stammt ursprünglich aus Asien, ist gestimmt und besteht aus einer gegossenen oder gehämmerten Bronzeplatte. Diese hat einen umgebogenen Rand und eine Auswölbung („Buckel") in der Mitte. Den Gong gibt es in verschiedenen Größen und Tönen.
Die unterschiedlich großen Gongs werden an Schnüren in einen Rahmen gehängt und in der Mitte mit einen Filzschlägel angeschlagen.

Guiro

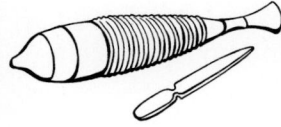

Der Guiro (= Fisch/Gurke) stammt aus Lateinamerika und bestand ursprünglich aus einem ausgehöhlten Flaschenkürbis mit auf einer Seite eingekerbten Rillen.
Mit einem Stäbchen wird über die Rillen hin- und hergestrichen (schrapen), sodass ein kratzendes, knarrendes oder schnarrendes Geräusch entsteht.

Kleines Schüler-Lexikon Schlaginstrumente

Holzblock

Der Holzblock (Holzblocktrommel) stammt aus Ostasien und besteht aus einem rechteckigen Hartholzblock mit gewölbter Oberfläche und schlitzförmigen Aushöhlungen an den Längsseiten. Angeschlagen wird der Holzblock mit Trommelstöcken oder verschiedenen Schlägeln.

Kastagnetten

Der Begriff kommt aus dem Spanischen und heißt soviel wie „kleine Kastanie". Kastagnetten bestehen aus zwei muschelförmigen Hartholzschalen, die mit einer Schnur verbunden sind und auf verschiedene Art mit den Fingern zusammengeschlagen werden. Vorrangig werden sie in der spanischen Tanzmusik (z. B. Flamenco) verwendet.

Klanghölzer

Klanghölzer (Schlaghölzer, Claves) sind bis zu 25 cm lange Hartholzstäbe mit einem Durchmesser von 2 – 3 cm. Einer der Stäbe liegt in der Hand, die einen Hohlraum als Resonanzboden bildet. Mit dem anderen Stab wird dagegen geschlagen. Klanghölzer werden hauptsächlich in der lateinamerikanischen Tanzmusik eingesetzt.

Marimbafon

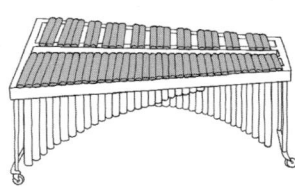

Das Marimbafon stammt aus Afrika und ist mit Holzplatten bestückt, die ähnlich einer Klaviatur angeordnet sind. Zur Tonverstärkung wurden ursprünglich unter den Klangplatten ausgehöhlte Flaschenkürbisse angebracht, die heute durch zylindrische Metallröhren ersetzt werden.

Metallofon

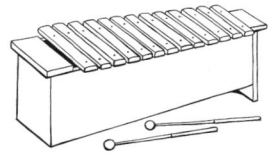

„Metallofon" ist eine Sammelbezeichnung für xylofon-ähnliche Metallstabspiele, die mit verschiedenen Schlägeln angeschlagen werden. Im Orff-Instrumentarium haben sie Resonanzkästen.

Pauke

Die Pauke ist ein Schlaginstrument, das aus einem Metallkessel (Resonanzkörper) und einem darüber gespannten Fell (Membran) besteht. Die Pauke wird mit Schlägeln angeschlagen. Sie hat eine bestimmte, aber veränderliche Tonhöhe. Über einen Metallreifen am Kesselrand kann mittels Flügelschrauben oder über ein Pedal das Fell verschieden straff gespannt und somit gestimmt werden.

Peitsche

Die Peitsche, auch Klappholz genannt, besteht aus zwei länglichen Hartholzbrettern, die mit einem Scharnier verbunden und an einem Griff befestigt sind. Durch ruckartiges Gegeneinanderschlagen wird ein Peitschenknall nachgeahmt.

Rasseln

Rasseln sind Geräuschinstrumente, die in einem Hohlkörper Sand, Körner, Schrot oder kleine Steinchen beinhalten. Die Klangerzeugung geschieht durch Schütteln (Rumbakugel, Kugelrassel).

Kleines Schüler-Lexikon Schlaginstrumente

Ratsche

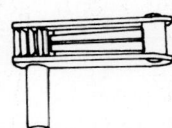

Die Ratsche (Knarre, Schnarre) ist ein Geräuschinstrument, bei dem durch Drehbewegung eine Holzzunge gegen die Zähne eines Zahnrades schrappt.

Röhrenglocken

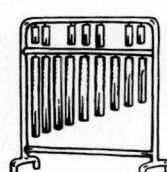

Röhrenglocken sind ein Schlaginstrument, das aus unterschiedlich langen Stahlröhren (bis max. 3 m Länge) besteht, die in einen Rahmen gehängt werden. Der Anschlag erfolgt mit einem Holz- oder Gummikopfschlägel.

Rührtrommel

Die Rührtrommel entstand um 1500 und wurde von Landsknechten gespielt (Landsknechttrommel). Sie war bis zu 100 cm hoch bei einem Durchmesser von bis zu 50 cm und wies eine beidseitige Fellbespannung (Schlag- und Resonanzfell) auf.

Schellenkranz

Der Schellenkranz (Schellenring, Glockenkranz) ist ein runder oder halbrunder Ring mit darauf befestigten kleinen Glöckchen.

Schellenstab

Der Schellenstab ist ein Instrument aus dem Orff-Schulwerk. In ein eingeschlitztes, schmales Holzbrett oder in einem Holzrahmen sind Schellen eingehängt.

Schnarrtrommel

siehe Kleine Trommel

Tamburin

Das Tamburin (Schellentrommel) ist eine seit dem Mittelalter bekannte einfellige Rahmentrommel, meist aus Holz, in deren Rahmen Metallplättchen oder Schellen angebracht sind. Beim Schlagen auf das Fell oder beim Schütteln entsteht ein heller Klang.

Tamtam

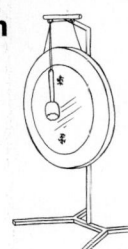

Das aus Ostasien stammende Tamtam ist – im Gegensatz zum Gong – nicht stimmbar und besteht aus einer runden, leicht gewölbten Bronzescheibe (Durchmesser 40 – 150 cm). Es wird mit einem Hartfilzschlägel angeschlagen und entwickelt einen langanhaltenden Ton.

Kleines Schüler-Lexikon Schlaginstrumente

Tomtom

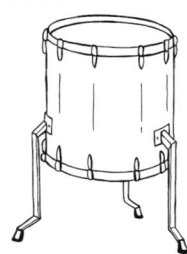

Das Tomtom hat einen zylindrischen Korpus aus Sperrholz mit ein- oder zweifelliger Bespannung. Es wurde in den 1920er Jahren aus der lateinamerikanischen Tanzmusik in die Jazzensembles übernommen. Daher hat es auch den Namen Jazzpauke. Die kleinere Ausführung kann mit Halterungen an der Großen Trommel angebracht werden (Hänge-Tomtom); die größeren haben verstellbare Standbeine. Angeschlagen werden die Instrumente mit Trommelstöcken, Paukenschlägel oder dem Jazzbesen.

Triangel

Der Triangel ist ein dreieckig gebogener Stahlstab mit einer Seitenlänge von 15 bis 30 cm, der an einem Winkel offen ist. Er wird mit einem Metallstab angeschlagen und erzeugt einen hellen, durchdringenden Klang.

Kleine Trommel

Der Korpus der Trommel wurde früher aus Holz gefertigt, heute besteht er aus Metall. Oben ist das Schlagfell, unten das Resonanzfell. Über das untere Resonanzfell sind Schnarrseiten (Schnarrtrommel/Snaredrum) gespannt. Je nach Art des Einsatzes, als Orchester-, Militär- oder als Jazzinstrument, weisen die Kleinen Trommeln unterschiedliche Maße auf. Die Höhe beträgt ca. 15 cm, der Durchmesser ca. 35 cm. Angeschlagen wird sie mit Trommelstöcken oder Jazzbesen.

Große Trommel

Die Große Trommel ist das wichtigste Bassinstrument in der Schlagzeuggruppe. Sie wird mit Schlägeln angeschlagen, im Jazz durch ein Pedal betätigt. Die Höhen reichen von 45 bis 55 cm bei einem Durchmesser von ca. 70 cm. Die Basedrum (Drum-Set) ist kleiner.

Vibrafon

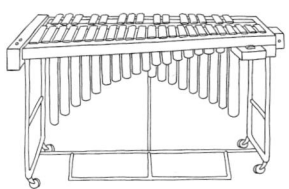

Das Vibrafon entstand um 1920 in Nordamerika. Unter den wie in einer Klaviatur angebrachten Leichtmetallplatten befinden sich jeweils zugehörige Resonanzröhren. Elektrisch betriebene Drehklappen am oberen Ende der Röhren erzeugen durch abwechselndes Öffnen und Schließen den klanglichen Eindruck des Vibratos. Durch ein Pedal kann der Ton gedämpft werden.

Xylofon

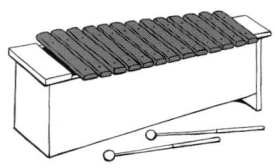

Die Anschlagplatten des Xylofons bestehen aus verschieden langen (abgestimmten) Hartholzstäben. Das Orchesterxylofon hat eine zweireihige Klaviaturanordnung mit Röhrenresonatoren (ähnlich wie Marimbafon) und wird mit Schlägeln oder Klöppeln angeschlagen. Im Orff-Instrumentarium finden sich ein- und zweireihige Xylofone mit Kastenresonatoren.

Zimbel

Zimbeln (Fingerzimbeln) sind kleine (Durchmesser 4 – 5 cm) Metallbecken mit einer halbkugeligen Wölbung. Sie werden ähnlich wie Kastagnetten mit nur einer Hand gespielt: Mit Gummibändern an Daumen und Zeige-(Mittel-)Finger befestigt, werden sie paarweise gegeneinander geschlagen.

Lösungen Schlaginstrumente

AB 1:

1.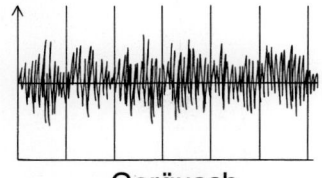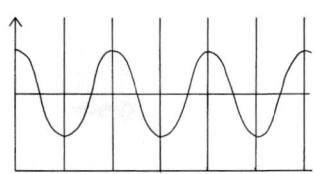

   Geräusch   Klang

2.

Ton (Klang)	Geräusch
Geige spielen	Zischen einer Schlange
Lied singen	Autozusammenstoß
Kuckucksruf	Gewitterdonner
Pfeifen einer Lokomotive	Trommel schlagen

3. schrapen, schlagen, zupfen, blasen, streichen, schütteln

AB 2:

Kurzklinger

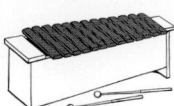   

Xylofon   Kastagnetten   Klanghölzer   Peitsche   Tamburin   Trommel   Holzblock

Kurzklinger   **Langklinger**

      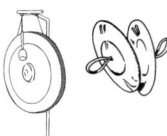

Rassel   Schellen- Guiro   Bongos   Triangel   Pauke   Gong   Becken
        kranz

AB 3:

1. Becken, Trommel, Triangel, Rasseln, Pauke

2.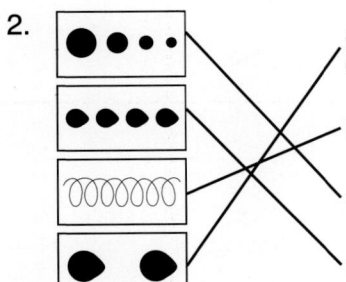

   - gleichzeitiges Anschlagen von zwei Klangstäben auf dem Glockenspiel
   - Reiben mit der Hand auf der Trommel
   - vier nacheinander leiser werdende Trommelschläge
   - vier gleichmäßige Paukenschläge

3. Wechselndes Anschlagen auf dem Xylofon: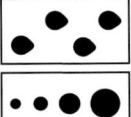

   Vier nacheinander lauter werdende Trommelschläge: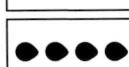

   Vier Beckenschläge:

   Vier gleichmäßige Schläge mit Klanghölzern:

Lösungen Schlaginstrumente

AB 6:

1.

2.

	Drummy	Beaty
Der Hut ist	ein Becken	ein Triangel
Der Kopf ist	eine Trommel	eine Trommel
Der Oberkörper besteht aus	Holzblock, Schlägel	Holzblock, Schlägel
Der Unterkörper ist	eine Pauke	ein Glockenspiel
Die Beine sind	(der Paukenständer)	Kugelrasseln

AB 8:

1.

	Trommel sehr leise, Fingerspitzen klopfen		Glockenspiel abwärts		Triangel
	Rasseln laut		Trommelschlag		Rasseln leise
	Pauke		Pfeifen		Pauke, Becken
	Xylofon abwärts		Triangel oder Glocke		mehrere Trommeln, Rasseln

AB 10:

Gong   Becken

Rassel   Tamburin

Holzblock   Klanghölzer

Pauken

Trommel

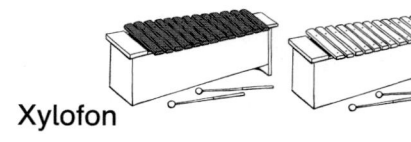
Xylofon   Metallofon

Lösungen Schlaginstrumente

AB 11:

Instrument	Holz	Metall	Fellbe-spannung	schlagen	schütteln	schrapen	kurzer Klang	langer Klang
Klanghölzer	X			X			X	
Triangel		X		X				X
Metallofon		X		X				X
Kastagnetten	X			X			X	
Trommel			X	X			X	
Rasseln	X				X		X	
Guiro	X					X	X	
Xylofon	X			X			X	
Schellenkranz	(X)	X			X		X	
Pauke			X	X				X

AB 12:

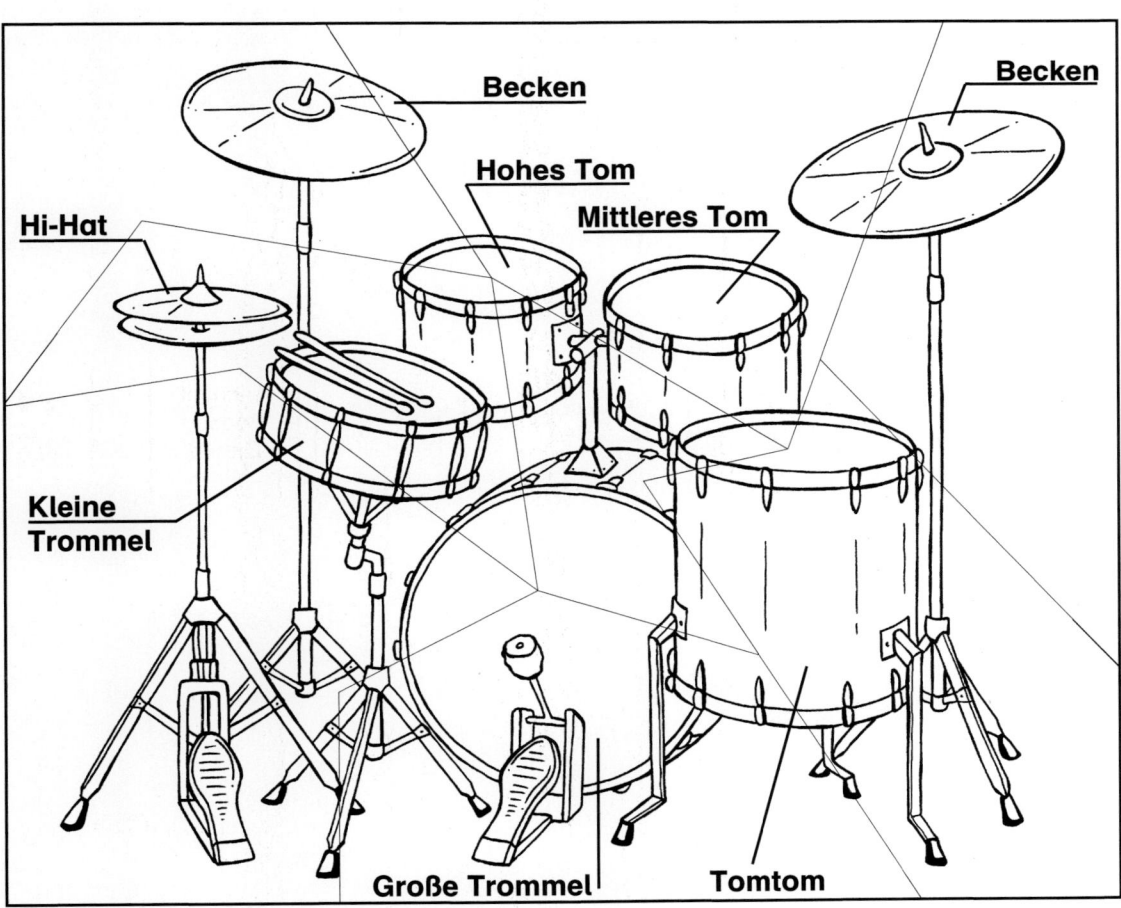

Lösungen Schlaginstrumente

AB 13/14:

	1. Pauke		6. Triangel
	2. Trommel		7. Gong
	3. Röhrenglocken		8. Becken
	4. Kastagnetten		9. Xylofon
	5. Tamburin		

AB 15/16:   2.   1. Xylofon; 2. Metallofon; 3. Glockenspiel; 4. Marimbafon; 5. Vibrafon

3.

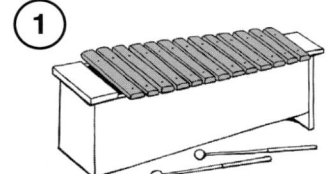 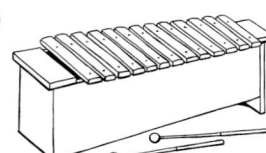

 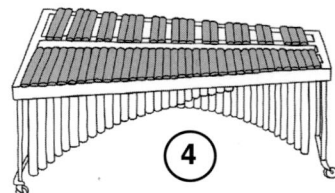

4.
a) Wir stellen fest:

Der kleinste Klangstab des _Glockenspiels_ klingt _heller_ und _höher_ .
Der kleinste Klangstab des _Metallofons_ klingt _dunkler_ und _tiefer_ .

b) Wir stellen fest:

Die Klangstäbe des Metallofons _schwingen länger_ ,
die Klangstäbe des Xylofons _schwingen kürzer_ .
Holz schwingt kürzer als _Metall_ .

Lösungen Schlaginstrumente

c) Wir stellen fest:

Das Metallofon klingt __tiefer__ als das Glockenspiel.
Je größer der Resonanzkörper, desto __tiefer__ der Ton.

d) Man kann sagen:

Je kleiner das Instrument, desto __heller__ und __höher__ ist sein Klang.
Je größer es ist, desto __dunkler__ und __tiefer__ ist sein Klang.

AB 20:

1. KESSELPAUKE
2. TRIANGEL
3. RATSCHE
4. SCHELLENSTAB
5. SCHNARRTROMMEL
6. KUHGLOCKE
7. BECKEN
8. KUGELRASSELN
9. TAMTAM
10. METALLOFON
11. PEITSCHE
12. GLOCKENSPIEL

AB 22/23:

1.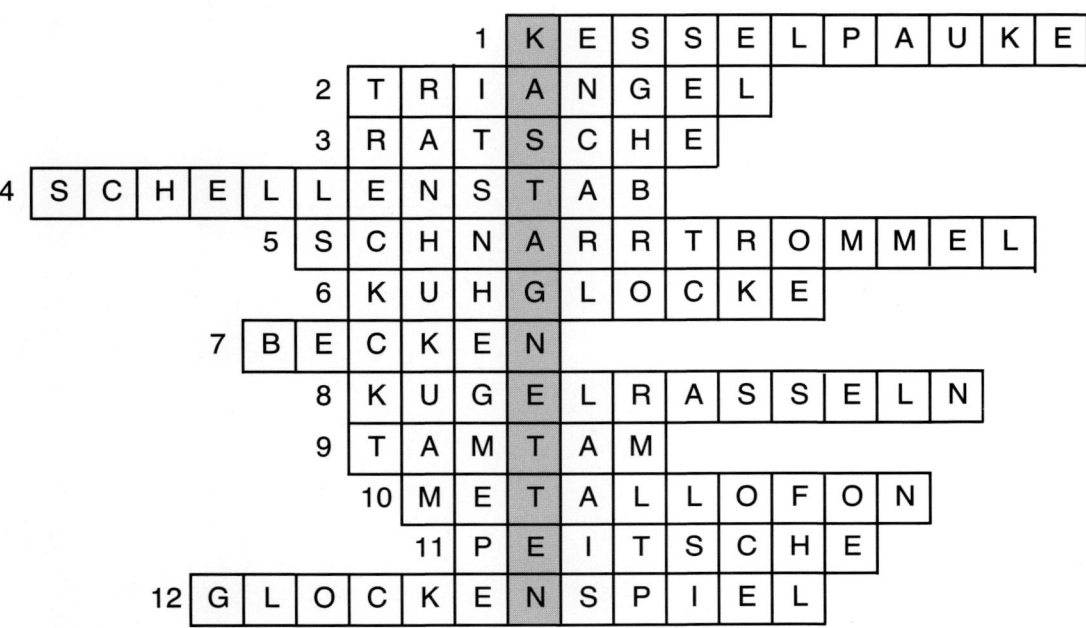

4. a) Rassel, b) Schellenstabes, c) Guiro, d) Peitsche,
e) Trommel, f) Beckens, g) Kastagnetten

Lösungen Schlaginstrumente

AB 24:
2. Waagerecht: Rassel, Tamburin, Xylofon, Röhrenglocken, Trommel, Bongos, Kastagnetten, Schnarrtrommel, Oboe
Senkrecht: Rührtrommel, Schellenstab, Pauke, Becken, Guiro, Metallofon, Holzblock, Triangel
3. Oboe

AB 25:
Melodie: Trompete, Kontrabass, Panflöte, Querflöte, Harfe, Akkordeon, Keyboard, Tuba, Klarinette, Posaune

Rhythmus: Klanghölzer, Bongos, Schellenkranz, Kastagnetten, Rasseln, Pauke, Triangel, Becken, Trommel, Tamburin

---

Ein Schlagzeuger ist bei der Aufnahmeprüfung im Fach Gehörbildung an der Musikhochschule. Der Professor spielt ihm auf dem Klavier die Töne c und e vor.
„Wie nennt man das?", fragt er den Kandidaten.
„Kann ich das noch einmal hören?", bittet dieser.
Nochmals spielt der Professor dieses Intervall, woraufhin der angehende Schlagzeuger kopfschüttelnd bittet: „Könnte ich es noch ein drittes Mal hören?"
Auch darauf geht der Professor ein.
„Jetzt hab ich´s", meint der Kandidat freudestrahlend, „es ist ein Klavier."

Lösungen Blasinstrumente

AB 1/2:

Station A

1. Du merkst: A – Die Flaschen klingen _gleich_ ,
   da sie _gleich_ groß sind.

   B – Die große Flasche klingt _tiefer_ ,
   die kleine Flasche klingt _höher_ .

2. Du merkst: Flasche A klingt _tiefer_ ,
   da sie eine _größere_ Luftmenge (Luftsäule) hat.

   Flasche B klingt _höher_ ,
   da sie eine _kleinere_ Luftsäule hat.

   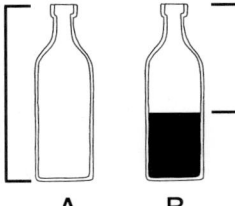

Station B

4. Du merkst: Je mehr Wasser in der Flasche ist,
   desto _kleiner_ ist die Luftsäule.
   Deshalb klingen die Flaschen,
   wenn man sie der Reihe nach anbläst,
   immer etwas _höher_ .

Station C

1. a)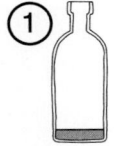

2. a)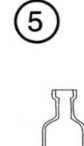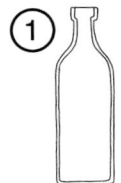

   d) Du merkst: Je _länger_ die Luftsäule, desto _tiefer_ der Ton.
   Je _kürzer_ die Luftsäule, desto _höher_ der Ton.

Station D

1.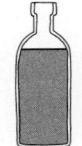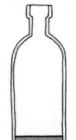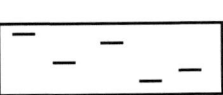

Station E

2.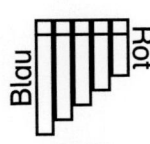

3.

Lösungen Blasinstrumente

AB 3: 1.

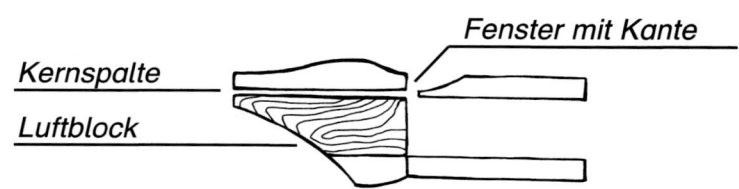

Schlepper   Dampfer   Kajütboot   Schlepper

3.
- [1.] Können wir helfen? (Dampfer)
- [2.] Wir haben Wasser im Boot! (Kajütboot)
- [3.] Wir sind in eurer Nähe! (Schlepper)
- [4.] Wir nehmen euch in Schlepp! (Schlepper)
- [5.] Dann gute Fahrt! (Dampfer)

[1.] .. _ ..
[2.] _ _ .... _ _
[3.] _ .. _ . _
[4.] _ .. _ ..
[5.] _ .. _

AB 4: 1.

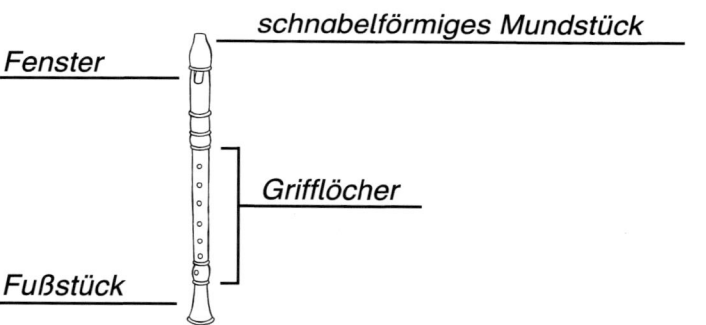

Kernspalte, *Fenster mit Kante*, *Luftblock*

schnabelförmiges Mundstück, *Fenster*, *Grifflöcher*, *Fußstück*

2. A   B

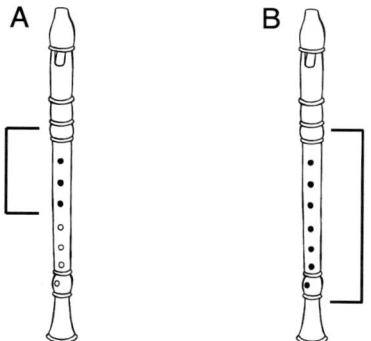

Du merkst: Die Luftsäule der Flöte A ist __kürzer__ als die Luftsäule der Flöte B.
Daher klingt Flöte A __höher__ als Flöte B.

Lösungen Blasinstrumente

AB 5: 1.

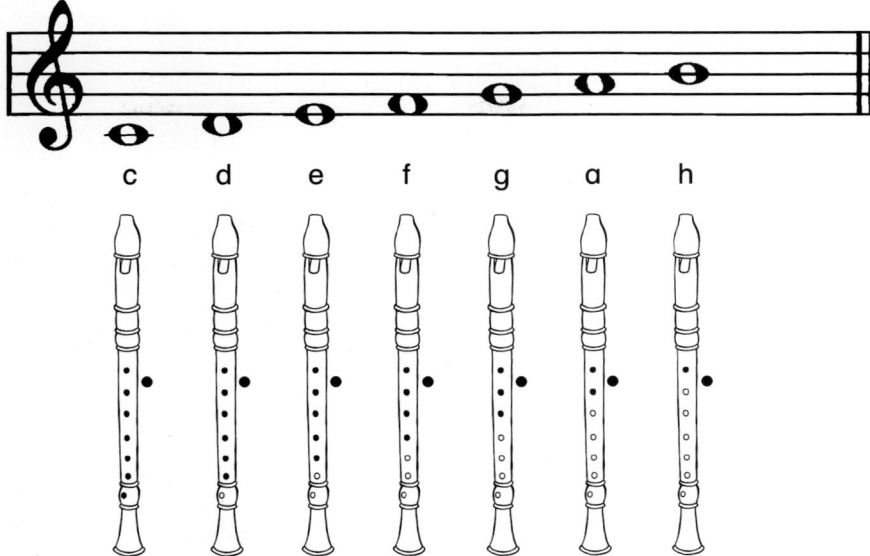

2. a) Schnabelflöte, b) 7 + 1 Überblasloch, c) zum Überblasen,
   d) durch das Öffnen und Schließen der Grifflöcher und durch das Überblasen,
   e) ein Holzkern, f) Sopranblockflöte, Tenorblockflöte, Altblocklöte, Bassblockflöte,
   g) Bassblockflöte, h) Querflöte, i) in der Barockzeit

AB 6: 1.

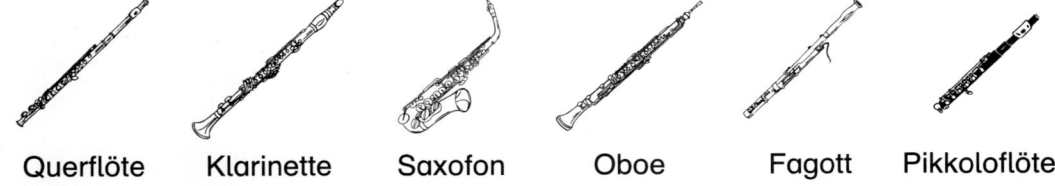

Querflöte   Klarinette   Saxofon   Oboe   Fagott   Pikkoloflöte

AB 7:

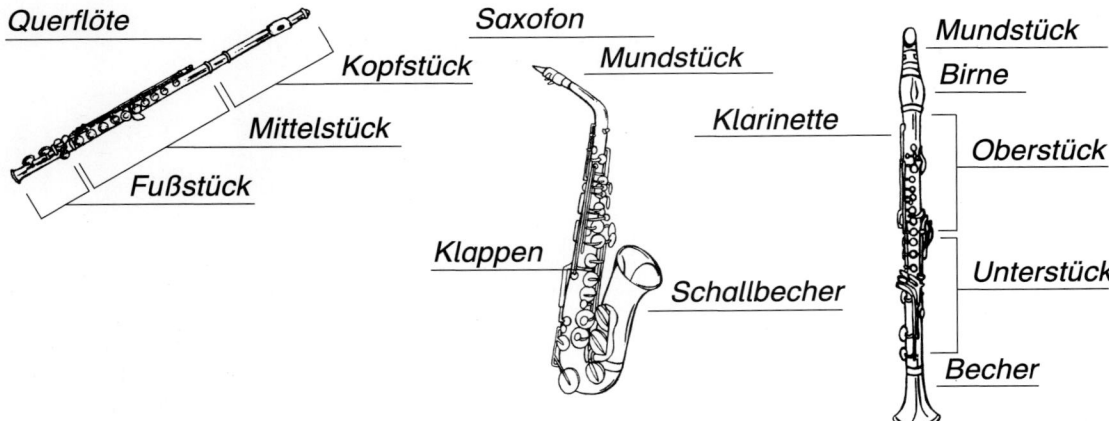

AB 8:

Beim Anblasen stößt die Luft auf eine Kante, an der sie sich in Luftwirbel aufspaltet und damit die Luft im Inneren des Rohres in Schwingung versetzt.

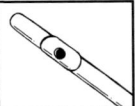

Zwischen dem schnabelartig abgeschrägten Oberteil des Mundstücks und dem Rohrblatt bleibt ein schmaler Spalt, durch den die Luft geblasen wird. Dabei gerät das Rohrblatt in Schwingung und gibt diese an die Luftsäule im Instrument weiter.

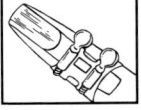

Das Mundstück besteht aus zwei aufeinander gepressten und zusammengebundenen Rohrblättchen. Sie geraten in Schwingung, wenn die Atemluft zwischen ihnen hindurchströmt.

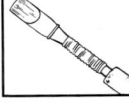

Lösungen Blasinstrumente

AB 9:

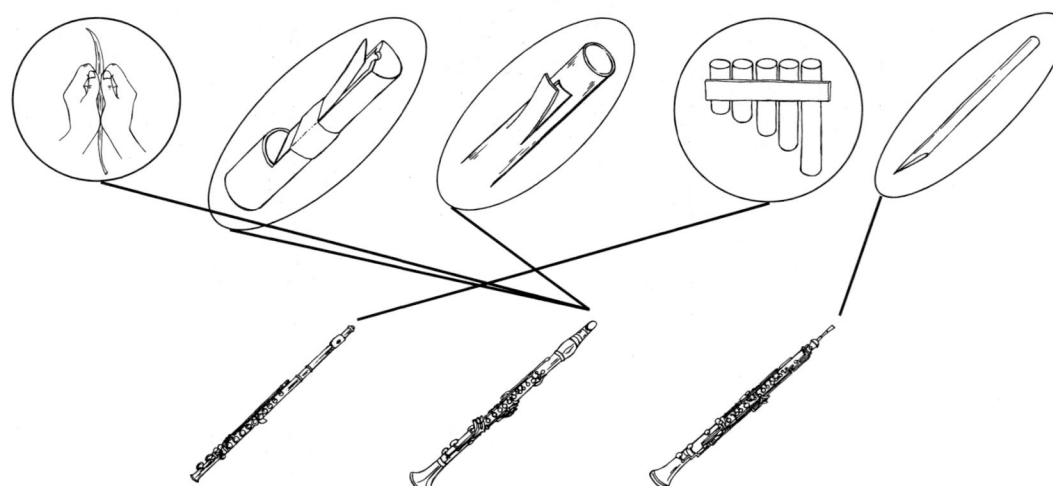

AB 10: 1. Querflöte, Fagott, Oboe, Klarinette

2.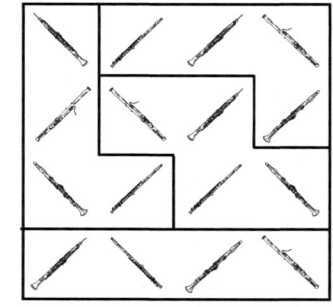

AB 11: 1.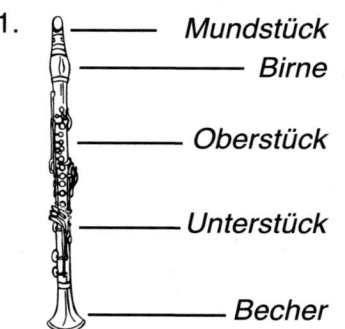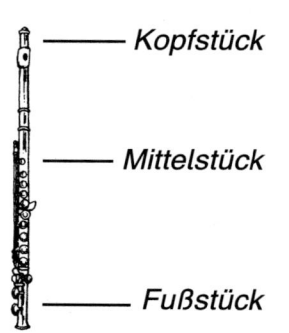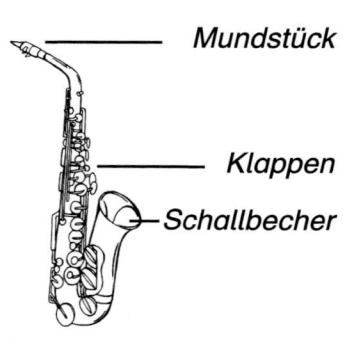

2. 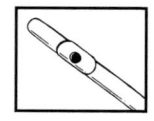 *Querflöte*    *Klarinette*   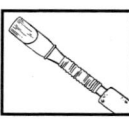 *Oboe*

AB 12:

Fagott   _Saxofon_

Lösungen Blasinstrumente

AB 13: 1. B   2. F   3. C   4. H   5. A
        6. G   7. D   8. I   9. E

AB 14:

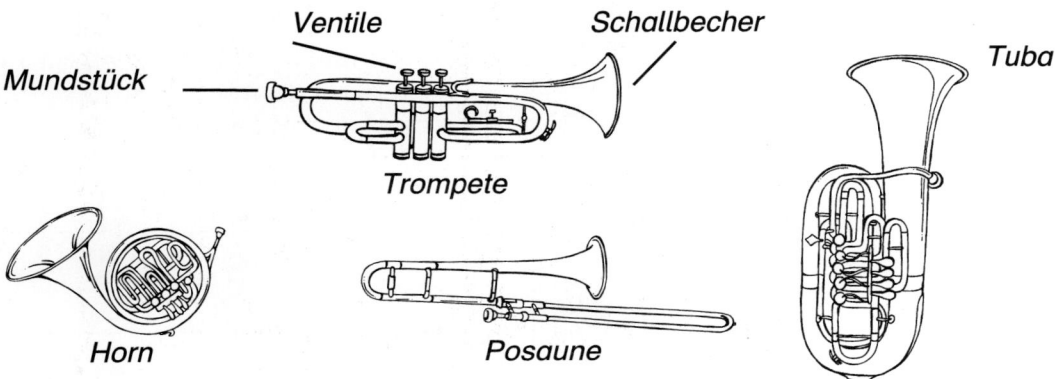

AB 15:

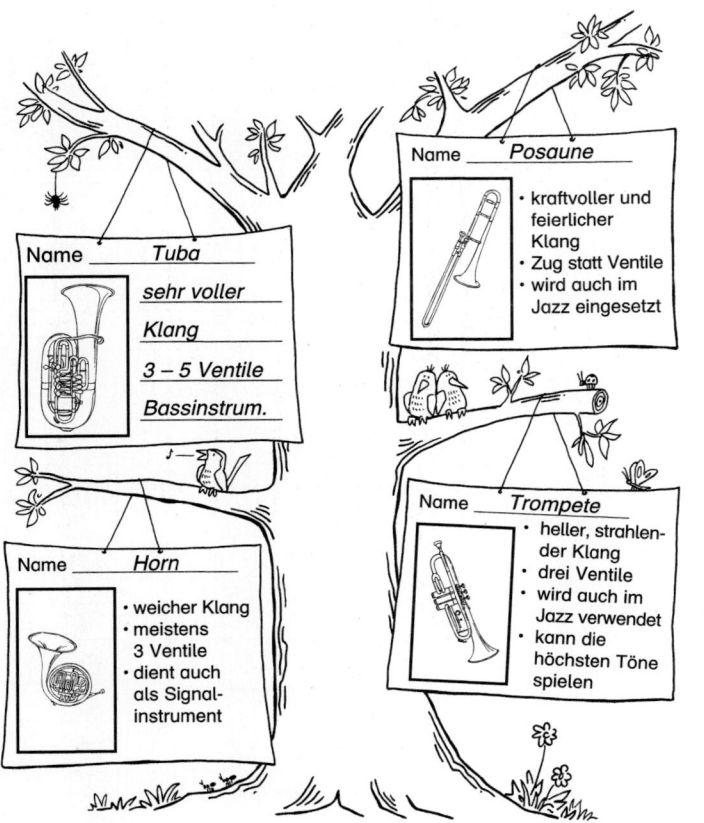

Lösungen Blasinstrumente

AB 16: Horn und Posaune

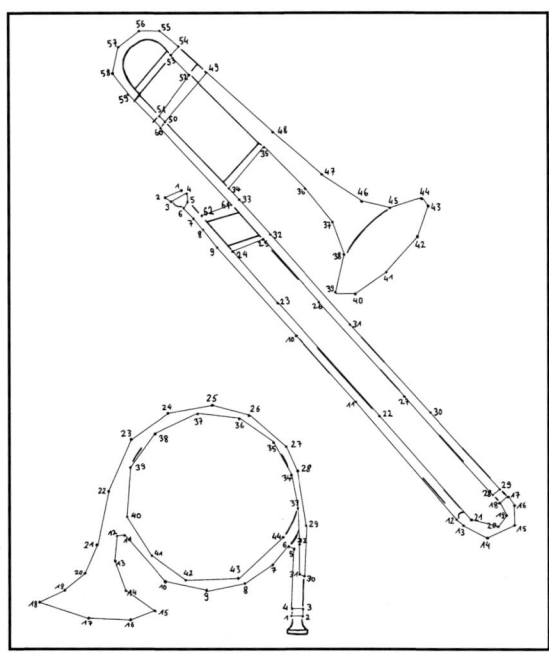

AB 17: Trompete – Teil B
Tuba – Teil C

AB 18:

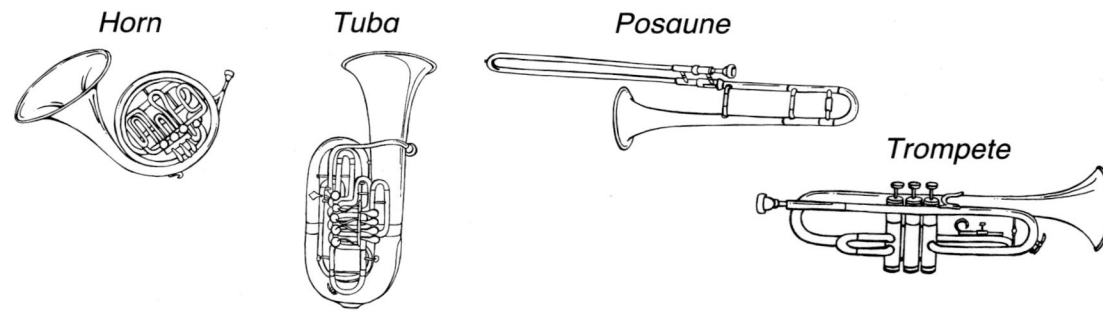

AB 19:
1. Blockflöte und Saxofon
2. Sie werden im Orchester nicht oder nur selten eingesetzt.

AB 20:

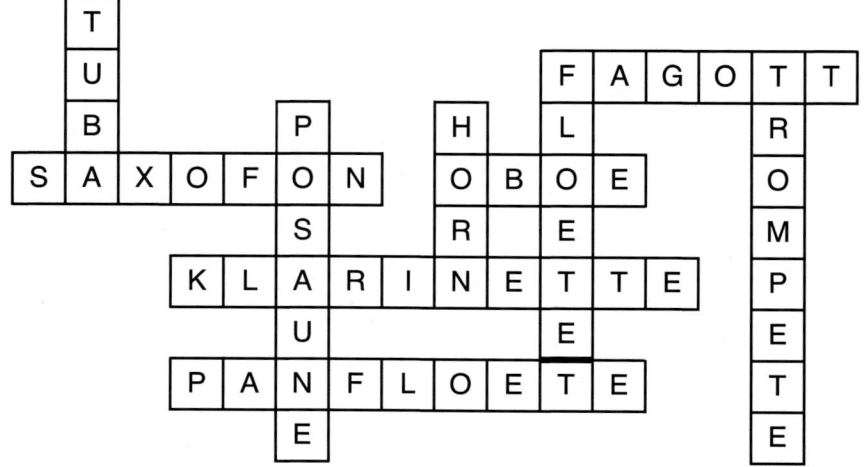

Lösungen Saiteninstrumente

AB 1:

1. Zupfe bei der Gummizither die dickste und danach die dünnste Saite an.

   Je dicker die Saite, desto _tiefer_ der Ton.
   Je dünner die Saite, desto _höher_ der Ton.

2. Spanne die Saite des Zupfbrettes stärker und schwächer.

   Je stärker die Saite gespannt ist, desto _höher_ der Ton.
   Je schwächer die Saite gespannt ist, desto _tiefer_ der Ton.

3. Verkürze die Saite, indem du den Holzkeil auf dem Zupfbrett verschiebst. Zupfe an!

   Je kürzer die Saite, desto _höher_ der Ton.
   Je länger die Saite, desto _tiefer_ der Ton.

4. Nimm ein Gummiband der Zither und spanne es mit der Hand. Zupfe es an!

   Der Klang wird durch den Resonanzkörper _verstärkt_.

AB 2:

Reihenfolge/Textlücken: Schwingen – Resonanzkörper – Streichen – Zupfen – Schwingungen – Resonanzkörper – vier – dicker – tiefer – verkürzt – Fingern – Steg – Drehen – Stimmgabel – Klavier

AB 3:

Die Streichinstrumente unterscheiden sich voneinander. Lediglich der Kontrabass anderen Instrumenten ab.	in ihrer Größe, nicht aber in ihrem Bau weicht in seiner Form etwas von den
Die beiden kleinsten Streichinstrumente, die (Bratsche), liegen auf der Schulter und werden größere Violoncello (Cello) wird immer im Sitzen oder er sitzt auf einem hohen Stuhl. Meter hoch.	Violine (Geige) und die Viola vom Kinn gehalten. Das viel gespielt. Der Kontrabassist steht Der Bass ist ungefähr zwei
Jedes Streichinstrument hat meist vier Saiten. Basses erzeugen die tiefsten Töne, die kurzen, Töne.	Die langen, dicken Saiten des dünnen Violinsaiten die höchsten
Die Saiten des Kontrabasses sind gut 3-mal so Da der Musiker die Saiten nicht verlängern, sondern einer Saite nicht tiefer spielen, als sie gestimmt ist. das Griffbrett drückt, kann er die Saite aber spielen.	lang wie die Saiten der Violine. nur verkürzen kann, kann er auf Indem der Spieler die Finger auf verkürzen und so höhere Töne
Man kann die Saiten mit dem Bogen Der Komponist schreibt dann „pizzicato" auf einmal erzeugen. Bei solch einem über zwei nebeneinanderliegende	streichen oder sie mit den Fingern zupfen. in die Noten. Man kann auch zwei Töne Doppelgriff streicht der Bogen gleichzeitig Saiten.
Vor jedem Spiel muss das Instrument Temperaturschwankungen neu gestimmt werden. die Oboe den Ton „a" an: Das ist der Nach diesem Ton müssen sich die anderen	wegen Feuchtigkeits- und Im Orchester gibt gewöhnlich so genannten Kammerton. Instrumente einstimmen.

Lösungen Saiteninstrumente

AB 4: Lösungswort: Resonanzkörper

AB 5: 1./2.

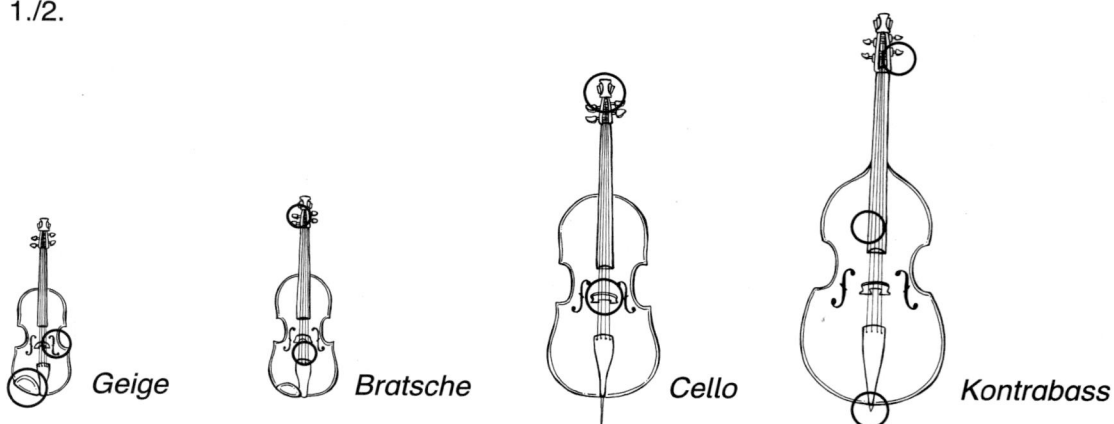
Geige — Bratsche — Cello — Kontrabass

3. Die Feinstimmer: kleine Schrauben zum genauen Stimmen der Saiten.

AB 6:

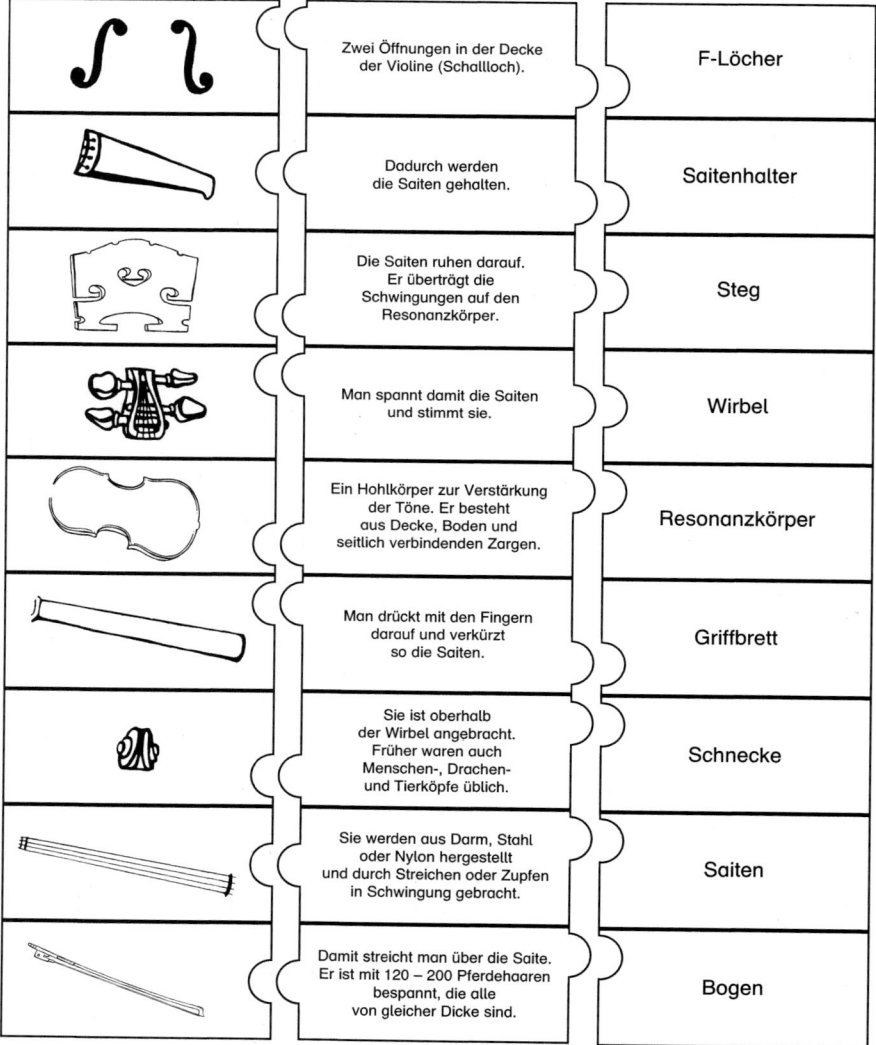

ƒ-Löcher Symbol	Zwei Öffnungen in der Decke der Violine (Schallloch).	F-Löcher
Saitenhalter	Dadurch werden die Saiten gehalten.	Saitenhalter
Steg	Die Saiten ruhen darauf. Er überträgt die Schwingungen auf den Resonanzkörper.	Steg
Wirbel	Man spannt damit die Saiten und stimmt sie.	Wirbel
Resonanzkörper	Ein Hohlkörper zur Verstärkung der Töne. Er besteht aus Decke, Boden und seitlich verbindenden Zargen.	Resonanzkörper
Griffbrett	Man drückt mit den Fingern darauf und verkürzt so die Saiten.	Griffbrett
Schnecke	Sie ist oberhalb der Wirbel angebracht. Früher waren auch Menschen-, Drachen- und Tierköpfe üblich.	Schnecke
Saiten	Sie werden aus Darm, Stahl oder Nylon hergestellt und durch Streichen oder Zupfen in Schwingung gebracht.	Saiten
Bogen	Damit streicht man über die Saite. Er ist mit 120 – 200 Pferdehaaren bespannt, die alle von gleicher Dicke sind.	Bogen

Lösungen Saiteninstrumente

AB 7:

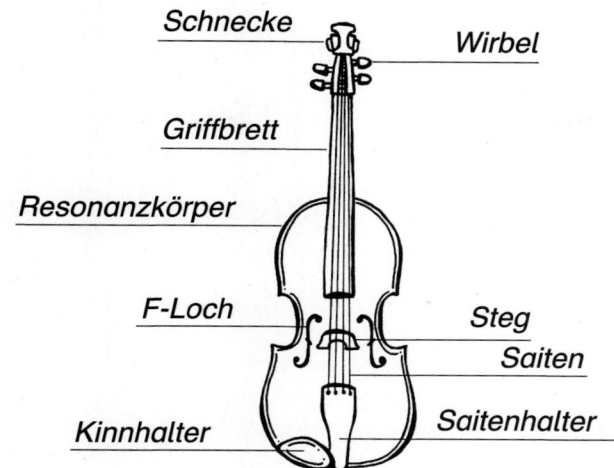

AB 8:

AB 9:

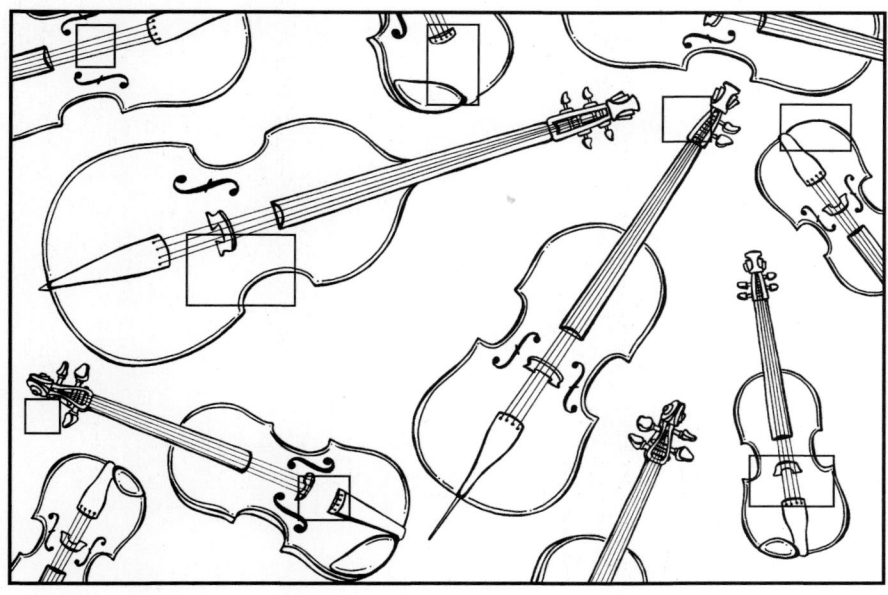

AB 10:   1. C3
         2. F5

AB 11:   Es sind 34 Geigen.

Lösungen Saiteninstrumente

AB 12/13/14:

 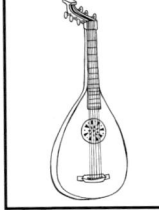    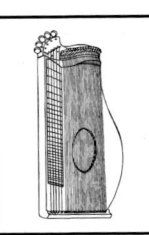

Gitarre   *Laute*   *Banjo*   *Mandoline*   *Harfe*   *Zither*

Reihenfolge/Textlücken:
1. Text: Gitarre (3x)
2. Text: Lauten, Laute
3. Text: Banjo (2x)
4. Text: Mandoline, Mandolinen
5. Text: Harfe (2x)
6. Text: Zither

Instrument	Wie viele Saiten hat das Instrument?	Wie sieht der Resonanzkörper aus?	Was weißt du noch über dieses Instrument?
Mandoline	4 Doppelsaiten	bauchig	z. B. Italien, Volksmusik
Laute	5 Doppel- + 1 Einfachseite	bauchig	z. B. geknickter Hals, sehr altes Instrument, viele Arten
Banjo	4 Saiten	trommelartig	z. B. Jazz, Country
Gitarre	6	geschwungen	z. B. Saiten werden gezupft und geschlagen
Harfe	47	lang, nach oben schmaler werdend	z. B. Orchester, Volksmusik, sieben Pedale
Zither	5 Melodiesaiten, bis zu 38 Begleitsaiten	flach	z. B. Volksmusik, Alpen, Metallring angeschlagen

AB 15:   Harfe, Geige, Kontrabass, Laute, Banjo, Mandoline, Gitarre, Zither, Cello

Lösungen Tasteninstrumente

AB 1/2:

Cembalo u. Spinett   *Klavier u. Flügel*

Orgel, Akkordeon u. Keyboard

AB 3:

Welches Instrument ist gemeint?	Was bewirkt der Tastendruck?	Welches Bild passt?
Cembalo	Ein Federkiel wird so bewegt, dass er eine Saite anzupft.	
Orgel	Luft wird in eine Pfeife geblasen.	
Akkordeon	Die Luft bringt Metallzungen zum Schwingen.	
Klavier	Ein Hämmerchen wird bewegt, das die Saiten anschlägt.	
Keyboard	Durch Tastendruck wird elektrischer Strom freigegeben, der den Ton verstärkt.	

AB 4:

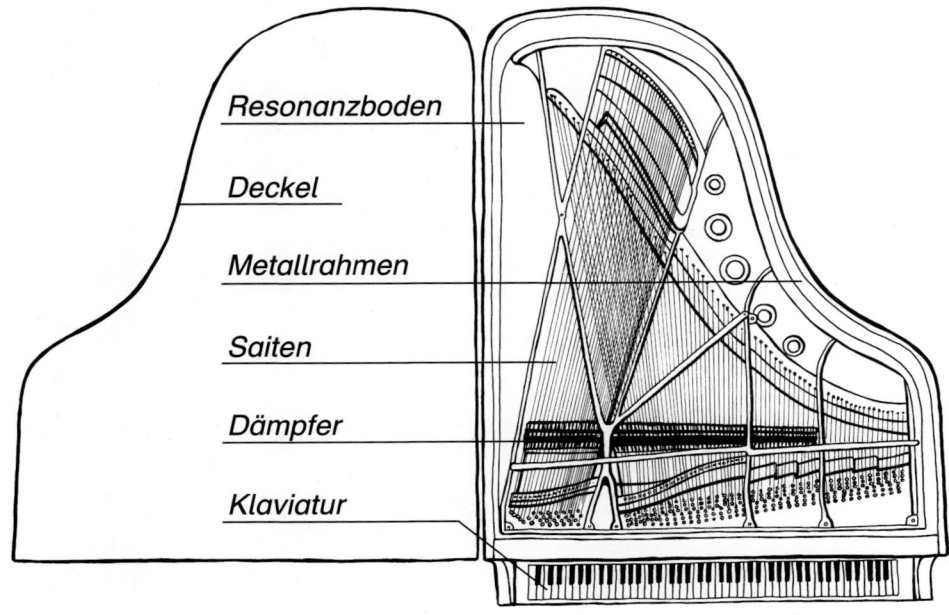

Resonanzboden, Deckel, Metallrahmen, Saiten, Dämpfer, Klaviatur

Lösungen Tasteninstrumente

AB 6: Das *Klavier* ist das verbreitetste Tasteninstrument. Beim Flügel verlaufen die Saiten *waagerecht*, während sie beim Klavier *senkrecht* verlaufen.
Normalerweise hat das Klavier 88 Tasten. Zur untersten Oktave gehört zu jeder Taste eine dicke Saite. Je dicker die Saite, desto *tiefer* der Ton. Zur nächsthöheren Oktave gehören zu jeder Taste *zwei* Saiten, zu den übrigen drei. Auf diese Weise lassen sich *kraftvollere* Töne erzeugen. Beim Cembalo konnte die Lautstärke *nicht* verändert werden, während dies beim Klavier durch die *Hammermechanik* möglich wurde.
Die Saiten des Cembalos werden *angezupft*, beim Klavier werden sie durch Filzhämmerchen *angeschlagen*. Der Ton klingt so lange nach, wie die Taste gedrückt bleibt. Wird sie losgelassen, drückt sich ein Filzplättchen als *Dämpfer* gegen die Saite, was sie zum Verstummen bringt. Die Dämpfung kann durch das rechte Pedal, das *Haltepedal*, aufgehoben werden. So kann der Ton angeschlagener Saiten länger gehalten werden. Das linke Pedal verringert die *Lautstärke*.
Das Klavier nennt man auch *Pianoforte, Fortepiano* oder *Piano*. Diese Begriffe besagen, dass je nach Stärke des Anschlags einer Taste, *leiser* oder *lauter* gespielt werden kann.
Bekannte Komponisten, die auch hervorragende Pianisten waren, sind *W. A. Mozart* und *Frédéric Chopin*.
Das Klavier ist ein *Konzertinstrument*. Es wird auch zur *Begleitung* von Liedvorträgen eingesetzt. Bei Proben, etwa zu einer Oper, ersetzt es ein ganzes *Orchester*. Deshalb gibt es neben den Orchesterpartituren auch immer eine Fassung für das *Klavier*.

AB 8:

G-Dur-Tonleiter:
Das f muss um einen *halben* Ton *erhöht* werden. Aus f wird fis.

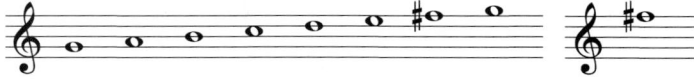

F-Dur-Tonleiter:
Das h muss um einen *halben* Ton *erniedrigt* werden. Aus h wird b.

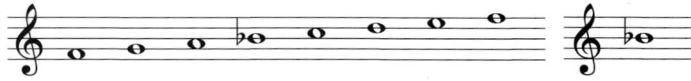

AB 9:

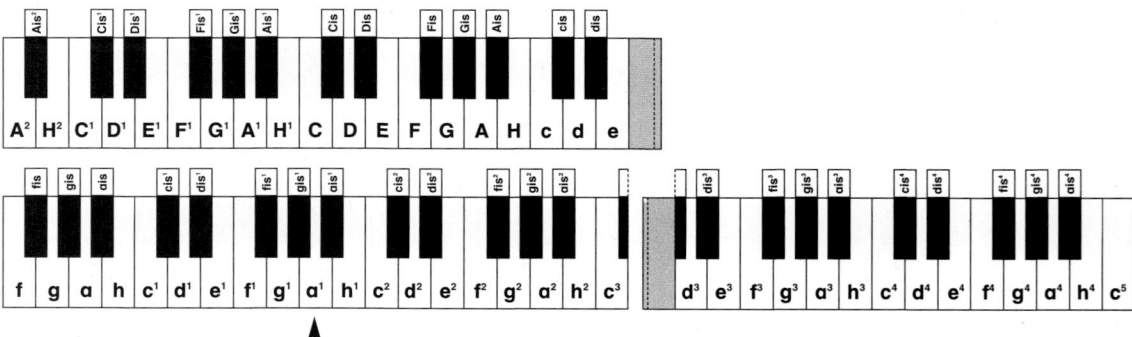

AB 11:

Lösungen Tasteninstrumente / Orchester

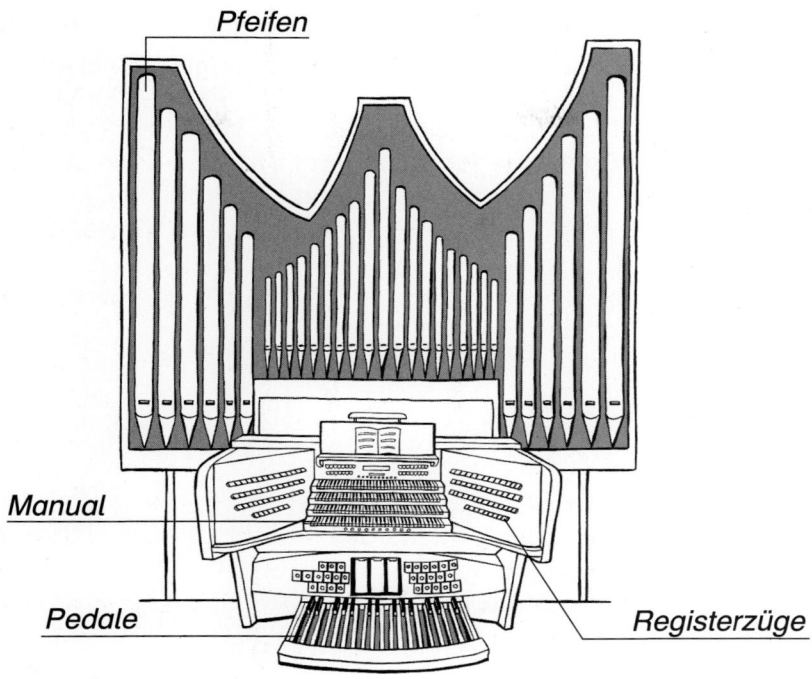

Orchester

AB 1/3:

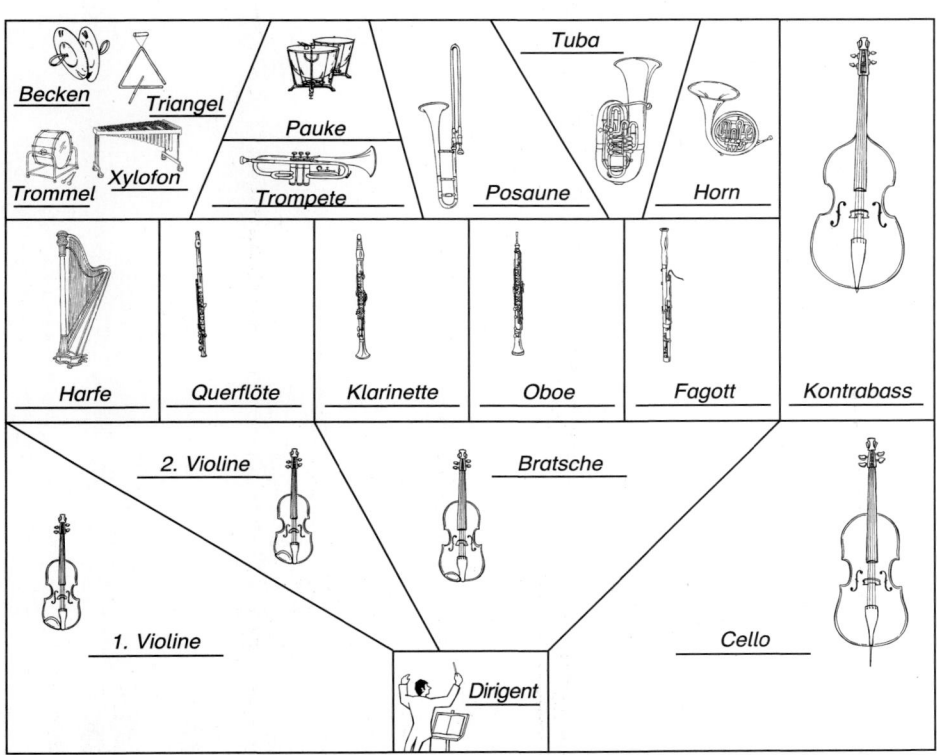

AB 2:
1. Reihenfolge im Lückentext: Dirigent, 1. Violinen, 2. Violinen, Bratschen, Celli, Kontrabässe, Harfe, Querflöten, Klarinetten, Oboen, Fagotte, Trompeten, Posaunen, Tuben, Hörner, Schlagzeuger

2. Streicher: Violinen, Bratschen, Celli, Kontrabässe
   Holzbläser: Querflöten, Klarinetten, Oboen, Fagotte
   Blechbläser: Trompeten, Posaunen, Tuben, Hörner
   Schlagzeuger: Pauken, Trommel, Becken, Triangel, Xylofon, Gong etc.

Lösungen Orchester

AB/B: 1. Reihenfolge/Lücken: Dirigenten, Streicher, 1. Violinen, 2. Violinen, Bratschen, Kontrabässe, Harfe, pizzicato, Größe, Bau, Violine, Kontrabass

10. wie AB 3

AB/C: 2.

           1. Violinen   *Bratschen*   *2. Violinen*

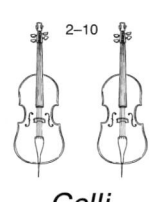 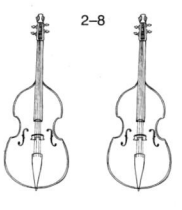

           Celli   *Bässe*

9. | | | | | |
|---|---|---|---|---|
| Pauke | Trompete | 1. Violine | Oboe | Harfe |
| Xylofon | Posaune | 2. Violine | Querflöte | |
| Triangel | Tuba | Bratsche | Klarinette | |
| Trommel | Horn | Cello | Fagott | |
| | | Kontrabass | | |

AB/D: 3.

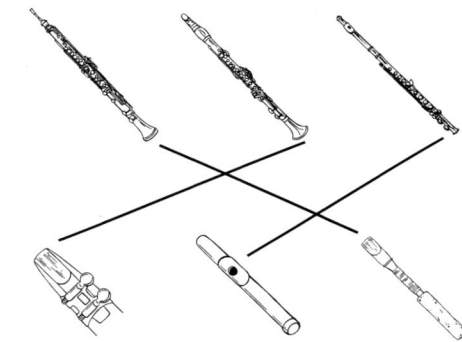

8. Reihenfolge von oben nach unten:
Akkordeon, Orgel, Blockflöte, Mundharmonika, Saxofon, Spinett

AB/E: 4. Trompete – Hörner – Posaune – Tuba

7. Reihenfolge: 1. Pauken, 2. Trommel + Becken, 3. Tamburin + Triangel, 4. Kleine Trommel + Holzblock, 5. Xylofon, (6. Kastagnetten), 7. Gong, (8. Peitsche)

AB/F: 5.

Trompete   *Posaune*   *Tuba*   *Horn*

Lösungen Orchester / Rätsel und Spiele

Querflöte   Klarinette   Fagott   Oboe

6.

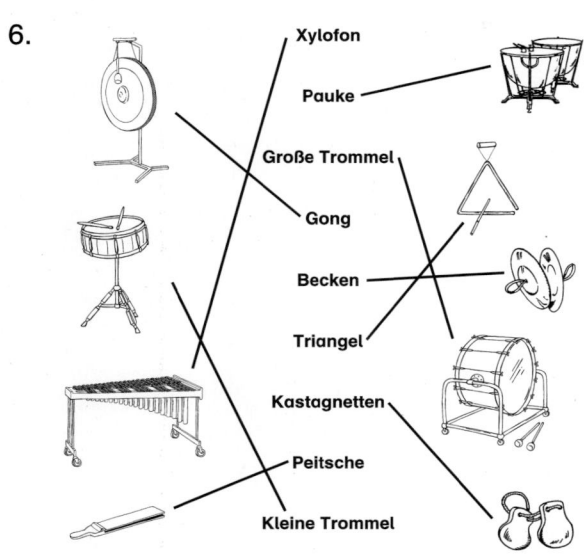

Rätsel und Spiele

AB 1:

(Kreuzworträtsel-Lösung mit folgenden Einträgen:)
- TON
- BONGOS
- INSTRUMENT
- COWBELL
- CEMBALO
- GUIRO
- KLAVIER
- TAMTAM
- XYLOFON
- AKKORDEON
- TROMPETE
- SCHELLENKRANZ
- HORN
- BLAESER
- BECKEN
- GONG

AB 3:

1. Klanghoelzer	6. Buchstabe: H	8. Laute	4. Buchstabe: T
2. Trompete	2. Buchstabe: R	9. Zither	1. Buchstabe: Z
3. Kesselpauke	10. Buchstabe: K	10. Triangel	5. Buchstabe: N
4. Querfloete	5. Buchstabe: F	11. Posaune	2. Buchstabe: O
5. Guiro	5. Buchstabe: O	12. Kontrabass	10. Buchstabe: S
6. Klavier	6. Buchstabe: E	13. Gitarre	5. Buchstabe: R
7. Violoncello	7. Buchstabe: C		

Lösungswort: Froschkonzert

Lösungen Rätsel und Spiele

AB 4:

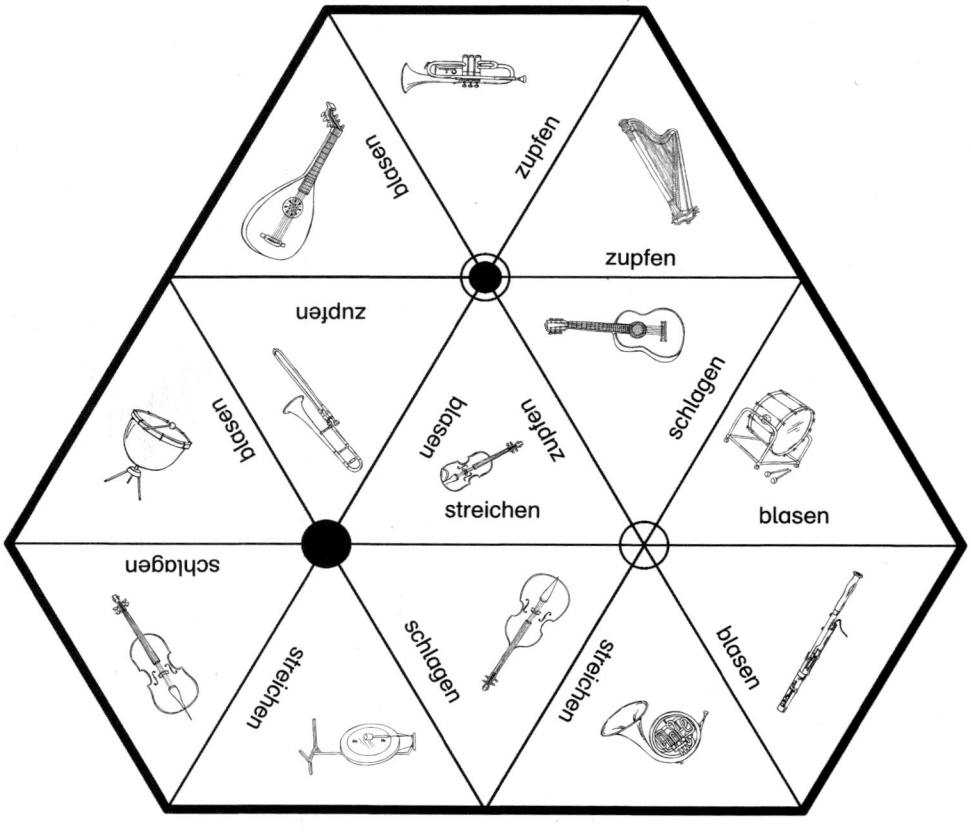

AB 5:

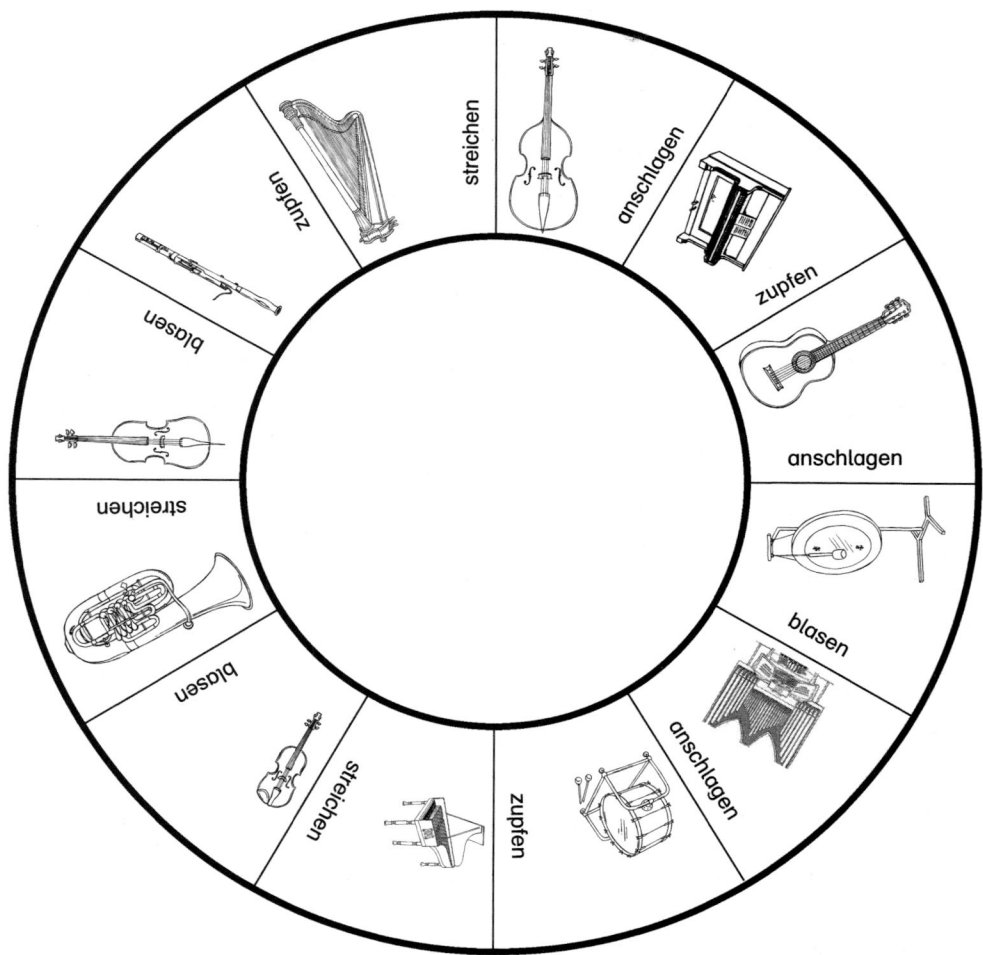

CD-Hörbeispiele / Übersicht und Quellenangabe

Schlaginstrumente

Hörbeispiele: K=Klassik, J=Jazz

Track	Instrument	Quelle	Spieldauer/Minuten
1.	**Becken solo**		0:18
2.	Becken	Georges Bizet: Carmen-Suite, Nr. 1 – Marche du toreador (Naxos 8.550061)	0:32
3.	**Pauke solo**		0:21
4.	Pauke	Edvard Grieg: Peer-Gynt-Suite, Nr. 1 – In der Halle des Bergkönigs (Naxos 8.5508649)	0:28
5.	**Große Trommel solo**		0:22
6.	**Kleine Trommel solo**		0:19
7.	Kleine Trommel	Ludwig van Beethoven: Wellingtons Sieg (op. 91) Die Schlacht (Naxos 8.550230)	0:32
8.	**Tamtam solo**		0:22
9.	Tamtam	Modest Mussorgsky: Bilder einer Ausstellung, Das große Tor von Kiew (Naxos 8.550051)	0:40
10.	**Kastagnetten solo**		0:21
11.	Kastagnetten	Rodion K. Schtschredin: Carmen Suite, Dance (Naxos 8.553038)	1:12
12.	**Xylofon solo**		0:18
13.	Xylofon	Camille Saint-Saëns: Karneval der Tiere, Fossilien (Naxos 8.550335)	0:42
14.	**Vibrafon solo**		0:22
15.	Vibrafon	Nola Solist: Lionel Hampton (Time Music 1079)	0:36
16.	**Schlagzeug solo**		0:18
17.	Schlagzeug	Los Angeles Jazz Quartett: With a song in my heart, Solist: Kevin Tullius (Naxos 86045-2)	1:04
18.	Orff-Instrumente: **Metallofon solo**		0:17
19.	Orff-Instrumente: **Rasseln solo**		0:19
20.	Orff-Instrumente: **Holzblock solo**		0:20
21.	Orff-Instrumente: **Schellenkranz**		0:19

CD-Hörbeispiele / Übersicht und Quellenangabe

Blasinstrumente

Track	Instrument	Quelle	Spieldauer/Minuten
22.	**Blockflöte solo**		0:20
23.	Blockflöte	Georg Philipp Telemann: Konzert F-Dur, 2. Satz – Allegro (Naxos 8.551091)	1:01
24.	**Pikkoloflöte solo**		0:23
25.	Pikkoloflöte	Peter Tschaikowsky: Der Nussknacker, Chinesischer Tanz (Naxos 8.550515)	0:54
26.	**Querflöte solo**		0:20
27.	Querflöte	Luigi Boccherini: Menuett op. 11, Nr. 5 (Naxos 8.554166D)	1:00
28.	**Oboe solo**		0:20
29.	Oboe	Vincenco Bellini: Oboenkonzert Es-Dur (Naxos 8.553991D)	1:07
30.	**Klarinette solo**		0:19
31.	Klarinette K	Vittorio Monti: Czárdás (Naxos 8.553427)	2:29
32.	Klarinette J	Tiger Rag, Solist: Benny Goodman (Time Music 1077)	1:29
33.	**Fagott solo**		0:21
34.	Fagott	Serge Prokofjew: Peter und der Wolf, Großvater (Naxos 8.550335)	0:37
35.	**Saxofon solo**		0:28
36.	Saxofon K	Maurice Ravel: Boléro (Naxos 8.550173)	0:55
37.	Saxofon J	Dave Brubeck: Take five, Solist: Paul Desmond (CBS 32046)	1:08
38.	**Trompete solo**		0:30
39.	Trompete K	Georges Bizet: Carmen-Suite, Nr. 2 – Chanson du toreador (Naxos 8.550061)	1:29
40.	Trompete J	Just one of those things, Solist: Louis Armstrong (Verve 519853-2)	1:19
41.	**Posaune solo**		0:22
42.	Posaune K	Georg Christoph Wagenseil: Konzert für Posaune Es-Dur, Andante (Naxos 8.553831)	1:20

CD-Hörbeispiele / Übersicht und Quellenangabe

Blasinstrumente

Track	Instrument	Quelle	Spieldauer/Minuten
43.	Posaune J	My kind of sunshine, Solist: Peter Herbolzheimer (MPS Records 529079-2)	1:07
44.	**Horn solo**		**0:27**
45.	Horn	Wolfgang Amadeus Mozart: Hornkonzert Nr. 2 Es-Dur (KV 417), Rondo (Naxos 8.553592)	1:23
46.	**Tuba solo**		**0:24**
47.	Tuba	Modest Mussorgsky: Bilder einer Ausstellung, Bydlo (Naxos 8.550051)	0:55
48.	**Mundharmonika solo**		**0:20**
49.	Mundharmonika	George Gershwin: Rhapsody in Blue, Solist: Larry Adler (Mercury 522727-2)	1:27

Saiteninstrumente

Track	Instrument	Quelle	Spieldauer/Minuten
50.	**Violine solo**		**0:22**
51.	Violine K gestrichen	Nicolò Paganini: Caprice Nr. 24 a-Moll (Naxos 8.556680)	1:36
52.	Violine K gezupft/pizzicato	Nicolò Paganini: Caprice Nr. 24 a-Moll (Naxos 8.556680)	0:18
53.	Violine J	Sweet Georgia Brown, Solist: Stephane Grapelli (jazz-colours 874717-2)	0:34
54.	**Viola solo**		**0:25**
55.	Viola	Tibor Serly: Rhapsodie für Viola und Orchester (Naxos 8.554183)	0:47
56.	**Violoncello solo**		**0:21**
57.	Violoncello	Gioachino Rossini: Wilhelm-Tell-Ouvertüre (Naxos 8.550236)	1:21
58.	**Kontrabass solo**		**0:25**
59.	Kontrabass K	Camille Saint-Saëns: Karneval der Tiere, Der Elefant (Naxos 8.550335)	1:32
60.	Kontrabass J	Jacques Loussier: Choral: Jesu, meine Freude (Music-Club MCCD 113)	0:48

CD-Hörbeispiele / Übersicht und Quellenangabe

Saiteninstrumente

Track	Instrument	Quelle	Spieldauer/Minuten
61.	**Gitarre solo**		0:25
62.	Gitarre K	Joaquin Rodrigo: Concierto de Aranjuez, Adagio (Naxos 8.554400)	1:45
63.	Gitarre J	Django Reinhardt: Nuages (Retro Proper 40/32-2)	1:16
64.	**Harfe solo**		0:20
65.	Harfe	Auguste Durand: Walzer in Es-Dur (op. 83) (Naxos 8.550741)	1:40
66.	Laute	Anonymus (16. Jh.): Guardame las Varcas (Naxos 8.551079)	1:04
67.	**Mandoline solo**		0:23
68.	Mandoline	Richard Eilenberg: Petersburger Schlittenfahrt (Laserlight 12663)	1:14
69.	Zither	Anton Karas: Der dritte Mann (Koch 399494B3)	1:17
70.	Banjo	Alligator Crawl (Time Music 1079)	0:24

Tasteninstrumente

Track	Instrument	Quelle	Spieldauer/Minuten
71.	Cembalo	Johann Sebastian Bach: Brandenburgisches Konzert Nr. 5 D-Dur (BWV 1050), Allegro (Naxos 8.554608)	1:20
72.	Klavier K	Frédéric Chopin: Polonaise Nr. 6 As-Dur (Naxos 8.554046)	1:16
73.	Klavier J	George Gershwin: Fascinatin' Rhythm (Naxos 8.550341)	1:41
74.	**Orgel solo**		0:34
75.	Orgel	Johann Sebastian Bach: Toccata d-Moll (BMV 565) (Naxos 8.556656)	2:33
76.	**Celesta solo**		0:18
77.	Celesta	Peter Tschaikowsky: Der Nussknacker, Tanz der Zuckerfee (Naxos 8.550515)	1:46
78.	**Akkordeon solo**		0:23
79.	Akkordeon	James Last: Biscaya (Polydor 557970-2)	1:25

CD-Hörbeispiele / Übersicht und Quellenangabe

Orchester

Track	Instrument	Quelle	Spieldauer/Minuten
80.	Tutti	Benjamin Britten: The Young Person's Guide to the Orchestra (Naxos 8.550335)	0:20
81.	Streichinstrumente	Benjamin Britten: The Young Person's Guide to the Orchestra (Naxos 8.550335)	0:21
82.	Holzblasinstrumente	Benjamin Britten: The Young Person's Guide to the Orchestra (Naxos 8.550335)	0:27
83.	Blechblasinstrumente	Benjamin Britten: The Young Person's Guide to the Orchestra (Naxos 8.550335)	0:19
84.	Schlaginstrumente	Benjamin Britten: The Young Person's Guide to the Orchestra (Naxos 8.550335)	0:36
	Gesamtspieldauer der CD		**69:17**

NOTIZEN:

Alle Unterrichtsmaterialien
der Verlage Auer, PERSEN und scolix

» **jederzeit online verfügbar**

lehrerbuero.de
Jetzt kostenlos testen!

Und das Beste:
Schon ab zwei
Kollegen können Sie
von der günstigen
Schulmitgliedschaft
profitieren!

Infos unter:
lehrerbuero.de

Das Online-Portal für Unterricht und Schulalltag!